收入差距、环境污染与健康水平研究

肖　权◎著

光明日报出版社

图书在版编目（CIP）数据

收入差距、环境污染与健康水平研究 / 肖权著.
北京：光明日报出版社，2025.5. -- ISBN 978 - 7 - 5194 -
8749 - 2

Ⅰ．F124.7；X508；R199.2

中国国家版本馆 CIP 数据核字第 20259RW198 号

收入差距、环境污染与健康水平研究
SHOURU CHAJU、HUANJING WURAN YU JIANKANG SHUIPING YANJIU

著　　者：肖　权

责任编辑：郭玫君　　　　　　　　责任校对：房　蓉　乔宇佳
封面设计：中联华文　　　　　　　责任印制：曹　净

出版发行：光明日报出版社

地　　址：北京市西城区永安路 106 号，100050

电　　话：010-63169890（咨询），010-63131930（邮购）

传　　真：010-63131930

网　　址：http：//book.gmw.cn

E - mail：gmrbcbs@ gmw.cn

法律顾问：北京市兰台律师事务所龚柳方律师

印　　刷：三河市华东印刷有限公司

装　　订：三河市华东印刷有限公司

本书如有破损、缺页、装订错误，请与本社联系调换，电话：010-63131930

开　　本：170mm×240mm

字　　数：296 千字　　　　　　　印　　张：16.5

版　　次：2025 年 5 月第 1 版　　　印　　次：2025 年 5 月第 1 次印刷

书　　号：ISBN 978 - 7 - 5194 - 8749 - 2

定　　价：78.00 元

摘　要

随着人们对美好生活的追求，将追求 GDP 增长作为唯一目的的弊端逐渐凸显，以"高能耗、高污染、高排放"为特征的粗放型发展方式不仅引发了严重的生态环境问题，也制约着我国经济的高质量发展。同时，我国城乡区域发展和居民收入分配差距依然较大。收入差距、环境污染是影响居民健康水平的两个重要因素，在努力提升民生水平以及大力实施健康中国战略的背景下，如何协调收入分配和环境治理政策成为提高居民健康水平的关键。

本书基于"收入差距—环境污染—健康水平"分析框架，采用文献归纳、理论分析与实证分析相结合、定性分析与定量分析相结合等多种研究方法，对收入差距、环境污染与健康水平之间的关系进行深入系统的研究，旨在从收入分配、环境治理视角提供改善居民健康水平的政策建议，对于我国收入分配制度改革、污染防治策略以及健康中国战略具有重要的理论和现实意义。

本书着重围绕以下问题展开分析：一是我国收入差距、环境污染以及健康水平的现状如何？是否呈现区域性特征？三者是否存在必然的关联？二是针对收入差距与健康水平、收入差距与环境污染关系的争议性问题，考虑能否基于中国现实背景提供经验实证的支撑？对于收入差距影响健康水平、收入差距影响环境污染的作用渠道机制又是什么？三是通过现有研究从物质资源获取社会资本、心理等途径解释收入差距对健康水平影响的作用机制基础上，考虑环境污染是否为另外一条途径？在收入差距与健康水平之间，环境污染是否发挥了一定的中介作用？收入差距的扩大是否存在加剧居民环境健康风险的可能？四是在厘清收入差距与环境污染之间关系的基础上，对于兼顾收入分配和环境治理以提高居民健康水平应有怎样的政策建议？针对上述问题，文章内容分为以下九大部分。

导论部分，阐述了本书的研究背景与研究意义，对现有国内外研究成果进行归纳、整理与评述，为本书的研究提供不同的切入点和研究思路，并对论文的研究方法、结构安排、技术路线进行了详细的说明。

第一章，对收入差距、环境污染与健康水平相关概念进行界定，明确研究对象。通过选取收入分配理论、KC理论、EKC理论、健康人力资本理论以及健康需求理论作为本书研究的理论基础，为本书寻求理论支撑。

第二章，详细描述了我国收入差距、环境污染与健康水平的历史演进过程及当前现状，通过严谨的指标选取，对各指标的不同时间、不同区域变化特征进行深入分析，对三者的关联性达到初步的认识。

第三章，对收入差距、环境污染与健康水平的作用机理进行分析。分别就收入差距对健康水平的作用机制、收入差距对环境污染的作用机制、环境污染的健康效应机制以及环境污染在收入差距对健康水平影响中的中介传导机制三个部分展开，深刻剖析了三者之间的互动机理，为后文实证分析提供理论借鉴。

第四章，是收入差距对健康水平影响的实证分析，主要基于省级宏观层面和CFPS2018微观层面进行实证检验。在省级宏观层面实证分析中，以平均预期寿命、围产儿死亡率作为健康水平的度量，验证了地区收入差距对健康水平的影响，并通过多种稳定性检验确保结论的准确性。在CFPS2018微观实证分析中，主要以自评健康和客观健康作为个体健康水平的度量，进一步就收入差距对个体健康水平的影响进行了检验。

第五章，是收入差距对环境污染的影响——基于非线性及空间溢出视角的分析。利用熵权法构建环境污染综合指数，同时考虑到收入差距对环境污染的非线性影响以及环境污染的空间溢出效应，通过建立空间面板模型对收入差距与环境污染的关系进行实证分析。最后，从环境规制政策、能源结构、技术进步、公众环境质量需求四种渠道验证收入差距对环境污染的影响机制。

第六章，是环境污染的健康效应分析——基于环境保护税的准自然实验。利用2018年中国部分省份提高环境保护税污染物适用税额为外部政策冲击，以SO_2为标的，将2018年相较原排污费提高SO_2适用税额的城市作为实验组，而将根据"税负平移"原则平移排污费征收标准的城市作为对照组，构建市级层面双重差分模型，考察环境保护税的环境健康效应。

第七章，是收入差距、环境污染对健康水平的影响。从宏观和微观视角探讨三者之间的关系。宏观方面，建立收入差距、环境污染对健康水平的中介效应模型，验证环境污染的中介传导效应。微观方面，通过CHARLS2015、2018、2020年三期混合截面数据，匹配相应城市污染数据，检验我国收入差距扩大是否存在加剧居民环境健康风险的可能。

第八章，根据前文的理论分析和实证分析结果，归纳本书的研究结论并提出政策建议，并对未来的研究方向进行展望。

本书在研究视角、研究内容、研究方法、研究结论方面具有一定的创新。在研究视角上，基于中国现实背景，建立了"收入差距—环境污染—健康水平"分析框架。现有研究在分析收入差距对健康水平影响时，主要是基于物质资源获取、社会资本、心理等传导机制，而环境污染传导机制常常被忽略。本书扩展了收入差距影响健康水平的研究视角，重点探讨了环境污染在收入差距与健康水平之间的传导机制。在研究内容上，对传统 EKC 理论进行了拓展，从收入分配角度分析地区收入差距变化对环境污染的影响，同时对收入差距影响环境污染的作用机制进行了理论和实证的检验。此外，对健康水平的考察不仅考虑群体健康，同时考虑到个体属性差异，对个体健康水平也进行了探讨。通过结合省级面板数据和微观调查数据，不仅能够获得普适性结论，也能针对个体差异，获得特殊性研究结论。在研究方法上，针对收入差距与健康水平的"弱假说"，建立了收入差距对健康水平影响的收入门槛模型，对于收入差距与环境污染关系的争议性，采用了更加符合现实情形的空间面板模型，并利用广义空间两阶段最小二乘法进行估计，而在检验环境污染的传导路径时，采用了中介效应模型进行检验。在研究结论上，本书认为环境污染是收入差距影响健康水平的有效传导途径，收入差距扩大存在加剧居民环境健康风险的可能。

基于上述理论分析与实证分析，本书得出以下研究结论。

第一，我国收入差距、环境污染问题较为突出，居民健康水平表现出差异性，平均预期寿命逐渐提高，围产儿死亡率趋于下降，但人口总体死亡率保持上升趋势。

三者呈现显著的区域性特征，东部地区显著优于中西部地区。

第二，无论是基于宏观层面数据还是微观层面数据，收入差距对健康水平的影响均表现出显著的负向作用。基于省级宏观层面数据，以基尼系数度量的收入差距显著降低了地区人口平均预期寿命，对围产儿死亡率具有显著的促进作用。基于 CFPS2018 微观调查数据，采用 Ordered-Probit 模型就收入差距对个人健康水平的影响进行检验，实证结果表明无论是以自评健康还是"身体不适"客观健康作为个人健康水平的度量，收入差距对个人健康水平均具有显著的负向作用。

第三，收入差距对健康水平的影响存在收入门槛，物质资源获取、社会资本和心理是收入差距影响健康水平的有效机制。相对于高收入地区，低收入地区健康水平受到收入差距的负向影响更大，一定程度上证实了收入差距与健康水平之间的"弱假说"结论。通过引入收入差距交互项表明地区医疗水平、受教育程度能够显著削弱收入差距对健康水平的负向影响，进一步借助两步法检验得出，收入差距能够通过社会资本和心理途径对个人健康水平产生作用，并且存在"亲富人"的倾向。

第四，环境污染存在显著的正向空间溢出效应，地区环境污染水平不仅受本地经济发展水平、产业结构以及要素禀赋等因素的影响，同时受到周围地区环境污染水平的影响。在考虑环境污染的空间溢出效应和内生性后，收入差距与环境污染呈现显著的"倒 U"型关系，现阶段我国收入差距对环境污染的影响主要表现为正向作用。环境规制政策、能源结构和环境保护需求是收入差距影响环境污染的有效途径。

第五，环境污染的健康效应是客观存在的，收入差距能够通过环境污染对健康水平产生影响，环境污染是除物质资源获取、社会资本以及心理以外的另外一条有效作用路径，收入差距的扩大存在加剧居民环境健康风险的可能。

关键词：收入差距；环境污染；健康水平；中介作用

目　录
CONTENTS

导　论

第一节　研究背景与研究意义

一、研究背景

增进人民健康水平，事关人的全面发展和社会的全面进步。随着人们对美好生活的追求，将追求 GDP 增长作为唯一目的的弊端逐渐凸显，以"高能耗、高污染、高排放"为特征的粗放型发展方式不仅引发了严重的生态环境问题，也制约着我国经济的高质量发展。环境污染作为生态环境的重要组成部分，不仅对经济增长造成强大的阻碍，同时对人们健康水平带来巨大的损害。近年来，由环境健康引发的环境群体性事件频发，社会公众对环境诉求的团体行为也日益增长，而这背后折射出环境健康领域严峻的现实情形。据数据显示，2019 年，99% 的世界人口住在没有达到世卫组织空气质量指南标准的地方，环境空气污染和家庭空气污染的综合影响导致每年 670 万人过早死亡，而这些过早死亡中约 89% 发生在低收入和中等收入国家①，空气污染是影响健康的主要风险因素。作为发展中国家的中国，经济总量大幅提升的同时环境污染现状也异常突出。中国生态环境部发布的《2023 中国生态环境状况公报》指出，2023 年，在全国 339 个地级及以上城市中有 136 个城市环境空气污染质量超标，占比达到 40.1%。在区域协调发展方面，尽管京津冀、长三角和珠三角在污染治理上取得了一定成效，但污染防治任务依然十分艰巨。这些地区作为中国经济发展的重要引擎，承载着大量的工业和交通活动，导致污染源分布广泛且密集。由耶

---

① 数据来源于世界卫生组织 https：//www.who.int/zh/news‐room/fact‐sheets/detail/ambient‐（outdoor）‐air‐quality‐and‐health。

鲁大学、哥伦比亚大学和世界经济论坛发布的《2022年全球环境绩效指数报告》显示，中国在全球180个国家的环境评估中排名第160位，环境问题值得深思。

环境污染导致的健康问题已成共识，国家在污染治理及增进民生健康福祉上做出了强调并付诸实践。污染防治作为三大攻坚战之一在十九大被明确提出，十八届五中全会将绿色发展融入"创新、协调、绿色、开放、共享"新发展理念，"绿水青山就是金山银山""共抓大保护、不搞大开发"也表明国家在污染防治方面的决心。随着民生需求的增加，健康建设成为党和国家重点关注的民生问题。2007年，卫生部部长陈竺在中国科协年会上提出"健康护小康，小康看健康"的三步走战略；2015年，"推进健康中国建设"的新目标在党的十八届五中全会被明确提出；2016年，中共中央、国务院发布《"健康中国2030"规划纲要》，这是新中国成立以来首次从国家层面提出的健康领域中长期规划；2017年，党的十九大报告提出"人民健康是民族昌盛和国家富强的重要标志，要完善国民健康政策"，将"实施健康中国战略"纳入国家整体发展战略统筹推进；2020年，"十四五"规划指出要将提升国民素质放在突出重要位置，构造全方位全周期的健康体系；2022年，党的二十大报告进一步强调要推进健康中国建设，把保障人民健康提到战略优先发展位置。毫无疑问，污染治理和健康中国建设将在未来较长时间作为核心发展地位，清醒认识环境污染与健康水平之间的关系，对于我国污染防治与健康中国建设具有重要的参考意义。

改革开放四十年来，我国经济快速增长，人民生活水平日益提高，国内生产总值由1978年3679亿元增长到2022年1210207亿元，但"增长奇迹"的背后不得不正视的一个事实是经济发展水平的大幅提升并未能带动收入差距的大幅下降。自2000年以来我国居民收入基尼系数首次超过国际贫富差距警戒线0.4以来，一直居高不下，由2000年的0.409变成2008年的最高点0.491，尽管在此之后有略微的下降趋势，但基本处于高位态势，而最近几年甚至有上升的趋势。具体细分到行业，2022年人均工资水平最高的信息计算机软件业比人均工资水平最低的住宿和餐饮业多出161442元，而在1978年最高人均工资行业与最低人均工资行业的差距仅为458元，绝对差距存在明显的提升。① 从城乡收入差距的角度来看，1978年城乡人均可支配收入差距由209.8元变为2022年29150元，尽管城乡收入比由2010年的3.23下降到2022年的2.45②，但城乡区

---

① 行业划分按照《中国统计年鉴》行业划分标准，相关数据来自《中国统计年鉴》。
② 经国家统计局数据整理获得。

域发展和居民收入分配差距依然巨大。众所周知，经济发展必然伴随环境污染副产物的产生，而经济发展水平与收入分配之间存在关联，Kuznets（1955）最早分析了收入分配与经济发展之间的关系，研究发现收入不均现象随着经济增长先出现上升之后又呈现下降趋势，两者表现为"倒U"型关系。"环境库兹涅茨曲线"假说则认为环境污染与经济发展之间也存在一种"倒U"型关系。收入差距与环境污染作为经济增长过程中的两种衍生物，两者之间是"并行不悖"抑或是"自相矛盾"？经济增长（人均收入水平）与环境污染的关系研究已有诸多文献涉及，而从收入分配角度考察环境污染的研究则相对较少，并且两者之间的影响结果存在诸多争议。面对当前我国居高不下的收入差距现实以及严峻的环境污染问题，二者之间是否存在一定的关联性？作用机制以及渠道如何？更甚之，环境污染导致的健康问题已经成为不争的事实，中国的收入差距问题是否会通过环境污染加剧居民健康风险，需进一步分析和探讨。

二、研究意义

尽管我国经济的高速发展显著提升了人民的物质生活水平，但由此带来的环境污染和收入不均问题也不容忽视。众多研究表明，环境污染和收入差距均对健康水平有显著影响。面对我国当前突出的环境污染和收入分配不均问题，这两者是否会阻碍健康中国战略的实施？此外，在环境污染的影响研究中，收入分配逐渐被视为与收入同等重要的影响因素。那么，收入分配与环境污染之间究竟存在何种关系？如果两者呈正向关系，则缩小收入差距和降低环境污染并不冲突；若为负向关系，则公平的收入分配政策可能与环境政策相悖。因此，在我国促进民生改善、加快生态文明体制改革以及推进健康中国建设的战略背景下，厘清收入分配、环境污染与健康水平三者之间的关系，对于我国实施健康中国战略具有重要的理论和现实意义。

（一）理论意义

1. 拓展了收入差距与健康水平之间的理论探讨。基于绝对收入理论、相对收入理论及收入不平等理论，结合当前经济增长与环境污染之间的现实矛盾，以及环境污染对健康问题的显著影响，本研究提出了环境污染作为收入差距影响健康水平的中介机制。通过构建"收入差距—环境污染—健康水平"的理论框架，不仅突破了传统的物质资源获取、社会资本和心理等作用机制，还深入探讨了环境污染在其中的关键角色。此框架不仅丰富了收入差距对健康水平影响的理论研究，同时也为理解和应对相关的公共卫生和政策问题提供了新的视角和方法。通过这一创新性框架，研究进一步揭示了收入差距如何通过环境污染间接影响健康水平，从而为制定更加全面和有效的健康政策提供了理论依据。

2. 丰富了 EKC 理论。尽管 EKC 理论解释了经济发展水平（如人均收入）与环境污染之间的关系，但它忽视了收入分配这一关键因素。现有研究表明，环境污染与地区人均收入水平密切相关，但收入分配与环境污染之间是否也存在关联仍待探讨。通过引入收入分配因素，本研究检验了 EKC 理论在不同情境下的适用性。此外，不同地理区位、经济发展水平和资源禀赋的地区，收入差距对环境污染的影响是否存在差异，也是本研究关注的重点。通过从收入分配的视角补充 EKC 理论，本研究不仅丰富了对经济发展与环境关系的理解，还提供了更全面的理论框架，以便更好地解释和应对不同地区的环境治理问题。这一扩展为制定更加精细化和有效的环境政策提供了重要的理论支持。

3. 揭示了收入差距对环境污染影响的多重机制。鉴于收入差距对环境污染影响的结论存在争议，本书通过四条路径深入探讨了这一关系：环境政策、能源结构、技术进步和公众对环境质量的需求。收入差距可能通过影响政府制定和实施环境政策的力度和效果，间接影响环境污染；收入分配不均可能导致能源消费结构的差异，从而对污染水平产生影响；技术进步在不同收入群体中的扩散速度和应用范围也会因收入差距而异，进而影响环境污染程度；不同收入群体对环境质量的需求和支付意愿存在显著差异，这也会通过市场机制影响环境状况。本书通过系统分析上述渠道，弥补了收入差距对环境污染影响的理论不足，为进一步研究和政策制定提供了重要的理论基础。

4. 扩充了收入差距、环境污染与健康水平之间的理论研究视角。宏观层面上，健康水平通常将个体视为同质的，具有普遍一般性，但这忽视了个体特有属性的影响。由于个人属性的差异，不同个体对收入差距和环境污染的感知和反应存在显著差异，受到的影响也会有所不同。因此，本书不仅关注宏观层面群体健康水平的共性问题，还基于微观角度考察个体健康差异。通过将宏观视角与微观视角相结合，本书提供了一个更为全面的分析框架，进一步拓宽了收入差距、环境污染与健康水平之间的理论研究。这种综合视角有助于更深入地理解健康不平等的根源，为制定更具针对性的公共卫生政策提供了理论支持。

（二）现实意义

明确收入差距、环境污染与健康水平之间的关系，对于我国收入分配改革、环境污染治理以及促进居民健康水平具有重要的现实参考意义。

1. 收入差距与环境污染之间的关系长期以来存在较大争议，这种不确定性给收入分配和环境政策的制定带来了困扰。如果无法明确两者之间的关联，单一地依靠缩小收入差距或减少环境污染的策略可能难以达到预期效果。目前，我国面临着严重的环境污染和显著的收入分配不均问题，迫切需要制定有效的环境政策并提高收入分配的公平性。本研究在这一背景下，从实证角度研究了我国收入差距与环境污染之间的关系。通过这一分析，为合理制定收入分配和环境治理政策提供了现实的参考意义，旨在推动政策的科学性和有效性，提高环境保护和社会公平的协调水平。

2. 传统的研究路径通常关注收入差距对健康水平的直接影响，但随着研究的深入，收入差距通过其他途径影响健康水平的机制也逐渐被揭示。本书提出，环境污染与物质资源获取、社会资本和心理因素一样，是收入差距影响健康水平的一个重要路径。通过利用省级宏观数据和微观调查数据，证实了环境污染作为中介机制的可能性，显示收入差距可以通过环境污染对群体或个人健康水平产生显著影响。这一发现对政策制定具有重要启示意义，即通过优化收入分配政策来降低环境污染，从而减轻其对居民健康的负面影响。本书的结论为政策实施提供了现实依据，强调了在推进健康政策时，应综合考虑收入分配和环境治理的协调作用，以实现更全面的公共健康改善。

3. 本研究在探讨收入差距、环境污染与健康水平之间关系的过程中，详细分析了收入差距与健康水平、收入差距与环境污染，以及环境污染与健康水平之间的具体联系。特别针对个体健康问题，揭示了在个体异质性背景下收入差距对健康水平影响的差异。这一研究不仅确认了各变量之间的相互关系，还为制定差异化健康策略提供了重要的现实参考。通过深入分析不同收入群体在面对环境污染时的健康状况，为政策制定者提供了更全面的视角，强调了在改善公共健康的过程中，需要全面考虑收入分配和环境治理的多重因素。鉴于此，可以认为提高政策的科学性和精确性不仅能够增强政策的有效性，还能促进公共健康的整体提升。

第二节 相关文献综述

作为人力资本的重要组成部分，健康是推动经济增长的重要因素之一（Schultz，1961；Becker，1964）。世界卫生组织和联合国发展署等国际组织将健康视为人类发展的重要目标之一，并将其作为评估社会发展的重要方面。因为健康在社会经济发展中有着重要的地位，研究健康的影响因素成为多数研究者的焦点。收入差距、环境污染作为经济增长问题上两个争论的焦点，现实社会政策措施往往难以使其达到平衡甚至出现相悖的趋势，而这种不平等、环境质量的低下严重影响人们的健康水平。国内外学者针对三者之间的关系展开了大量研究，主要集中在收入差距与健康、收入差距与环境污染、环境污染与健康等方面的研究。

一、收入差距与健康水平的关系研究

关于收入与健康的研究最早可以追溯到半个世纪以前（Guitton & Leibenstein，1956；Frederiksen，1961）。紧随其后，在 20 世纪 70 年代，大量学者从理论及经验实证角度对收入与健康的关系进行了阐述（Preston，1975；Rodgers，1979），而与之相关的收入差距对健康的影响研究也层出不穷。但是，无论是从收入抑或从收入差距视角对健康的影响研究结果均未能统一，这些研究主要围绕绝对收入假说、相对收入假说、收入不平等假说和影响路径展开。

（一）绝对收入假说

增加个体收入能改善居民健康水平在国家层面或地区层面已经被多数研究所证实。随着个人收入水平的提高，与之关联的社会经济地位的提升能够带来更好的个人健康水平（Lynch & Kaplan，2000）。著名经济学家阿瑟·刘易斯在其经典著作《经济增长理论》中指出收入提高对改善健康进而促进劳动工人生产率的重要性："在比较贫穷的国家中，大部分工人体内都有这种或那种寄生虫，它们耗损工人们的精力，降低劳动生产率。各工业公司提供免费医疗，确保他们工人居住得舒适，甚至定期喷洒 DDT 是值得的。生产率的差异很大一部分是由于健康低下和营养不良导致。"Preston（1975）基于跨国数据研究发现生活在富裕国家的人们比生活在穷国的人们更健康，相比于以前祖辈的寿命和健康水平均有了大幅提高，即使在同一个国家，收入水平高的人寿命和健康状态优于低收入人群者。Lynch et al.（2004）在研究中也指出与健康息息相关的平均预期寿命和人均 GDP 有显著的相关性。

这些从绝对收入或地区经济发展水平角度研究对健康影响的假说被称为绝对收入假说。绝对收入假说认为个人绝对收入水平对健康具有重要促进作用，相对收入和收入不均等则影响甚微，然而，这种绝对收入对健康的影响并不是简单的线性促进关系，其对健康的影响存在一定的边际递减效果（Preston，1975；Rodgers，1979；Gravelle，1998）。Wagstaff 和 Doorslaer（2000）采用如下函数进行表示：假设存在 $h_i = f(y_i)$，其中 h_i 表示个人健康水平，y_i 表示个人收入水平,则有 $f' > 0$, $f'' < 0$,即健康水平是收入的凹函数,如果富人转移部分收入给穷人,整个社会的平均健康水平将会得到提升。由于收入对健康的边际效应随着收入水平的提升而下降,当收入差距扩大时,社会总体健康水平的下降究竟是收入差距本身导致还是绝对收入效应的体现将变得难以区分(Widman et al.,2003)。绝对收入对健康水平产生影响是毋庸置疑的,其影响机制也比较容易理解,主要体现在营养摄入(张车伟,2003;Case et al.,2004)、医疗保障资源的供给(Eco & Preston,1996;Wagstaff,2001)以及生活行为习惯(Klausner et al.,2001)等方面。从生活行为习惯来看,收入较高的个体或家庭,其健康意识较高,对健康生活的追求促使他们更加关注健康养生,积极参与体育锻炼,减少对身体健康具有较大负面影响的不良行为习惯,如抽烟和酗酒。

多数研究者从理论及现实经验数据证实了绝对收入理论的正确性,Preston(1975)指出在最贫穷的国家,平均预期寿命和收入水平存在显著的正相关关系,但是这种正相关强度随着收入水平提升是逐渐递减的,即收入水平对平均预期寿命的影响会随着收入提高变得平缓,而在最富裕的国家,收入水平对健康的影响较为微弱。Subramanian 和 Kawachi(2006)研究同样发现收入与健康水平紧密相关,对于低收入和中等收入群体,提升收入水平能显著降低发病率和死亡率,但随着收入的增加,边际效应会逐渐下降。在不考虑边际效应递减规律的情况下,收入对健康具有正向作用已经为多数研究者支持,即使考虑到国别差异、健康不同测度指标、收入与健康之间内生性后结果依然存在普遍性。Attanasio et al.(2001)基于美国普查数据研究发现即使在区分了种族和性别的差异后,高收入的人群死亡可能性低于收入水平低的人群。Benzeval et al.(2001)在其研究中指出,在对性别、年龄、民族、受教育水平和职业状况等相关变量进行控制后,收入对健康水平的作用效果会有所下降,但这种作用并不会消失。Lorant et al.(2003)利用多元分析对 50 多个国家流行病进行研究发现低收入水平与心理压抑存在高度相关性。国内学者王曲和刘明权(2005)认为跟表征社会经济地位的其他因素进行对比,收入因素相对于这些因素对健康水平的影响作用更大。尹庆双(2011)基于 CHNS 数据运用三阶段最小二乘法发现农村居民的健康状况与收入之间呈现正向关系,收入水平每增加 10%,其健康状况将显著提高 0.595 等级。无论是以工具变量的选择还是以外生收入变量解决内生性问题,收入对健康的促进作用结果依然稳健(Pritch & Summers,1993;Enter,1966;Case,2001;陈安平,2011;冯科、吴婕妤,2020;肖权、方时姣,2021;程诚等,2023)。

但是，依然有质疑者认为个体收入水平对健康的影响不显著甚至表现为负向作用。赵忠和侯振刚（2005）在分析城镇居民需求时，利用生活质量指标（QWB）来衡量个体健康水平，发现收入或工资水平的高低对健康水平没有显著的影响。Kahneman et al.（2006）以及 Dunn et al.（2008）研究指出在基本衣、食、住、行得到满足之后，提高收入水平并不能降低心理疾病患病概率。Sareen（2011）根据美国 NESARC 纵向数据对家庭收入水平和心理健康之间的关系，发现两者之间并没有相关性。尽管临床及实证研究证实了低收入与严重精神疾病存在极大的相关性，但是抑郁、焦虑和精神药物滥用等健康疾病与收入之间的关系尚不清楚（Kendler et al., 1996；Kessler et al., 2008）。Easterlin（1999）直接指出，健康改善更多是经济增长的副产品，财富增长与人口健康之间没有更多联系。贾坤（2013）运用 CHIPS（中国家庭收入调查）数据对农村家庭收入和个体自评健康水平进行了研究，发现两者存在"倒 U"型关系，即在家庭收入超过一定水平之后，收入的提升对个体健康具有抑制效果。任国强等（2016）采用 CGSS2010 数据进行实证分析发现对于城乡样本，在低收入水平下，收入的增加对自评健康和心理健康皆具有促进作用，而在高收入水平下，收入对健康的影响出现分化：在城乡样本中收入对自评健康和心理健康都具有负向作用；在农村样本中收入对心理健康具有加速促进作用；在城镇样本中收入与心理健康之间出现上升与下降相互交错的波动局面。余志刚等（2023）研究指出持久收入对农村居民膳食健康的影响高于农村居民，并且在异质性分析中得到低收入群体膳食健康主要受收入水平的影响，中收入群体膳食健康不仅受收入水平的作用，其对收入不确定影响要素敏感程度更高，而针对高收入群体，膳食健康与收入水平并无显著关系。

（二）相对收入假说

绝对收入假说认为绝对收入提高了人们的物质生活条件从而对人们健康水平产生影响，这显然是可信的。然而，这种只建立在个体绝对收入水平而忽视间接影响途径的理论稍显不足。为了弥补绝对收入假说的不足，相对收入假说逐渐形成并占据一席之地。相对收入假说指出个体健康水平不仅和绝对收入水平存在关联，而且与跟他人相比较的相对收入存在重要联系，甚至于相对收入对健康水平的影响强于绝对收入的作用。即使个体收入水平保持一定，随着个体所处的社区、城市，抑或是全国范围内其他个体收入水平的提升，这种收入的差距也能导致个体健康水平的恶化。Wilkinson（1998）以美国的穷人和孟加拉国的穷人作为研究样本，研究发现美国的穷人相对于孟加拉国有更高的死亡率，这并非由绝对收入水平所造成的，而是相对收入和社会经济地位发挥了重要作用，相对收入水平跟死亡率密切相关。Lochner et al.（2001）研究发现与相对收入差距较小的国家相比，相对收入差距较大的国家的人们死亡率更高。Shibuya（2002）利用县级平均收入和个体之间的收入差异来度量相对收入水平，研究发现相对收入的扩大对自评健康的提升具有抑制作用。Sorhagen 和 Wurster（2017）通过家庭收入与收入中位数的差额作为相对收入的考量，分析了邻里之间相对收入对青少年心理健康的影响，研究指出邻里之间相对收入越大会导致青少年有更大的概率产生焦虑和抑郁的心理健康问题。剥夺理论作为相对收入理论的一个分支，认为影响人们健康水平的因素不是绝对收入，而是群体或个体之间收入相比较的被剥夺程度在发挥主要作用。一方面，它解释了个体层面收入不平等程度与健康水平之间的关联；另一方面，对于群体层面上收入不平等与健康水平之间的关联也是一个很好的反映（Adjaye & Kawachi，2012）。自Runciman（1966）提出相对剥夺概念以来，有关相对剥夺的影响研究立刻成为学术界的焦点，相对剥夺对健康水平的影响研究也逐渐受到关注。Subramanian和 Kawachi（2004）认为收入剥夺越高的个人相应的收入水平也会越低，其更有可能处于贫困的状态，这种贫困状态将导致物质资源获取的困难，如营养物质和医疗保障服务，进而导致个体糟糕的健康状况。该观点得到了较多研究者的支持（Eibner & Evans，2005；Mangyo & Park，2011；Gunasekara et al.，2013）。从心理途径角度考虑，Eibner 和 Vans（2005）指出相对剥夺使得个体觉得自身处于社会经济的弱势地位，这种消极的比较可能带来沮丧和不满情绪，从而影响个体健康水平。该观点在后续的研究中也得到了支持（Smith et al.，2012；Smith & Huo，2014）。在国内研究中，任国强等（2017）利用中国家庭追踪调查（CFPS）最新三期面板数据，采用 Ordered-Logit 随机效应模型和 Logit 模型进行实证研究，研究表明城镇居民自评健康和心理健康受到个体收入剥夺显著的负向作用。温兴祥（2018）使用中国健康与养老追踪调查 2015 年数据，以村内其他居民作为参照物构造相对剥夺指数，利用多层模型研究发现收入相对剥夺对于中老年健康产生显著的负向作用。邓大松等（2022）在研究外出务工对农村居民收入剥夺的健康影响中发现收入相对剥夺对农村居民主观健康和生理健康均表现出负向作用，并且外出务工经历对这种不利影响产生了一定的削弱。

（三）收入不平等假说

收入不平等假说认为健康水平不仅受到绝对收入和相对收入的影响，收入的分布状况也发挥重要作用（Preston，1975）。收入不均等能够通过多种途径损害个人健康水平，如增加不信任感、提高个人心理压力、增加社会动荡等，这些因素反过来又通过心理反馈机制如暴力犯罪或自毁性行为（减少人力资本投资、侵蚀社会资本和加剧社会贫富关系）来对个人健康水平产生作用。而在一个收入分配公平的社会，人们能够获得更多的公共物品、社会支持以及社会资本从而提升自身的健康水平。针对收入不平等假说，Mellor 和 Milyo（2002）将收入不平等对健康的机制分为"强假说"和"弱假说"两种，前者强调收入不平等的增加将会对所有人健康不利，后者则认为收入不平等的扩大存在亲穷人偏向，对富人健康水平影响不大而对穷人不利。关于收入不平等对健康的影响研究在早期基本是基于宏观数据的分析，而随着微观数据的兴起，基于家庭、社区等微观视角的研究成为主流。然而，无论从宏观还是微观角度，尽管大多数研究支持收入不平等假说，但对该理论提出疑问的研究者也大有人在。

基于宏观跨国数据，Rodgers（1979）利用 56 个国家跨国数据对收入不平等与健康之间关系进行验证，研究发现以基尼系数衡量的收入不平等与出生时平均预期寿命存在显著负相关关系，而与婴儿死亡率显著正相关。Kennedy et al.（1996）利用美国国内跨地区的横截面数据研究收入不平等与死亡率之间的关系，研究指出两者存在显著的相关性。同样的结论也在后续研究中被证实（Oshio & Kobayashi，2009；Karlsson et al.，2010；Pickett & Wilkinson，2015；赵建国、陈亮；2018）。然而，部分研究者认为两者之间没有显著的关系（Soobader，1999；Gerdthan & Johannesson，2004；Vries et al.，2014），甚至是正向关系（Judge & Paterson，2001；Deaton，2003）。利用宏观数据对收入不平等与健康水平的关系研究在 20 世纪 70 年代到 90 年代盛极一时，但是宏观数据在研究过程中存在总体上的偏误。由于收入对健康存在边际贡献递减，当收入不平等增加时，一国健康水平的下降难以区分是收入不平等导致还是绝对收入效应发生作用（Gravelle，1998；Wildman et al.，2003），而且国家或地区间收入不平等的可靠性与可比性也存在质疑（Gravelle et al.，2002）。

考虑到采用宏观数据研究收入不平等对健康影响的缺陷，20 世纪 90 年代中后期微观数据的应用逐渐成为主流，但是对于收入不平等与健康两者之间的关系，结论依然存在争议。Wilkinson 和 Pickett（2006）整理了 168 篇关于收入不平等对健康影响的相关研究，整理发现 70% 以上跨国和国内跨区域宏观数据研究结果均支持收入不平等对健康的负向作用，而采用个人、家庭或社区层面的微观数据支持收入不平等假说的文献不足一半的比例。纵然如此，随着微观数据运用的逐渐深入，多数研究者依然支持收入不平等与健康存在显著负相关关系，如自评健康（Kennedy et al.，1998；Soobader & Leclere，1999；申云、朱云

芳，2017）；个体机能（Blakely et al.，2000；Shmueli，2014）；心理健康
（Kahn et al.，2000；Landstedt et al.，2016；程诚、柯希望，2022）。少数研究
者提出两者之间不显著（Veenstra，2002；Mellor & Milyo，2003）。此外，还有
一些学者认为收入不平等与健康之间存在"倒 U"型关系。Li 和 Zhu（2006）
采用中国家庭营养健康调查数据发现社区层面的基尼系数与居民自评健康存在
"倒 U"型关系，即在一定的收入不平等范围内，收入不平等的增加改善了健康
水平，超过一定的门槛值后，收入不平等的增加对健康水平产生负向作用，类
似的结论也在诸多文献中得到证实（封进、余央央，2007；杨默，2011）。

（四）影响路径

广泛的经济学研究表明，收入差距扩大会以多种方式损害公众健康。具体
而言，这些影响可以从三个主要途径进行分析。第一，较大的收入差异可能导
致公共服务获取机会的减少。当收入差距扩大时，高收入者可能会选择在发达
地区寻求更高质量的教育和医疗服务，从而减少对本地公共服务的依赖和投资，
这导致公共服务的质量下降和政府对这些服务的财政支持减少（Deaton，2003；
Krugman，1996）。这种资源的流失使得尽管低收入群体支付了税款，他们却无
法获得应有的公共服务（Krugman，1996）。此外，经济不平等可能加剧富裕阶
层的政治影响力，导致他们可能对本地公共服务的需求和支持减少，进而影响
到低收入群体的服务获取（Meltzer & Richard，1981）。第二，收入差距的增加
会对社会资本和公众信任造成损害。社会资本，包括相互信任和合作的规则，
对于维护社会秩序至关重要（Coleman，1990；Putnam，1993）。收入差距的扩
大可能导致社会不稳定和社会凝聚力的减弱，从而引发冲突、犯罪和不端行为
（Brehm & Rahn，1997；Kennedy et al.，1998；Sampsonet al.，1997），这些都可
能直接损害个体的健康。进一步地，更大的收入差距减少了民众之间的信任，
影响政治参与，从而削弱政府功能的有效执行，降低公共服务和资源的质量与
效率（Kawachi & Kennedy，1997），这也间接影响了公众的健康状况。第三，社
会经济不平等所导致的心理压力对低收入群体的健康同样产生负面影响。社会
地位较低的个体可能会经历更多的负面情绪，如羞耻和不信任，这些情绪通过
神经内分泌系统的变化，以及吸烟、酗酒和其他高风险行为，恶化了健康状况
（Wilkinson，1996；Mayer & Sarin，2005）。Dressler 等人通过社会学中的"文化共
识分析"方法研究了社区内的文化和生活标准共识，发现当个体无法适应这些
共识时，可能会面临更高的健康风险，如高血压和肥胖（Dressler，1996，1998；
Dressler et al.，1999）。

尽管普遍观点认为收入差距对健康具有负面影响，但部分学者持相反看法，认为在某些情况下，收入差距可能促进健康。他们的论点主要围绕以下三方面展开：一是，有观点认为，随着收入差距的扩大，高收入群体对更高标准的医疗和教育服务的需求增加，这种需求的增加可能刺激了相关领域的技术创新，从而通过技术的溢出效应间接提高了整体社会的健康水平。二是，从财政政策的角度，特别是在累进税制的影响下，收入差距的增加理论上会增加政府的税收收入，从而增强政府在公共健康资源上的投入能力，提高公众获得健康服务的机会（Judge & Patterson，2001）。三是，心理因素也被认为是影响的一个重要途径。具体而言，虽然收入差距的扩大可能使低收入者承受更大的心理压力，但同时也可能使高收入者感受到更大的心理满足，这种心理上的净效果依赖于不同收入层级群体的比例及其对健康反应的敏感度。少量研究针对收入差距对健康的影响路径进行了定量分析。Kaplan et al.（1996）通过探索美国州级收入差距与教育、识字率和退学率等人力资本指标的关系，及其与犯罪率、失业率等社会资本指标的相关性，揭示了这些因素之间存在联系。然而，这种相关性分析并不能确立明确的因果关系。在宏观研究领域，Kawachi et al.（1997）采用定制的调查问卷，利用对信任感的测量作为社会资本的代理指标，发现收入差距与社会资本之间存在相关性，并通过将死亡率与社会资本的数据进行回归分析，强调了收入差距对死亡率可能具有显著的负面影响。在微观研究领域，Chung（2004）的研究通过在回归模型中加入公共医疗变量，发现在控制公共医疗服务供应后，地区收入差距与健康状况之间的关系显著减弱，凸显了公共医疗服务作为调节因素的潜在作用。这些研究虽然为理解收入差距与健康之间的联系提供了框架，但也表明了当前研究的不足，特别是在探索具体影响机制方面。大多数现有研究侧重于展示相关性而非深入分析因果链条。此外，目前只有少数研究尝试通过整合路径变量来深入探讨收入差距通过诸如公共医疗资源等渠道对健康产生的具体影响。未来的研究需要进一步探索这些影响路径及其对健康的具体作用，以提供更为全面的见解。

二、收入差距与环境污染的关系研究

库兹涅茨曲线（KC）刻画了随着经济发展水平的提高，地区收入差距会出现先上升后下降的趋势；环境库兹涅茨曲线（EKC）则表述的是环境污染与经济发展水平呈现"倒U"型曲线关系，即在一定经济发展水平内，随着经济发展水平的提升，环境污染将逐渐恶化，当经济发展水平达到一定的门槛值，环境污染将会随经济发展水平的提升而出现下降的现象。前者描述的是收入差距与经济增长的关联性，后者则描述的是环境污染与经济增长的关系，经济增长在收入差距与环境污染之间充当了一定的桥梁作用。在对收入差距与环境污染之间的关系进行综述以前，有必要先对经济增长和环境污染的关系进行梳理。

（一）经济增长与环境污染

环境污染是伴随着经济发展水平的提升而产生的，环境污染和经济增长之间关系的探讨主要经历了三个阶段，第一个阶段是罗马俱乐部提出的"增长极限说"，第二个阶段是"环境库兹涅茨曲线假说"，最后一个阶段则是对环境库兹涅茨曲线假说的质疑。

1. 增长极限说

人类生产和消费需要大量的能源和物质投入，同时会产生大量非偏好需求的副产物，如各类环境污染物。随着产出的增加，人们收入会得到不断提升，但是自然资本消耗的增加、废弃物的累积以及污染物的集聚将对自然环境形成巨大挑战，由此导致环境污染的加剧以及人类福利的持续下降。[①] 不但如此，自然资本的大量消耗对经济可持续发展形成强大的制约，在自然资本稀缺而人造资本相对富裕的社会，尽管依靠技术手段能够一定程度维持人造资本对自然资本的替代，但是经济活动对资源的大量需求将使得资源急剧减少，这将导致经济的可持续性大打折扣。为了使经济发展和环境污染维持在合理区间，经济发展水平可以适当放缓速度，取而代之的是更稳定的经济运行状态。在 20 世纪 70 年代的早期，罗马俱乐部在《增长的极限》中指出：产业革命变革带来了经济的高速发展，但也导致了人口急剧增长、资源短缺、生态环境持续恶化等相关问题，由于自然资源的稀缺性，经济增长难以长期持续，为了对环境进行保护，必须人为降低经济增长速度，甚至使经济零增长。[②] "增长极限说"强调了地球和人类社会发展都存在极限的观念，对无限追求经济增长的观点提出了强烈的质疑和警告，但是，该假说由于现实数据获取的困难，经验实证也难以对此加以证明。

一直到 20 世纪 80 年代，主流观点依然保持这样的观念：虽然环保技术可以减少经济活动中产生的环境破坏行为，但是经济增长的持续扩大必然会加剧环境质量的恶化。Ehrlich 和 Holdren（1971）利用 IPAT 模型对上述观点进行了

① DALY H E. Beyond growth: The economics of sustainable development [M]. Beacon Press, 1996.

② MEADOWS D H, MEADOWS D L, RANDERS J, et al. The limits to growth: A report to the club of Rome [M]. New York: Universe Books, 1972.

描述。IPAT 模型是用来刻画环境压力的著名公式①，该公式表明影响环境的因素由人口规模、财富水平（人均收入）及技术进步（单位产能污染物排放量）三个部分组成。通常，随着经济发展水平的提升，人口规模和人均收入水平将会得到极大的增长，环境压力也会逐渐提高，能够对这种模式进行改变的关键变量就是技术进步水平。这里技术进步水平涉及废物收集的新方法、有效降低资源消耗的再循环技术，以及更好的产品优化设计。技术进步水平在降低经济增长带来的环境压力方面起到了关键性的作用，从侧面也证明技术进步是环境保护政策的核心之所在。

2. 环境库兹涅茨曲线假说

"增长极限说"尽管在当时受到极大的推崇，但随着 20 世纪 80 年代可持续发展理念的兴起，"增长极限说"开始备受质疑。其认为经济增长必然加剧环境恶化的观点并不能立足，事实上，削减贫困对于环境保护是必备的条件。"增长极限说"并非完全悖逆于可持续发展的观念，它所提出的"全球均衡状态"概念其实也是可持续发展理念兴起的重要来源。Grossman 和 Krueger（1991）首次提出了环境污染与人均收入之间的"倒 U"型关系，随后，Panayotou（1993）将"污染—收入"之间的"倒 U"型运行轨迹正式命名为环境库兹涅茨曲线（EKC），最终发展成著名的环境库兹涅茨假说，该假说其实与可持续发展理论是一脉传承的。在 EKC 假说提出之后，许多研究从理论和实证的角度对两者之间的关系进行了深入的分析。

在理论研究方面，Lopez（1994）、Selden 和 Song（1995）、Stock（1998）、Hartman 和 Kwon（2005）、Brock 和 Taylor（2010）等对 EKC 曲线的"倒 U"型关系建立了不同的理论模型，虽然这些模型方法存在很大不同，但其隐含的思想存在共同之处。这些理论模型通常假定人们不仅对消费品具有偏好，对环境质量也存在偏好，人们获得的效用是消费品和环境质量共同的函数。在总产出水平保持不变的情况下，人们会在经济发展的不同时期对消费和环境保护进行抉择。在经济发展的初期阶段，经济产能不高，人们收入水平较低，消费的物质也较少，环境污染较少。在这个时期，环境质量的边际效用处于较低水平，而消费的边际效用则较高，人们愿意牺牲环境来加大消费水平，进而提高个人的效用。随着经济发展水平的提升，人们的收入不断提高，产生的消费也日益剧增，此时，消费的边际效用逐渐下降，而环境质量的边际效应逐渐上升，为了获得更大的效用，人们会加大环境保护投资并降低消费，这也很好地解释了

---

① I（$Environmental\ impact$）$= P$（$Population$）$* A$（$Affluence$）$* T$（$Technology$）

经济发展的后期阶段收入水平提升与环境污染降低同时并存的现象。上述理论模型的不同地方体现在如何有效地通过差异化机制实现环境污染和经济增长之间的"倒U"型切换。正如 Selden 和 Song（1995）指出，只要资本的分配能在环境污染和消费两者之间达到最优，那么环境污染的"倒U"型切换将能顺利实现。Stock（1998）则指出生产的技术水平在其中发挥着关键作用，他认为只要能够根据不同经济发展阶段选择最优的生产技术，EKC 曲线的拐点就能够实现。同样，Brock 和 Taylor（2010）也指出技术进步可以作为环境污染实现"倒U"型转变的关键。

　　在实证研究方面，Panyotou（1993）利用 1985 年 54 个国家的二氧化硫、氮氧化物以及 SPM 三种污染物作为考察对象，研究发现这三种污染物与人均收入水平都表现为"倒U"型曲线关系，并且估算出二氧化硫、氮氧化物和 SPM 排放量的转折点分别在 3000、5500 和 4500 美元左右。Cropper 和 Griffiths（1994）以非洲、拉丁美洲和亚洲 64 个国家的面板数据对森林毁损与经济增长之间的关系进行研究，研究发现两者之间符合"倒U"型关系，并且指出非洲和拉丁美洲经济增长的转折点分别为 4760 美元与 5420 美元，但是经济增长并不能自动解决森林毁损的问题。Jalil 和 Mahmud（2009）基于中国 1975—2005 年的时间序列数据，利用 ARDL 方法对碳排放与能源消费、收入、对外贸易等因素的长期关系展开了探讨，研究证明碳排放与收入存在典型的二次关系，赞成了 EKC 假说。Haider 和 Tarek（2017）采用沙特阿拉伯 1970—2016 年的面板数据，研究了贸易和收入变量对碳排放的影响，在保证不存在伪回归的情况下证实了 EKC 假说在沙特阿拉伯国家是成立的。在国内研究上，沈满洪和许云华（2000）、吴玉萍等（2002）、陈文华和刘康兵（2004）、刘笑萍等（2009）、宋马林和王舒鸿（2001）等学者基于某一省份或某一城市的时间序列数据对环境污染和经济增长之间的联系进行了研究，得出的结论大体均支持 EKC 假说。符淼（2008）研究了我国废水、废气和固体废物排放量三种污染物与经济增长之间的关系，通过非参数分析得出废气与经济增长表现为正向关系，废水和经济增长之间满足"倒U"型关系，而固体废弃物与经济增长之间的关系在东部和中西部表现出显著的差异性。吴玉鸣和田斌（2012）对 KEC 模型进行了延伸，考虑到环境污染的空间溢出效应，建立空间计量模型对我国 EKC 曲线的存在性进行检验。研究指出，EKC 曲线在我国是成立的，并且 29 个省份的人均收入水平处于 EKC 曲线拐点的左侧，表明收入水平的提升加剧了环境破坏，此外，研究也发现城市化程度、人口规模和中级人力资本促进了污染物的排放，而高级人力资本、产业转型升级以及对外开放程度能有效遏制环境污染。

3. 对环境库兹涅茨假说的质疑

环境库兹涅茨假说提出了经济增长存在一个环境改善的拐点，当经济增长达到一定水平，其会自发改善环境质量。然而，这种"收入决定论"是否真预示着经济增长能自发地改善环境质量，EKC 曲线的存在性以及正确性是否能经受住现实经验证据的验证？随着研究的深入，对 EKC 曲线的质疑逐渐涌现，主要集中在以下几方面。

（1）EKC 模型的有效性

Shafik（1992）研究指出无论是以废弃物还是二氧化碳作为环境污染代理指标，均未能发现人均收入水平与环境污染两者间的"倒 U"型曲线关系。随后的研究对于 EKC 模型有效性方面提出诸多批判，主要表现为统计方法、指标选取、技术双向性以及拐点出现的时间等问题。在统计方法上，EKC 的结论是从统计结果中产生的，更确切地说，它是一个统计现象。现实研究过程中，对 EKC 进行估计更多的是采用多国的面板数据，这就隐含着所有国家都会经历"收入—污染"的"倒 U"型轨迹，并且遵循同一条 EKC 曲线。根据这一逻辑，处于低收入水平的国家将经历污染增加的现象，发展中国家将接近 EKC 的拐点或准备下降的趋势，而发达国家出现污染下降的局面。如果抽离出单个发展中国家并以其时间序列作为研究样本，将会发现环境污染处于逐渐上升中的事实，而对于未来是否依然保持该规律将难以保证，这种基于"同质性"假设的前提让研究者产生质疑。[①] 在指标选取上，经验事实表明收入和环境污染指标的选择对于两者关系的结论产生重大偏差。研究中对收入指标的选择通常是人均收入水平，但这里导致了一个问题，那就是收入并非完全平均分配，收入水平并不是正态的，通常，处于平均收入水平以下的人数显然多于平均收入水平以上的人，选取收入的中位数作为收入水平的度量强于收入的平均数。[②] 环境污染指标选取则可能存在系统性偏差，在一个国家内，一种污染物的增加或下降通常也伴随着另外一种污染物的下降或上升，也有可能向其他国家进行转移。此外，环境污染度量的一般性指标是存在不足的，大多数的处理办法是直接用污染物排放总量进行替代，这种污染物排放总量指标可能不及污染物浓度指标更

---

① 陆旸. 从开放宏观的视角看环境污染问题：一个综述 [J]. 经济研究，2012（2）：147–158.

② STERN D I, COMMON M S, BARBIER E B. Economics growth and environmental degradation：The Environmental Kuznets Curve and sustainable development [J]. World Development, 1996, 24：1151–1160.

具现实意义。① 技术双向性认为环境质量的改善是由于技术限制所引起的暂时现象。② 具体而言，新技术的引进能够显著提高生产率，但也会对社会造成隐藏的危害，如产生新的废弃物。在新技术应用的初期阶段，新技术带来的污染外部性并没有被察觉，随着污染的逐渐扩大，污染逐渐被重视，环境规制政策开始针对该类特定污染物进行控制，新技术将受到一定约束，污染将呈现出"倒 U"型曲线轨迹。最后，针对拐点出现的时间问题，根据 Grossman 和 Krueger（1995）通过实证分析证明了二氧化硫和烟粉尘排放量在人均 GDP4000~5000 美元之间发生转折，而悬浮颗粒物在比较低的人均收入水平就会达到拐点。鉴于未来人均 GDP 的持续增长，环境质量将逐步改善，然而现实情况并非如此乐观。EKC 曲线刻画的是环境污染与经济增长之间的一种长期图景，是单一经济体在不同经济发展阶段环境污染变化的一个长期运行轨迹。EKC 假说并未探讨拐点的时间问题，现实情况是，如果拐点出现的时间较晚，环境污染超过生态阈值，将导致不可逆的后果。

（2）EKC 曲线形状的非单一性

自 Grossman 和 Krueger（1991）首次提出环境污染与人均收入之间存在"倒 U"型关系以来，关于曲线的形状就受到诸多质疑。国外学者 Selden 和 Song（1994）研究发现各种污染物的 EKC 曲线形状存在巨大差异，除了"倒 U"型，还存在"U"型以及"N"型、"倒 N"型。Martinez 和 Bengocha（2004）采用 OECD 国家 1975—1998 年碳排放数据，研究得出多数 OECD 国家碳排放与人均收入水平表现为"N"型曲线关系，一些经济较不发达地区则表现为"倒 N"型曲线关系。Lantz 和 Feng（2006）利用加拿大 5 个区域 1970—2000 年的面板数据，再引入一个更具弹性的模型对碳排放与人均 GDP 的关系进行实证分析，研究发现人口密度与碳排放表现为"倒 U"型关系，技术进步与碳排放为"U"型关系，而人均 GDP 与碳排放无关。Daigee 等（2010）选取中国二氧化硫、固体颗粒物和氮氧化物等污染标的物，通过模型计算结果表明，并非所有污染物均与经济增长呈"倒 U"型关系，其中，二氧化硫证实了"倒 U"型的存在，而固体颗粒物与氮氧化物并未呈现这一曲线特征。国内方面，朱平辉等（2010）利用中国 1989—2007 年省级面板数据，在考虑污染的空间溢出效应基础上对 7

① TISDELL C. Globalization and sustainability: Environmental Kuznets Curve and the WTO [J]. Ecological Economics, 2001, 39: 185-196.

② DINDA S, COONDOO D, PAL M. Air quality and economic growth: An empirical study [J]. Ecological Economics, 2000, 34: 409-423.

种工业污染物的 EKC 曲线进行验证，研究发现：工业废水与 GDP 之间存在一个拐点的"倒 N"型曲线关系，工业废气与 GDP 之间存在两个拐点的"倒 N"型曲线关系，其他 5 种工业污染物符合 EKC 假说的"倒 U"型关系。高静和黄繁华（2011）利用中国 30 个省份 15 年的面板数据，在考虑贸易与投资的基础上，研究证实中部存在"倒 U"型关系，西部存在"U"型关系，而中部不存在 EKC 曲线关系。安虎森和王雷雷（2014）通过中国 31 个省份 2000—2012 年的面板数据证实中国环境污染与经济增长之间存在"倒 N"型曲线关系。施锦芳和吴学艳（2017）收集整理了 1984—2014 年中国人均 GDP 和人均碳排放数据以及 1960—2014 年日本人均 GDP 和人均碳排放数据，研究结果表明：中国的 EKC 曲线呈"倒 N"型，而日本的 EKC 曲线呈"N"型。

（3）国际贸易与污染转移

国际贸易过程中的国际分工是否能对 EKC 曲线进行解释？具体而言，在国际分工模式下，发展中国家主要生产"污染品"，发达国家则生产"清洁品"，根据世界各国样本所描绘的 EKC 曲线是由发展中国家的上升部分和发达国家的下降部分共同组成的。这就产生了一个疑虑，EKC 曲线的形成可能并非经济增长导致的必然结果，可能是国际分工模式导致的。一些学者开始对 EKC 假说暗含的"收入决定论"提出了质疑，他们认为发展中国家向发达国家出口制成品是 EKC 曲线上升部分的重要因素，发达国家向发展中国家进口制产品是 EKC 曲线下降部分的重要因素（Unruh & Moomaw, 1998; Suri & Chapman, 1998），鉴于国际贸易因素，对 EKC 的经验分析应该从生产角度转向消费角度。基于以上认识，如果将 EKC 曲线的形成联系上国际贸易因素，那么 EKC 假说就存在很大的质疑。

具体来看，根据 Hecksher-Ohlin 的贸易理论，在贸易自由的情形下，发展中国家将专业化生产具有相对比较优势的劳动密集型或自然资源密集型产品，成为污染密集型产品的净出口国；发达国家将专业化生产资本密集型产品，成为污染密集型产品的净进口国。如果随着收入的增加，人们对制成品需求收入弹性并未发生改变，发达国家制造业比重下降的事实仅是表明了对制成品的"超额需求"是通过向发展中国家进口的方式得到弥补的（Cole, 2004）。实际上，发达国家的消费结构并未发生多大改变（Cole et al., 2000; Stern et al., 1996）。此时，一个国家的国际贸易、产业结构和消费结构是存在关联的（Arrow et al., 1995; Rothman, 1998）。因此，EKC 曲线只不过是发达国家将污染从本国向发展中国家或落后国家转移的过程。如果事实真如此描述，落后的国家相对于发达国家在改善环境方面将变得更加困难（Stern, 1998），这种污染的空间转移过程也将使得 EKC 曲线的"收入决定论"黯然失色。从世界范围来看，所谓的经济增长与环境协调发展的 EKC 曲线轨迹也仅仅是样本选择偏误导致的暂时统计现象。为了对 EKC 假说进行更加准确的经验分析，必须考虑到国际贸易过程中的国际分工和污染转移现象，否则，EKC 结论将难以令人信服。

（二）收入差距与环境污染

在能源与环境经济领域，早期的环境文献主要围绕经济增长与环境质量展开。"收入决定论"在解释经济增长和人均收入对环境质量的影响方面占据天然优势，但对经济发展方式的关注明显不足。收入分配作为经济发展的另一个重要方面，对经济和社会的影响具有举足轻重的地位，却在 EKC 分析框架中时常被忽略（Torras & Boyce，1998；Morse，2018）。随着收入分配在环境污染研究中地位的提升，从收入分配视角考察环境污染的文献逐渐呈现，主要形成了三种基本观点：收入差距促进环境污染，收入差距抑制环境污染以及收入差距与环境污染关系不确定或不相关，以下针对三种观点进行相应的综述。

1. 收入差距促进环境污染

在理论研究方面，Boyce（1994）最早对收入差距与环境污染的关系展开了研究。Boyce（1994）以及 Torras 和 Boyce（1998）研究指出，收入不平等可能与高水平的能源使用（如化石燃料）、污染和环境退化有关。化石燃料消耗的增加对全球和地方都有影响，因为它导致二氧化碳排放水平的提高，以及其他具有更局部影响的污染物，包含一氧化碳和氮氧化物排放量的增加。尽管 Boyce 对这些关系提出了许多观点，但最主要的观点是：富人更喜欢污染严重的环境，这既是因为他们更有可能成为污染企业的所有者，也是因为他们消费了更多的商品和服务，而这些商品和服务本身造成了污染。环境保护对富人来说成本更高，而富人更有能力保护自己不受环境损害，同时将这种负担转嫁给穷人。其最终获得的结论可以归结成富人可能会利用他们的经济实力来获得政治权利，从而主导环境政策。此外，他提出了一个权利加权的社会决策规则，在这个规则中，那些拥有更多经济权利的人，也是拥有更多政治权利的人，会对政策结果产生更大的影响，他们会利用这种影响来阻止环境保护，因为高收入阶层往往能从环境污染中赚取更多的收益。因此，收入不平等将导致权利分配的不平等，进而导致环境的恶化。Martinez-Alier（1995）基于供给和需求角度提供一个新的研究视角：在需求方面，他认为环境商品可以划分为环境奢侈品和环境必需品（如饮用水），后者收入弹性低于前者，收入分配的均等化将使得公众对环境必需品的需求增加而减少对环境奢侈品的需求，从而改善基本的环境和生活条件。在供给方面，由于许多环境商品都是有成本的，收入的再分配会改变市场上环境商品的供给，穷人更容易低估环境商品相对于其他商品的价值。从而，得出收入不平等不利于环境质量改善的结论。

Magnani（2000）基于"相对收入效应"视角进行分析，他指出，环境污染不仅受到绝对收入的影响，同时相对收入也会发生重要作用。如果环境商品的收入弹性较高，商品结构会因为收入水平的提升而发生变化，公众对于环境质量的需求将上升到更高的等级，随着经济发展水平的提升，环境质量也会伴随公众需求上升而改善。此外，收入分配的不均等将影响中间收入群体的环境行为，进而对最优环境税率产生作用，最终影响环境政策的实施。他从政治经济学理论的角度指出，政治权利平均分布于社会团体和民主投票体系之中，中间人的偏好对于环境政策实施起到关键的作用。如果保持收入弹性不变，最优税率将由中间人相对收入决定，并且两者呈现正向的关系。收入分配不平等程度的加剧将使得平均收入水平以下的人数远远超过平均收入水平以上的人数，中间人收入水平将下降，进而影响环境治理支付意愿，这将导致环境治理支出水平下降，环境加剧恶化。Marsiliani 和 Thomas（2002）从代议民主制角度对收入分配与环境污染关系进行了分析，通过引入跨期决策模型，对收入不平等如何导致环境治理政策的实施进行了推导。他们指出，一方面，穷人对环境与私人消费品的边际替代率较低（如果环境具有正常商品特性），这将导致穷人对环境保护意愿不足；另一方面，穷人更希望政府实施税收政策进行收入分配的转移，但是收入的再分配会因为效率损失导致消费可能性曲线的边界向内移动，对比环境商品，人们更愿意消费私人物品而降低对环境商品的需求。收入不平等程度的加剧，将削弱中间人的能力，在"政治—经济"均衡中，将导致更多的收入再分配，抑制经济增长，污染税收降低，环境保护政策被弱化。He et al.（2007）通过双寡头博弈模型分析指出，当社会充斥腐败或特殊利益阶层时，收入分配不平等的加剧将促使腐败或特殊利益阶层利用贿赂手段歪曲环境保护政策。

在实证研究方面，Torras 和 Boyce（1998）运用跨国数据资料分析了收入、收入不平等、政治权利和公民自由对环境指标的影响。研究结果表明，识字率和政治权利在决定环境质量方面是重要的，特别是在低收入国家，同时发现收入分配的改善可以提高环境质量。Holland et al.（2009）以一种不同于文献的方式将生物多样性损失作为一个因变量来衡量濒危植物和脊椎动物物种的比例，他们审查了1980年至1984年期间某些国家的生物多样性、收入不平等和某些控制变量之间的联系。结果表明，收入不平等的减少阻止了生物多样性的丧失。

Golley 和 Meng（2012）利用中国 2005 年的家庭数据研究了收入分配和二氧化碳排放之间的关系。研究发现，减少收入不平等的再分配政策可以减少城市的二氧化碳排放。Baek 和 Gweisah（2013）研究了 1967 年至 2008 年期间美国收入不平等、经济增长和能源消费之间的关系，研究发现无论是短期还是长期收入不平等都加剧了二氧化碳的排放。Kasuga 和 Takaya（2017）通过 1990—2012 年期间日本 85 个城市的面板数据，研究得到基尼系数的提高会增加二氧化硫、氮氧化物的排放和空气污染。Knight et al.（2017）分析了 26 个发达国家 2000—2010 年期间的收入不平等与二氧化碳排放之间的关系，研究结果表明，收入不平等的扩大导致了政治和经济权利的不平等，从而加剧了环境的恶化。Morse（2018）研究了 1995—2014 年期间环境绩效、收入和收入不平等之间的联系，研究发现，收入水平的提高和收入不平等的减少会提高环境绩效。国内研究方面，杨树旺等（2006）研究指出收入分配的方式和状况影响经济主体行为，而这些行为又在需求和供给两方面影响着环境质量，综合来看，收入分配不公诱致整体环境质量恶化。钟茂初和赵志勇（2013）运用中国 2003—2010 年省级面板数据，通过静态估计以及动态估计多种计量方法对城乡收入差距与环境质量关系进行分析，研究得出，城乡收入差距对污染物排放有显著的正向影响。孙华臣和孙丰凯（2016）采用中国 1998—2013 年省级面板数据，在充分考虑模型内生性、异质性以及稳健性基础上对城乡收入差距与二氧化碳排放关系进行验证，研究发现无论是泰尔指数还是城乡居民收入比，城乡收入差距扩大均导致了二氧化碳排放的增加，而工业化进程的传统城镇化以及城乡分割下的城乡消费差异构成城乡收入差距影响碳排放的内在逻辑。占华（2016）分析了 23 个省份 1997—2010 年收入差距与环境污染的关系，通过人均碳排放量和碳排放强度衡量环境污染，发现中国收入分配差距的扩大对环境质量改善不利，且收入差距对环境污染的影响程度存在地区性差异。杨寓涵（2019）利用甲肝发病率和人口结构作为收入差距的复合工具变量验证了收入差距与环境污染两者的关系，研究指出收入差距对环境污染的影响存在显著的正向关系，在使用工具变量后这种显著性进一步加强。进一步的研究指出，能源消耗是收入差距导致环境恶化的有效传导中介。收入差距对环境污染的促进作用在诸多文献中也得到了证实（王凯风、吴超林，2018；占华，2018；孟凡杰、修长百，2019；常文涛、罗良文，2021；井波等，2021；张雪、常玉苗，2023）。

2. 收入差距抑制环境污染

在理论研究方面，Ravallion（2000）通过构建基于个人收入的碳排放需求函数，研究了收入不平等与环境质量之间的关系。如果穷人比富人拥有一个更高（更低）的边际排放倾向，那么用于减少收入不平等的政策可能会增加（减少）环境污染。事实上，最穷的人的边际排放倾向比最富有的人高得多，因为低碳产品往往需要更高的技术要求，也就是更高的价格，穷人无法负担。此外，相比于富人，穷人更有可能使用低效的能源产品，其中包括高得多的边际排放倾向。Heerink et al.（2001）基于个体收入水平与环境质量的关系形态出发，对收入分配与环境质量的关系进行了梳理。他们认为，当个体收入水平与环境破坏之间的关系为"凹型"时，即富有的人边际破坏能力低于穷人，收入从富人向穷人转移的平等化分配过程将加大环境污染；当个体收入水平与环境破坏之间的关系为"凸型"时，即富有的人边际破坏能力高于穷人，收入的平等化将降低环境污染；当个体收入水平与环境破坏之间的关系为"线性"时，收入分配对环境污染不会发生作用。根据既有的经验结论，他们认为人均收入与环境污染之间的关系形态大都为凹函数，即符合 EKC 曲线的"倒 U"型形状，收入不平等的扩大将对环境污染具有抑制作用。

在实证研究方面，Brannlund 和 Ghalwash（2008）采用 1984 年、1988 年和 1996 年瑞典家庭预算调查数据探讨了收入分配与各种环境污染物之间的关系，研究指出收入分配的恶化降低了 CO_2、SO_2 以及氮排放几种环境污染物。Coondoo 和 Dinda（2008）调查了 1960 年至 1990 年期间来自美洲、亚洲和非洲地区的 88 个国家的收入不平等与二氧化碳排放之间的联系，发现欧洲和美国收入不平等的减少增加了排放水平。Jun et al.（2011）研究了中国各省 1997—2018 年期间收入不平等与一些环境质量指标之间的关系，研究发现，不同于其他研究的结论，在以工业废水和废气作为被解释变量时，收入分配的恶化促进了环境质量的提升。Gassebner et al.（2011）对 120 个国家 1960 年至 2001 年期间不同环境指标（如水和空气污染）的经济、政治和人口统计决定因素进行了检验。在研究中，得出的结论是，收入不平等的增加减少了水污染。Grunewald et al.（2017）分析了 1980—2008 年期间基尼系数与人均碳排放之间的关系，研究发现，在低收入和中等收入国家，收入不平等与 CO_2 排放呈现负相关关系，在中高收入国家，两者却是相互促进的。Liu et al.（2018）利用中国 403 个城市数据计算了 31 个省份的基尼系数，并利用 1997—2015 年中国 31 个省份平衡面板数据估计了收入分配与环境恶化之间的联系，研究指出，收入不平等在防止环境退化方面发挥了重要作用，适当的收入不平等有利于改善环境质量。

3. 收入差距与环境污染关系不确定或不相关

与众多其他研究一样，收入不平等与环境质量两者的关系并未在学术界形成统一观点。前面两种观点明确提出了收入差距与环境污染之间的正向和负向关系，但也有学者提出了第三种观点，即收入差距与环境质量存在不确定性，两者甚至没有必然的联系。针对 Boyce 提出的理论假设，Scruggs（1998）率先提出了多方面的质疑。一方面，Boyce 的时间偏好论点假设环境恶化是私人的，而不是公共的，一个独裁者可以通过迁移就能避免一些污染问题，实际上，他迁移到的地方可能和离开的地方存在的问题一样多。富人也不只是关心他们当期的环境，富裕国家的公民更有可能从长远公共利益的角度来考虑环境问题（Rohrschneider，1988）。同时，Scruggs 认为 Boyce 掩盖了财富和权力之间的区别，如果政治制度是真正民主的，收入不平等可能与环境恶化的社会选择无关。另一方面，富人喜欢更多的环境退化是令人难以信服的。传统的经济学理论认为，与穷人相比，富人更倾向于同样甚至更少的环境退化，这可能是由于一个简单的收入效应，如果环境被认为是一个正常的商品（Baumol & Oates，1988）。另外，对环境保护更大的偏好也可能是由于它是一种优越的商品，而且需求的增长速度快于收入的增长。在这两种情况下，理论均表明，与穷人相比，较富裕的个人更喜欢环境恶化程度较低的社会。富裕阶层对环境保护需求的增加，也会导致他们更愿意或更有能力为更多的环境保护买单，从而使分配问题与社会结果不太相关。当然，在现实世界中，正如 Boyce 所认为的成本可能会转移，收入不平等的增加导致保护的成本转移到穷人身上，但这并不意味着更高的环境退化，因为富人可以通过改变穷人的偏好以及技术发展路径来减少环境的退化。事实上，环境作为一项优质商品，富人相对于穷人可能更倾向于环境质量的改善，收入差距的扩大反而对环境改善有利。但基于 Hofrichter 和 Reif（1990）提出的社会范式，他认为收入不平等与环境质量可能存在一定的收入门槛，当人均收入水平超过一定的临界值后，收入不平等与环境质量的关系将会发生转折。Boyce 的假设可能在最贫困的国家是成立的，但是在最富裕国家，有可能存在截然相反的结果，那就是收入不平等的扩大改善环境质量。基于这些判断，Scruggs 最终认为收入不平等与环境污染两者的关系是模糊的，这种关系受到各阶层对环境质量偏好和各国法制制度因素的影响。Vona 和 Patriarca（2011）利用动态模型分析表明，收入不平等对环境技术创新的影响依赖于地区经济发展水平，当地区经济发展水平较高时，收入不平等的扩大对环境技术的示范和扩散作用具有抑制作用，进而阻碍环境质量的提高，当地区经济发展水平较低时，则结果刚好相反。

上述研究从理论层面表明收入差距对环境污染的影响是不确定或不相关的，在经验实证方面，也得到了证实。Scruggs（1998）基于不同组别的国家数据，考察了基尼系数和民主水平对四个不同环境指标的影响，研究结果表明，收入分配效应随着环境指标的变化而变化，但没有得到明确的证据。Clement 和 Meunie（2010）考察了 1988—2003 年期间 83 个转型国家和发展中国家的收入分配对二氧化硫排放和有机水污染的影响，研究发现，基尼系数对 SO_2 排放没有影响，但转型国家基尼系数的提高增加了水污染。Policardo（2016）分析了 1990—2002 年 47 个转型国家的民主、收入分配和环境质量的关系，在使用两种不同环境指标（CO_2 和颗粒物）的研究中，发现基尼系数具有统计学意义。Wolde-Rufael 和 Idow（2017）调查了收入不平等是否对中国和印度的环境退化有影响，在以 CO_2 排放量作为环境质量的替代指标，以人均 GDP、人均 GDP 的平方、基尼系数、人均能源消耗和对外开放程度作为解释变量时，结果表明，中国和印度的基尼系数与 CO_2 排放量不存在协整关系，基于这方面的角度，收入分配对环境退化没有影响。Jorgenson et al.（2017）研究了美国各州收入不平等与 CO_2 排放之间的关系，他们发现基尼系数和 CO_2 排放量之间没有显著的联系。Barra 和 Zotti（2018）研究了 120 个国家 2000—2009 年期间环境污染与收入水平之间的关系，他们断定 EKC 是无效的。此外，根据地理位置和收入分配将这些国家划分为子组进行分析，结果没有改变。国内学者方面，田柳和赵军（2012）运用 2003—2010 年中国省级面板数据，以城乡收入差距的基尼系数作为收入差距的衡量指标，基于主成分分析法构造环境污染综合指标作为被解释变量，研究发现收入分配的不公平并不必然带来环境的恶化。张乐才和刘尚希（2015）采用中国 2000—2012 年省级面板数据研究发现收入差距对环境污染的影响存在显著的地区差异，东部地区的影响效应明显高于中西部地区。

三、环境污染与健康水平的关系研究

环境导致的健康问题由来已久，以"环境与健康关系"为主体的研究更多被环境科学和健康科学所关注。随着政策制定者和研究者逐渐认识到经济学在环境健康问题研究中的价值和意义，通过经济学范式阐释环境健康问题日益成为关注的焦点。

从自然科学角度，环境卫生组织机构指出必须重视环境污染对人体健康的潜在威胁，空气中存在的颗粒物分子作为环境污染的主要组成部分，已经被定义为致癌的重要来源。这些空气污染问题导致了诸如心血管、呼吸系统等疾病发生的概率提高（Pope et al.，2002；Zanobetti et al.，2009；Bell et al.，2014；Wei et al.，2019）。$PM_{2.5}$ 是空气污染研究的重点关注对象。许多研究对其健康效应展开了广泛分析。Wu et al.（2016）和朱彤等（2022）都指出空气中 $PM_{2.5}$ 浓度与人体血压相关的多项慢性疾病的发病率和死亡率呈现同方向变化。Fan et al. （2015）认为严峻的环境污染问题是中国经济繁荣发展下预期寿命增长缓慢的其中因素，空气污染的加重直接导致各类心血管疾病和呼吸系统疾病的死亡率上升。在心血管疾病影响方面，众多学者从心肌梗死、心力衰竭、高血压方面做出了深入研究。董凤鸣（2013）研究发现心肌梗死、高血压、充血性心力衰竭、心律失常和心血管死亡率与大气中 $PM_{2.5}$ 的污染浓度存在特定的因果关系。Mustafic et al.（2012）、Gardner et al.（2014）均指出过去几天或小时的污染物暴露导致了心肌梗死的急性触发。Liang et al.（2014）通过 Meta 分析法发现污染浓度与血压之间的关系，具体表现为室外 $PM_{2.5}$ 浓度上升会在 5 日内提高个人血压，$PM_{2.5}$ 浓度每提高 $10ug/m^3$，血压会升高 1~2mmHg，如果将室外暴露的时间延长至 30 天到 1 年，血压升高的数值接近 5~10mmHg。这种影响在相关文献也有所体现（Chen，2014；Wilson，2015）。在呼吸系统疾病影响方面，许多文献都进行了深入的分析。李宁等（2010）利用自回归分析工具研究发现二氧化氮和细微颗粒物浓度每提升 $10ug/m^3$，由此导致的呼吸系统疾病日均死亡人数将上升 1 个百分点。Zanobetti et al.（2014）研究得到 $PM_{2.5}$ 与慢性疾病存在一定联系。柳叶刀污染与健康委员会（2017）指出 $PM_{2.5}$ 污染物与心血管和肺部疾病之间的因果联系最突出，同时证实了该污染物与慢性阻塞性肺疾病及肺癌存在因果关系。池也等（2020）同样发现 $PM_{2.5}$、PM_{10} 等污染物与呼吸系统疾病的发生率存在负向关系。在水污染影响方面，不同研究揭示了铅管道对发达国家婴幼儿死亡率的潜在危害及其影响的不均等性。Troesken（2003）利用马萨诸塞州的数据，分析了使用铅水管与未使用铅水管地区之间的婴儿死亡率和死胎率差异，得出了铅水管可导致婴儿死亡率和死胎率提高 3 到 4 倍的结论。这一发现凸显了铅水管使用的危害性，并为进一步研究提供了数据基础。Clay et al.（2010）探讨了 1900—1920 年间美国城市中饮用水铅含量对婴幼儿死亡率的影响。他们发现，铅水管暴露水平每降低 1%，婴幼儿死亡率可以下降 7% 到 33%，在每 1000 名婴幼儿中至少挽救了 12 个生命。这些数据不仅验证了铅污染的严重性，还显示了减少铅暴露能显著提高婴幼儿的生存率。然而，Currie et al.（2013）的研究则从另一个角度审视了问题，他们的研究结果表明，有害污染饮用水对所有儿童的影响相对较小，而对教育程度较低的母亲及其妊娠影响显著较大。此外，这些受污染影响较大的母亲往往不倾向于通过调整生育间隔来应对污染问题。这一发现提示，水污染的影响可能因社会经济状态而异，且防范措施的采纳在不同社会群体中存在差异。而针对发展中国家的研究，Srinivasan 等和 Ebenstein 的工作提供了对不同地区和社会经济背景下污染水体对健康的影响的深入见解。Srinivasan et al.（2009）的研究集中在印度穆西河流域，他们比较了使用废水灌溉的六个村庄与使用正常水质灌溉的一个村庄的健康数据。结果表明，使用废水灌溉的村庄的居民发病率较高，特别是成人和女性的发病率显著高于儿童和男性。此外，经济地位较低的农户面临更大的疾病经济负担，凸显了污染问题对较贫困社区的不成比例影响。Ebenstein（2012）的研究则是在中国淮河流域进行的，通过分析水质与健康的关系，特别关注消化系统癌症的死亡率。研究发现，水质每下降一级，消化系统癌症的死亡率就增加 9.7%。此外，Ebenstein 还进行了成本效益分析，指出若中国政府将废水排污费增加一倍，虽然需要额外投入 500 亿美元于废水处理，却能挽救超过 17000 人的生命。

　　从经济学角度研究环境污染对健康水平的影响可以追溯到 Grossman（1972）所开创的健康需求函数理论。Grossman 最先将健康引入消费者效用函数，他认为健康既是一种消费品直接给个人带来效用，同时也是一种投资品能给个人带来收入。健康水平会因为锻炼、营养摄入而得到改善，也会因为健康折旧率的增加而减少，年龄是影响健康水平的重要因素，基于这些因素，他推导了实现自身效用最大化的最优健康需求量。随着健康需求理论的不断发展，开始有学者将环境因素纳入健康需求函数。Cropper（1981）在 Grossman 理论模型的基础上引入空气污染物变量，认为空气污染是加快健康折旧率的又一因素，因此建立了空气污染影响个人健康水平的分析框架。Gerking 和 Stanley（1986）、Lipfert（1994）在健康生产函数中引入环境污染变量，探讨了环境污染变量对健康折旧率的影响。至此，基于经济学范式研究环境污染对健康水平影响的相关研究开始逐渐兴起。在国外研究方面，Maisonet et al.（2004）采用死亡率作为健康水平的度量，分析了环境因素与健康水平两者的关系。Currie et al.（2009）采用加利福尼亚州和新泽西州大量的个人和污染微观数据，通过固定效应方法减少因遗漏变量所造成的估计偏差，研究了同一范围内空气污染和家庭儿童健康的关系。研究指出，不论是在孕期还是出生后，CO 的浓度均对婴儿死亡率产生显著的影响，即使在较低的浓度水平，这种影响也是存在的。由于实证分析过程中不可避免因一些遗漏变量或互为因果的因素导致模型内生性问题，一些经济学家利用拟自然实验的方法对环境污染与健康水平的关系进行了新的尝试。Chay 和 Greenstone（2003）把 1981—1982 年美国的经济大萧条所导致的总悬浮颗粒物下降看成一次自然实验，研究指出在控制其他因素的情况下，这一事件导致了美国婴儿死亡率出现了明显的下降。Jayachandran（2009）将印尼森林火灾导致污染上升作为一次自然实验，通过建立离散模型分析表明，大火引起的短时间内污染的急剧上升是婴儿死亡率提高的重要因素。Luechinger（2009）借助德国发电厂强制脱硫这一准外生实验，采用 1985—2003 年的数据研究证明

SO₂浓度水平对婴儿死亡率有着显著的影响。在国内研究方面，卢洪友和祁毓（2013）利用 CGSS2006 微观调查数据，通过建立世代交叠模型，分析了污染、健康和不平等三者之间的关系。实证结果分析表明污染是影响健康不平等的重要传导路径，环境污染已逐渐成为影响健康危机和社会不平等的重要方面。陈硕和陈婷（2014）利用地级市面板数据为研究样本，对火电厂二氧化硫排放与公共健康之间的关系进行了分析。在对内生性谨慎处理后研究发现，二氧化硫排放的增加导致了呼吸系统疾病和肺癌人数的死亡率显著提升，同时显著加剧了医疗负担费用。王兵和聂欣（2016）在 Grossman 理论模型基础上，研究了污水排放与农村老年人健康水平的关系，并探讨了自来水使用和"改厕改水"工程对健康水平的影响。李梦洁和杜威剑（2018）利用 CFPS2012 微观调查数据对空气污染和居民健康水平的关系进行研究，研究发现空气污染对居民健康水平具有显著负向作用，并且这种作用在不同收入、社会经济地位的群体中表现出差异性。秦天等（2019）利用 Grossman 的宏观健康生产函数模型，结合 2007—2018 年的省际面板数据，采用系统 GMM 方法分析了农业面源污染和环境规制及其相互作用对公民健康的影响及作用机制。他们的研究揭示了农业面源污染与公民健康存在显著的负相关性，并指出农业面源污染的加剧显著提高了食源性疾病的发病率。费聿珉与张景静（2022）利用 2003—2018 年的全国地级市数据，运用面板数据模型和空间杜宾模型，深入分析了地方政府竞争与环境污染对居民健康的影响及其空间效应。研究发现地方政府之间的竞争显著增加了区域环境污染，从而对该区域以及相邻地区居民的健康水平造成了显著损害。

四、收入差距、环境污染与健康水平的关系研究

关于收入差距、环境污染与健康水平三者之间关系的研究相对较少。Drabo（2011）探讨了环境退化如何被视为收入分配影响人口健康的渠道。他以 Magnani（2000）的理论为基础，建立了一个简单的理论模型，其中相对收入通过污染减排支出水平影响健康状况。通过计量经济学分析表明，收入不平等对环境质量产生了负面影响，环境恶化加剧了人们的健康受损状况，良好的制度可以减轻收入不平等对环境的负面影响。研究还表明，收入不平等对健康状况有负面影响。另一个有趣的结果是，当考虑环境变量时，收入不平等变量系数的水平和统计显著性消失，证明了收入不平等对健康的影响受到环境污染的作用，这一发现对发达国家和发展中国家同样适用。Drabo 同时指出，对于收入高度不平等的国家，可以实施有效的收入分配政策，以避免其对健康的负面影响。祁毓和卢洪友（2013）以 1980—2010 年世界 132 个国家的面板数据作为研究样

本，在对内生性进行合理处理后，考察了收入不平等对环境质量以及国民健康的影响，并探讨了差异背后的制度原因。研究发现，基于世界角度，收入不平等对环境质量和国民健康水平具有重要影响，环境质量一定程度上在收入差距与国民健康之间起到传递作用。但是，由于地区经济发展水平的差异，收入不平等对环境质量以及国民健康的影响在发达国家和发展中国家表现出很大的不同。收入不平等对发展中国家环境质量和国民健康的影响相对较大，而对发达国家的影响甚微甚至出现相反的结果。通过进一步的实证检验发现，制度环境能够比较好地诠释这种差异背后的机理。陈素梅和何凌云（2020）探讨了相对贫困、环境保护与健康之间的关系，通过构建 OLG 模型，研究发现减缓相对贫困会提高贫困居民的收入水平，进而刺激消费和扩大社会大生产，但同时也导致了环境污染的加剧，并最终使居民健康受损，减缓相对贫困、环境保护和健康福利改善之间存在着政策冲突的风险。

五、文献评述

综上所述，尽管国内外对收入差距、环境污染与健康水平的研究进行了大量的理论和实证的分析，但依然存在诸多争议和不足的地方。首先，在对三者的分析研究中，基本是将三者割裂开来，要么是针对收入差距与健康水平关系的研究，要么是收入差距与环境污染关系的研究，抑或是环境污染与健康水平关系的研究。显然，这种两两研究很具现实研究意义，但这些研究却很少综合考虑三者之间的内在关联性。事实上，现有研究大多忽视了环境污染在收入差距对健康水平影响中发挥的渠道作用，即使存在，基本是基于跨国家层面的面板数据，而非我国的现实背景。环境污染作为与物质资源、社会资本以及心理具有同等重要作用的媒介，应该给予必要的重视。其次，收入差距与环境污染、收入差距与健康水平的关系依然存在争论，基于中国现实背景对这种争论进行客观阐述的文献依然较少，而且针对地区地理区位、要素禀赋、收入水平的差异性，收入差距对地区环境污染和健康水平的影响是否也存在差异，值得深入挖掘。纵然理论上对收入差距影响健康水平、收入差距影响环境污染的机制有了一定的研究，但在从实证角度验证中间机制方面还存在相当不足。再次，环境污染对健康水平的影响研究主要还是局限于环境科学领域，运用经济学范式对环境健康问题进行研究还是稍有欠缺，并且在立足于经济学视角制定环境健康政策方面也存在极大的不足。最后，现有文献对环境污染、收入差距指标的选择依然存在争议性，更加规范的衡量指标体系需要建立，单一环境污染指标的局限性以及收入差距指标的不统一性需进行妥善的处理。

第三节　研究思路与研究内容

一、研究思路

本书首先从环境污染导致的健康问题的严峻事实出发，结合中国现阶段居高不下的收入差距现实背景，基于收入分配理论、环境 EKC 理论、健康需求理论等多种理论，提出"收入差距—环境污染—健康水平"分析框架；接着，对我国收入差距、环境污染及健康水平的历史演进及现状进行分析，从而对三者之间的关联性达到初步的认识；然后，针对现有文献关于收入差距对健康水平、收入差距对环境污染影响结论的争议性，引入多指标对收入差距进行衡量，同时建立环境污染的综合指标代替单一指标的局限性，基于省级面板数据对这些争议性进行验证；再者，将环境污染作为收入差距对健康水平影响的中间媒介，从宏观及微观双重视角对三者之间的关系和传导机制进行探讨，证实环境污染中介机制的现实性；最后，在以上理论分析和实证分析的基础上，有针对性地从收入差距、环境污染视角提出改善居民健康水平的政策建议。

二、研究内容

本书研究内容分为九个部分：

导论部分，首先介绍了本书的研究背景与研究意义，提出课题研究的必要性；接着对现有国内外研究成果进行归纳、整理与评述，为本书的研究提供不同的切入点和研究思路；然后对本书的研究思路、研究内容、研究方法以及技术路线进行了梳理与介绍；最后提出了本书研究可能的创新点和存在的不足之处。

第一章为核心概念与理论基础。首先界定了收入差距、环境污染与健康水平三个关键概念，继而深入探讨了支撑本研究的主要理论框架，包括收入分配理论、库兹涅茨曲线（KC）理论、环境库兹涅茨曲线（EKC）理论、健康人力资本理论，以及健康需求理论。这些理论不仅为理解收入差距、环境污染与健康水平之间的互动关系提供了理论依据，还帮助构建了一个多维度分析的框架，确保本研究在逻辑上的严密性和理论上的深度。

第二章为收入差距、环境污染与健康水平的历史演进及现状分析。详细分析了中国在收入差距、环境污染和健康水平方面的历史演变以及当前的状况。

通过回顾指标的变迁，揭示了它们之间相互关系的发展趋势，并对其相互作用进行了初步探讨。基于对历史数据的综合分析，不仅提供了对三者关联性的洞见，还为后续章节中更深入的理论和实证研究奠定了基础。

第三章为收入差距、环境污染与健康水平的作用机理分析。分别就收入差距对健康水平的作用机制、收入差距对环境污染的作用机制和环境健康效应机制进行深入分析，并基于理论和数量模型探讨了环境污染作为收入差距影响健康水平新的传导机制，对于后文的实证分析提供理论参考。

第四章为收入差距对健康水平影响的实证分析。主要基于省级宏观层面和CFPS2018 微观层面两方面进行实证分析。在省级宏观面板数据实证分析中，以平均预期寿命、围产儿死亡率作为健康水平的度量，检验地区收入差距对健康水平的影响，并利用多种稳健性检验方法保持结论的稳健。在 CFPS2018 微观数据实证检验中，主要以自评健康和客观健康水平作为个体健康程度的度量，考察了收入差距对个体健康水平的影响，同时对收入差距影响个体健康水平的机制也进行了相应的分析。

第五章为收入差距对环境污染的影响——基于非线性及空间溢出视角的分析。利用熵权法构建环境污染综合指数，同时考虑到收入差距对环境污染的非线性影响以及环境污染的空间溢出效应，通过建立空间面板模型对收入差距与环境污染的关系进行实证分析，明确收入差距对环境污染影响的具体方向。最后，从环境规制政策、能源结构、技术进步、公众环境质量需求四种渠道验证收入差距对环境污染的影响机制。

第六章为环境污染的健康效应分析——基于环境保护税的准自然实验。利用 2018 年中国部分省份提高环境保护税污染物适用税额为外部政策冲击，以 SO_2 为标的，将 2018 年相较原排污费提高 SO_2 适用税额的城市作为实验组，而根据"税负平移"原则平移排污费征收标准的城市作为对照组，构建市级层面双重差分模型，考察环境保护税的环境健康效应。

第七章为收入差距、环境污染对健康水平的影响。从宏观和微观视角探讨三者之间的关系。从宏观角度，建立收入差距、环境污染对健康水平的中介效应模型，验证环境污染的中介效应。从微观角度，利用 CHARLS2015、2018、2020 年三期混合截面数据，匹配相应城市污染数据，检验环境污染对个体健康水平的作用是否受到收入差距的影响，也即验证收入差距扩大是否存在加剧居民环境健康风险的可能。

第八章为研究结论与政策建议。通过严谨的理论分析和实证分析获得主要结论。基于这些研究成果，提出了一系列具有建设性和实践性的政策建议，旨在改善居民的健康水平。这些建议包括调整收入分配机制、强化环境保护措施和实施有效的公共健康项目，以减轻收入差距和环境污染对健康的不利影响。此外，政策建议充分考虑了不同地区和收入群体的实际情况，确保这些措施在现实中具有可行性和可操作性。

第四节　研究方法与技术路线

一、研究方法

本书在收入分配理论、EKC 理论、KC 理论、健康人力资本理论以及健康需求理论相关理论基础之上，系统而全面地分析了收入差距、环境污染与健康水平之间的关联，明确了环境污染作为收入差距影响健康水平的中介渠道，拓展了收入差距影响健康水平的研究视角。在具体的分析过程中，主要运用的研究方法有以下方面：

（一）文献归纳法

通过系统梳理国内外关于收入差距与健康水平、收入差距与环境污染及三者关系的相关文献，归纳主要的代表性观点。针对现有文献在研究思路、争论焦点、模型构建及实证方法等方面的不足，提出了潜在的改进方向和研究领域。特别是，通过识别文献中的研究不足和方法论局限，本研究旨在为未来的研究提供新的视角和思路，以期更全面地理解收入差距、环境污染与健康水平之间的复杂关系。

（二）理论分析与实证分析相结合

本书在总结国内外相关文献的基础上，结合收入分配理论、环境 EKC 理论、健康人力资本等理论，提出收入差距影响环境污染进而对健康水平作用的传导机制。针对收入差距与健康水平、收入差距与环境污染结论的分歧，立足于中国视角，建立收入差距对健康水平影响的普通面板模型，收入差距对环境污染影响的空间面板模型，同时对收入差距影响环境污染的作用机制建立中介效应模型。最后，考虑到微观个体差异，基于 CFPS2018、CHARLS2015、CHARLS2018、CHARLS2020 微观数据，建立 Ordered-Probit 模型、Ordered-Logit 模型验证收入差距、环境污染与健康水平之间的关系。

（三）数理分析

构建了收入差距对环境污染、环境污染在收入差距影响健康水平的中介效应数理模型。在分析收入差距对环境污染影响的作用机制中，引入家庭收入水平与环境破坏之间的函数，通过定义函数的凹凸性质推导出收入差距与环境污染两者间可能存在的不同情形。另外，在阐释环境污染在收入差距与健康水平之间的中介机理时，基于收入差距影响个人环境偏好进而导致公共环境支出偏差，最终导致居民健康水平存在差异的思路，建立了收入差距通过环境污染作用于健康水平的数理模型。

（四）定性分析与定量分析相结合

本书针对收入差距与健康水平、收入差距与环境污染以及环境污染的中介传导效应这些关键性问题，通过定性分析其中的影响机制并构造这些影响的传导路径图，从而对三者之间的关系有了深入的认识。为了对定性理论机制以及路径传导的正确性进行检验，文章同时运用了大量的定量分析，包括收入差距对健康水平、收入差距对环境污染影响的具体方向和大小，以及环境污染的中介效应的定量检验。通过定性分析与定量分析相结合的手段，试图全面客观了解收入差距、环境污染与健康水平三者之间的关联。

二、技术路线

本书研究的技术路线图如下：

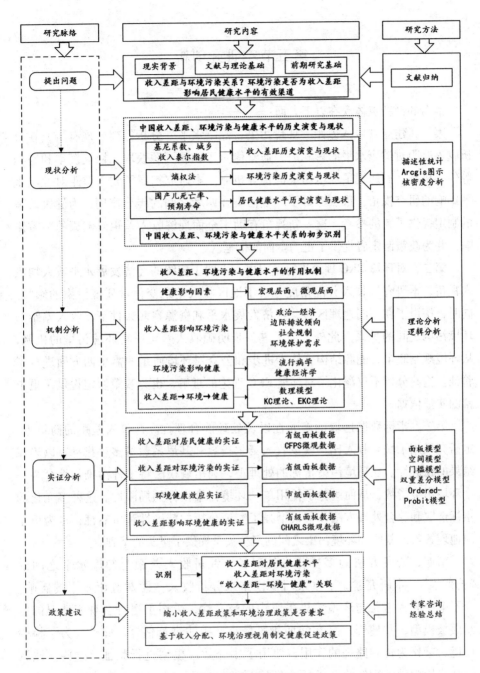

图 0-1 技术路线图

第五节　研究创新

本书的创新点体现在以下方面：

第一，建立"收入差距—环境污染—健康水平"分析框架。现有研究在分析收入差距对健康水平的影响时，通常侧重于物质资源获取、社会资本和心理等传导机制，而忽视了环境污染的传导机制。本研究扩展了收入差距对健康水平影响的研究视角，重点探讨了环境污染在两者之间的传导作用，为健康政策的制定提供了新的参考。这一新视角有助于全面理解收入差距对健康的多重影响，并为政策制定者提供了更为全面的依据。

第二，对环境 EKC 理论进行了引申。不同于传统的经济发展水平或人均收入视角，本研究从收入分配角度分析了地区收入差距变化对环境污染的影响。同时，探讨了在不同地理区位、经济发展水平和资源禀赋条件下，收入差距与环境污染之间的关系。此外，为了进一步明确收入差距影响环境污染的机制，从环境规制政策、能源结构、技术进步和公众对环境质量的需求四方面进行了验证。这些分析不仅深化了对环境 EKC 理论的理解，也为政策制定提供了更丰富的实证依据。

第三，指标数据选取的多元性以及处理的合理性。在收入差距的衡量上，本研究采用了城乡收入比、城乡收入泰尔指数和基尼系数等多种指标，以确保结果的稳健性。在环境污染指标的处理上，利用熵权法将多种污染物综合为一个环境污染指数，从而避免了使用单一环境污染指标的局限性。这种多元化的指标选取和综合处理方法，不仅增强了实证分析的精确性和可靠性，也为更全面地理解收入差距和环境污染之间的复杂关系提供了坚实的基础。

第四，研究方法的多样化和针对性。针对收入差距与健康水平之间的"弱假说"，本研究建立了收入门槛模型来分析收入差距对健康水平的影响。为了解决收入差距与环境污染关系中的歧义性，采用了更符合现实情况的空间面板模型，并使用广义空间两阶段最小二乘法进行估计。此外，为了检验环境污染作为传导路径的作用，使用了中介效应模型进行验证。这些方法的综合应用为深入理解收入差距、环境污染与健康水平之间的复杂关系提供了有力的支持。

第五，研究结论的扩展性和新颖性。本研究认为收入差距对健康水平的影响主要表现为负向作用，收入差距扩大并不利于健康水平的提升；我国当前收入差距与环境污染主要表现为正向作用，收入差距扩大将恶化环境质量；环境污染是收入差距影响健康水平的有效传导途径，收入差距扩大存在加剧居民环境健康风险的可能。

第一章

核心概念与理论基础

第一节　核心概念界定

本书研究的是收入差距、环境污染与健康水平之间的关系，在展开深入研究之前，需对相关概念的界定、范围以及内涵进行相应的阐释。

一、收入差距

收入差距的形成本质上来说是国民收入分配体系的体现。早期的收入分配以功能性收入分配为主，也称要素收入分配，它起源于李嘉图（David Ricardo）确立的国民收入在生产要素之间的分配法则，其思想是根据生产要素在生产过程中的收入份额来衡量各要素的贡献度，是按照收入来源划分的一种收入分配方式。根据古典经济学的研究，劳动力获得工资，土地所有者获得地租，资本所有者获得利息，在当时社会中，收入分配的均等化程度直接依赖于工资、地租以及利息在国民收入中的比重。功能性收入分配一般是国民收入初次分配在市场机制作用下的体现，通过市场机制进行分配调节，达到效率最优，属于宏观层面的收入分配。

然而，随着经济发展水平的提升，个人收入来源种类变得更加繁杂，传统的功能性收入分配局限性逐渐显现，西方发展经济学开始将重心转向规模性收入分配。规模性收入分配也称个人（或家户）收入分配，它起源于帕累托（Vilfredo Pareto）的规模分配论。其思想是根据社会特征差异将个人和家庭进行分类，把居民个人（或家庭）作为收入主体对国民收入进行的分配，考察的是不同个人（或家庭）收入大小以及不同阶层收入分配份额的合理性。规模性收入分配更多地体现为国民收入再分配过程中政府的调控作用，并主要借助于经济、法律和行政手段对初次分配形成的收入差距进行调节，追求的是公平目标。

规模性收入分配与功能性收入分配并不完全割裂，收入的功能性分配决定了收入的规模分配，收入的规模性分配差异会随着功能性分配的变化而变化。在现今社会，个人收入水平与初始财富禀赋、经济制度、人力资本以及金融发展的关联性日趋紧密，当前收入分配理论更多关注个人（或家庭）收入水平差异以及导致这种收入差异原因的探讨。

因此，本书的收入差距是基于规模性收入分配，而非要素分配不平等的功能性收入分配，主要聚焦于以个人或家庭为主体的分配，研究的主体在于个体或家庭之间分配的不均等。在以上分析的基础上，本书定义的收入差距就是指在一定时期居民获得收入水平的差异，也即收入在不同人之间分配的不平等现象。此外，根据学界对收入差距的界定标准，以上居民收入分配差距可以进一步分为群体内收入差距和群体间收入差距。前者表示某一群体内部的收入不平等状况，如某一省份、行业内部收入不平等程度；后者则表示两个或多个不同群体之间的收入差距，如省与省之间或国家与国家之间收入水平的差距。鉴于群体间收入差距不仅对群体内部成员产生影响，还对不同群体成员产生影响，其影响关系变得异常复杂，故本书主要关注的是群体内的收入差距，研究一个地区内部居民收入不平等、环境污染以及健康水平的关系。

二、环境与环境污染

环境是指某一种特定生物或生物群体以外的空间，以及直接或间接影响该生物体或生物群体生存的一切事物的总和。环境总是针对某一特定主体或中心而言的，是一个相对的概念，离开了这个主体或中心也就无所谓环境，因此环境只具有相对意义。① 泰坦伯格（Tietenberg）在其所著的《环境与资源经济学》中，环境被当作复合资产财富（Composite Asset），既提供原材料又是维持人类生存的生命支持系统。在霍斯特·西伯特编著的《环境经济学》中，环境被定义为限定人类空间的所有自然条件，是所有亚环境系统诸如空气、水和土地的统称。1989 年颁布的《中华人民共和国环境保护法》第二条规定：环境是指影响人类生存和发展的各种天然和经过人工改造过的自然因素的总体，包括大气、水、海洋、土地、矿藏、森林、草原、野生生物、自然遗迹、人文遗迹、自然保护区、风景名胜区、城市和乡村等。

在经济学中，环境是指能为人们提供各种服务的资本，是与物质资本、人力资本以及社会资本并列的四大资本之一。环境和自然资源都是有价值的资产，

---

① 　钟水映，简新华. 人口、资源与环境经济学 [M]. 北京：科学出版社，2007：238.

它作为消费品、资源供应者和废弃物的接纳者，为人类提供了许多不可或缺的服务。首先，环境是人类不可缺少的生命支持系统，如大气防护、气候变化、江河滋养和土壤培育；其次，环境为人类生活和生产资料提供物质基础，人们衣食住行所需的各种原料以及经济活动过程中初始产品的原料或动力；再次，环境为人类提供废物消耗场所，如各种污染物的稀释、分解和沉降；最后，环境能为人类提供美学和精神上的享受，为人类艺术创作提供灵感。但是，人类依赖的环境并非没有任何约束，当人类经济生产活动带来的污染物质超过生态环境的吸纳能力时，就会引发生态环境问题。

环境污染一般是指人们在生产和生活活动中，由于有害物质进入生态系统的数量，超过了生态系统本身的自净能力，造成环境质量下降或环境状况恶化，使生态平衡及人们正常的生活条件遭到破坏（甘泽广等，1987）。工业革命以前，由于低下的生产力和不断增加的人口压力，人类早期经济生产活动也造成了局部的环境污染问题，但并不是很凸显。工业革命以后，经济体量的扩大以及化石燃料使用的急速增加，使得环境污染问题日趋严重，以个体性、局部性、一时性为特征的污染问题逐渐变成普遍性、全局性、累积性的问题（钟茂初，2010）。

根据不同的需要，环境污染可以进行不同的分类。按照污染的承受体，环境污染可以分为大气污染、水污染、土壤污染、食物污染等；按照污染的物质要素，环境污染可以分为化学污染、放射性污染、生物污染和噪声污染、热污染、"三废"（废水、废气、废渣）污染等；按照污染与人类活动的关系，环境污染可以分为生产性污染和生活性污染，生产性污染又可分为工业污染、农业污染、交通运输污染、建筑污染、商业服务行业污染等；按照污染的地域，环境污染可分为城市污染、农村污染、河流污染、湖泊污染、海洋污染等。

本书的环境污染主要是按照污染的承受体进行划分，以大气污染、水污染等相应指标衡量环境污染。区别于以往研究采用单一指标衡量环境污染的缺陷，本书采用多指标的综合指数来度量环境污染水平。

三、健康水平

健康水平是对个人或群体健康好坏程度的一个客观评价。健康的界定存在狭义和广义之分。狭义的健康定义为生理上没有疾病，也即"无病即健康"的状态，通常是一维的。Evans 和 Stoddart（1990）从疾病视角定义健康，认为身体有疾病表明健康状态不佳，而卫生保健为减轻疾病提供了便利条件。随着时代的进步、社会的快速发展，传统的一维健康概念受到诸多限制，健康的内涵逐渐向更加广泛、多元的概念发展。二维的健康概念认为,健康不仅仅体现在身体状态没有疾病或处于优良情况,而且精神或心理状态应该也处于良好状态。韦伯大辞典对健康定义给出了阐释,认为健康是身体和心理两者均处于优良状态的情况,两者是缺一不可的。1946年世界卫生组织在《宪章》中对健康的定义做出了进一步的引申,从三维角度指出健康不局限于身体状态完好,而是在身体、心理和社会三方面都处于良好状态。具体而言,包括十条:一是能够抵御一般性疾病;二是体重正常;三是视力良好;四是牙齿完整;五是发质良好;后面五项分别为皮肤、精力、睡眠、处理事情,以及适应能力均处于优良状态。此后,世界卫生组织在1984—1989年又提出了健康的四维概念,在三维基础上引入更高层次的健康理念,即道德上的完美也被纳入其中。但健康四维概念受到诸多批判,反对者认为各个国家几乎都不存在完全健康的人,实现四维健康几无可能。

从经济学角度来看,健康是一种资本。Mincer(1958)认为健康是一种资本存量,具有一般资本的属性,遗传决定了每个人出生时的健康存量,健康存量随着年龄的增长不断折旧,但在一生过程中,健康也可以进行投资。因此,健康既是一种消费品也是投资品。对个人而言,人们通过健康的需求来增加其效用水平,健康投资使得健康存量更多,健康回报率更高,有更多的时间从事生产劳动,获得更多的收入。著名经济学家Sen(2000)将健康视为"可行能力"和"一种非常基本的自由",具有重要的内在价值。健康一直是人类追求的重要目标之一,健康不仅具有其内在价值属性,在人类社会发展进程中也发挥着重要的工具性价值,如促进经济增长、提高劳动生产率、增加受教育机会,以及影响生育率(王曲、刘明权,2005)。

总而言之,健康的定义是复杂的,不仅仅是狭义上身体状态完好的一维度量,其内涵是广泛的。健康既是一种重要的人力资本,也是一种重要的生产要素,在一定程度上影响着劳动力和资本的投入(Fushs,1982)。因此,在理解健康水平概念时,应该是多角度的,非单一性的。

第二节　相关概念测度

一、收入差距的度量

目前学术界对收入差距的度量主要存在基尼系数、泰尔指数以及城乡收入比三种指标，下面对这三种指标进行一定的介绍。

（一）基尼系数

国际上衡量一个国家或地区收入差距的大小最常用的指标是基尼系数，它表示基于人口分布的平均收入差距偏离总体收入预期的程度，并且将基尼系数数值0.4作为贫富差距的警戒线。基尼系数的取值一般在0和1之间，系数值越大，收入分配越不平等。按照国际惯例，收入差距可以划分为五个区间，基尼系数在0.2以下视为收入分配绝对平均；0.2到0.3之间视为收入分配比较平均；0.3到0.4之间视为收入分配相对平均；0.4到0.5之间表示收入分配差距较大；超过0.6则表示收入分配差距悬殊，贫富差距矛盾严峻，容易引起社会的动荡不安。

从理论上讲，基尼系数的理想值为0，意味着每个人的收入完全相等，社会达到绝对的经济平等。然而，实际情况中完全平等是不可能的，因此任何社会的基尼系数都不会是0。相反，当基尼系数接近1时，表明几乎所有的财富集中在极少数人手中，这种极端的不平等状态可能导致社会不稳定和经济效率低下。基尼系数的国际比较展示了不同国家经济政策和市场结构的差异。例如，北欧国家通常具有较低的基尼系数，这反映了这些国家较高的税收和社会福利支出，旨在减少收入不平等。相对地，在一些发展中国家和转型经济体中，基尼系数较高，通常与税收制度的不完善、社会保障体系的薄弱有关。值得注意的是，基尼系数虽然是一个重要的社会经济指标，但它并不能全面反映一个国家的福利水平。例如，两个具有相同基尼系数的国家可能在贫困率、教育水平、医疗保健访问等方面存在显著差异。因此，政策制定者在使用基尼系数作为决策依据时，还需要考虑其他社会经济数据和具体的国家情况。此外，基尼系数的动态变化也是研究社会经济政策影响的重要维度。一国基尼系数的上升或下降可以指示政策改变对收入分配的影响，或反映经济发展过程中不同群体受益的不均等性。在全球化的背景下，理解和应对基尼系数的变化，对于促进社会公正和经济持续发展具有重要意义。

基尼系数最早在20世纪初期由意大利经济学家基尼提出，用来衡量某个区域收入分配的差异，是根据洛伦兹（Lorenz，1905）提出的洛伦兹曲线演化而来。如果将人口平均分成N个组，每组人口占总体的比重相同，且知道每个等分组的平均收入为y_i，则基尼系数公式可以进一步表示为：

$$G = \frac{1}{2\mu N^2} \sum_{i=1}^{N} \sum_{j=1}^{N} |y_i - y_j| \tag{1-1}$$

其中，G表示基尼系数，μ为总体收入的均值，N为等分组的数目，Deaton

（1997）采用更直接的测度方式计算基尼系数：

$$G = \frac{1}{\mu N(N-1)} \sum_{i>j} \sum_{j} |y_i - y_j| \qquad (1-2)$$

但是，现实数据常常难以按照等分组形式进行处理，以非等分组形式计算基尼系数更加契合实际情况，Thomas et al.（2000）利用非等分组计算基尼系数：

$$G = \frac{1}{\mu} \sum_{i=1}^{N} \sum_{j=1}^{N} P_i |y_i - y_j| P_j \qquad (1-3)$$

其中，P_i、P_j 分别表示第 i 组和第 j 组人口数量与总人口数量的比重。

由于我国统计年鉴对城镇和农村居民收入分组方式存在差异，城镇和农村居民分别在 1986 年和 2001 年之前均采用一定收入区间进行分组，1986 年以后城镇居民收入分为非等分的 7 组，2001 年以后农村居民收入则按 5 等分组进行划分。因此，无论是按照等分组还是非等分组都不能提供口径一致的计算结果。根据基尼系数在洛伦兹曲线上的形象演绎，可以得到突破等分组和非等分组限制的基尼系数计算公式：

$$G = 1 - \frac{1}{PW} \sum_{i=1}^{n} (W_{i-1} + W_i) \times P_i \qquad (1-4)$$

式（1-4）中，P 表示总人口数量，W 表示总收入，W_i 为累计到第 i 组的收入。由此公式可以获得城镇居民和农村居民收入的基尼系数分别为 G_c 和 G_r，最后利用分组加权法（Sundrum，1990）计算全省总体的居民收入基尼系数：

$$G = P_c^2 G_c \mu_c / u + P_r^2 G_r \mu_r / u + P_c P_r (\mu_c - \mu_r) / u \qquad (1-5)$$

其中，P_c、P_r 分别表示城镇、农村人口比重，μ_c、μ_r、μ 分别表示城镇、农村和全省人均收入。

基尼系数作为衡量收入差距的典型代表，反映了居民之间贫富差异程度的数量界限，可以较客观、直观地反映和监测居民之间的贫富差距，预报、预警和防止居民之间出现贫富两极分化。但是，基尼系数并不能很好地体现哪里存在分配的不公平，对于地区收入差距的具体变化过程无法深入细致地反映。

（二）泰尔指数

泰尔指数是利用信息理论中熵的概念计算出的衡量个人或地区间收入分配差距的指标，数值越大表示个体之间或区域之间收入差距越大，相反则表示收入差距越小，收入分配较为合理。[1] 泰尔指数的具体计算公式为：

---

① THEIL H. Economics and information theory [M]. Oxford：North Holland，1967：488-490.

$$T = \sum_{i=1}^{N} \frac{y_i}{\mu} \ln(\frac{y_i}{\mu} / \frac{n_i}{N}) \tag{1-6}$$

其中，N 为总人口数量，y_i 为第 i 组平均收入，μ 为总体平均收入，n_i、N 分别为第 i 组人口数量和总人口数量。泰尔指数的优势在于其良好的可分解特质，如果将样本分为多个群组，通过分解可以获得组内收入差距和组间收入差距。此外，泰尔指数对高收入变化较为敏感的特质能够很好地与基尼系数对中等收入变化敏感的特质形成良好的互补。

（三）城乡收入比

由于我国特有的城乡二元经济特征，城镇主要对应工业和服务业部门，农村对应农业部门，城乡分割及部门生产率差异导致了稳定的城乡收入差距（孙华臣、孙丰凯，2016）。城乡收入差距是收入不平等的重要度量，也是收入差距扩大的主要原因，同时中国收入差距的不断增长主要来源于城乡收入差距（林毅夫、李周，1998；李实等，2007）。根据胡志军等（2011）的估算，近年来收入差距的一半来源可以由城乡收入差距来解释。城乡收入差距主要以城乡收入比来表示，即城镇居民人均可支配收入与农村居民人均纯收入之比。进一步地，考虑到城乡收入比忽略了城乡人口结构，引入城乡收入泰尔指数，更能全面反映城乡收入差距状况，具体计算公式如下：

$$Theil = (I_c/I)\ln[(I_c/I)/(P_c/P)] + (I_r/I)\ln[(I_r/I)/(P_r/P)] \tag{1-7}$$

其中，I_c、I_r、I 分别表示城镇、农村和全省收入总额，P_c、P_r、P 分别为城镇人口、农村人口和总人口数量。

基于以上几种收入差距指标的介绍，为了更全面反映省份或区域内部的收入差距状况，后文的描述性分析以及实证检验主要是利用基尼系数指标进行，与此同时，以城乡收入比和城乡收入泰尔指数进行补充性和稳健性分析。

二、环境污染的度量

在对环境污染概念界定中指出根据污染的承受体不同，环境污染可以分为大气污染、水污染和土壤污染等，由于环境污染指标的多样性，采用单一污染物衡量地区的总体污染水平难免存在偏差。为了对地区环境污染水平进行客观的评价，我们采用多种污染物的综合指数来衡量地区的环境质量，主要参考刘海龙（2018）熵权法的使用，具体步骤如下：

首先，对各种环境污染物进行标准化处理以消除量纲影响：

$$pollu_{\theta il} = [pollu_{\theta il} - \min(pollu_{\theta il})]/[\max(pollu_{\theta il}) - \min(pollu_{\theta il})] \tag{1-8}$$

其中，θ 表示年份；i 表示不同的省份；l 表示不同类别环境污染物；$\max(pollu_{il})$、$\min(pollu_{il})$ 分别表示 i 省份第 l 种类型环境污染物的最大值和最小值。

其次，计算各种环境污染物的权重。对于第 l 种环境污染物，在所有环境污染物中所占的比重为：

$$p_{\theta il} = pollu_{\theta il} / \sum_{\theta} \sum_{l} pollu_{\theta il} \tag{1-9}$$

各指标的熵值 e_l 计算公式为：

$$e_l = -k \sum_{\theta} \sum_{l} (p_{\theta il} \times \ln p_{\theta il}) , \ k = 1/\ln(h \times n) \tag{1-10}$$

其中，h、n 分别表示总的年份和总的省份数目；当 $p_{\theta il} = 0$ 时，$p_{\theta il} \times \ln p_{\theta il} = 0$。由各指标的熵值可得到各类环境污染物的权重为：

$$w_l = (1 - e_l) / \sum_{l} (1 - e_l) \tag{1-11}$$

最后，通过各类环境污染物权重可以计算环境污染的综合指数，计算公式为：

$$env = \sum_{l} (w_l \times pollu_{\theta il}) \tag{1-12}$$

三、健康水平的度量

由健康的定义知道，衡量健康水平的因素是错综复杂的。在关于健康的相关研究中，根据研究目的不同，多种健康指标被开发并运用于经验研究之中。通常，健康指标的度量可以分为宏观指标以及针对个人的微观指标，使用宏观层面健康指标与使用微观调查数据时的微观层面健康指标是存在差异的。

在宏观层面上，学者们通常选择死亡率、预期寿命、患病率等指标来度量居民健康状况，它是对一个国家或地区人口健康状况的总体评价。

死亡率在早期研究中被广泛使用。[①] 死亡率作为度量人口健康的重要指标，在数据获取方面存在相当大的优势，能够综合反映健康的整体水平，但其无法对随机个体健康状况进行评价。该指标多用于宏观层面分析，如跨国横截面健康数据比较和省级层面健康面板数据分析，这也暗含着该指标在微观个体健康研究方面存在天然的短板。根据群体差异，死亡率指标可以进一步分为围产儿死亡率、婴儿死亡率、5岁以下儿童死亡率和孕产妇死亡率。

① DEATON A. Relative deprivation, inequality, and mortality [R]. Princeton University, research program in development studies and center for health and wellbeing, 2001.

预期寿命是对一个国家或地区生活水平的综合反映，地区生活水平的高低以及医疗卫生的优劣对居民健康寿命存在重要影响，它体现了个体在未来时间里可能生存的年限。联合国开发计划署将预期寿命同收入水平以及受教育程度指标一起作为人类发展指数（HDI）的最基准考察维度。预期寿命指标与许多因素存在关联，如性别、年龄、种族等差异，不同的性别以及国别差异均会导致不同的预期寿命数值。预期寿命不仅可以鉴别居民的身心健康，也是人类发展水平的反映。然而，不得不关注的一个事实是，随着人口老龄化的提升，预期寿命的提高与人口健康状况并非完全是成正比的。世界卫生组织（WHO）指出仅仅在寿命时间上的延长而忽视生命质量的提升是没有价值的，这也表明健康意味着有长寿的可能性，但长寿的个人其健康状态并不一定是良好的。相关研究指出，在发达国家，带病死亡率的下降延长了寿命和带病生存时间（Gruenberg，1977；Kramer，2010）。因此，用预期寿命衡量健康状况存在客观性，但也存在一定的不足。

患病率也称现患率，是指特定时间内总人口中某病新旧病例所占比例。根据观察时间的不同，可以分为期间患病率和时点患病率。期间患病率表示某观察期间一定人群中现患某病新旧病例数与同期的平均人口数的比值，时点患病率则衡量的某一特定时点人群中现患某病新旧病例数与该时点人口数的比值。患病率的高低不仅能反映居民总体健康水平，还可以作为流行病学转变研究以及健康干预政策的依据，但其对个体健康状况的评价难以体现。

在微观层面上，大部分学者采用个体自评健康作为健康指标的度量（Gerdtham et al.，1999；张车伟，2003；赵忠，2005；尹庆双等，2011；任国强等，2016），它是一种主观健康指标，同时也有学者采用客观健康指标度量个体健康状态，如日常生活活动能力（ADL）和个体综合性健康指标。

自评健康是个人对自身健康状态的主观感知，并不是对自身健康状态的客观测量，多数问卷中会询问诸如"您认为自身健康状况如何？"这样的问题，受访者会根据自身健康状态回复相应的主观评价选项。该类指标广泛应用于个体健康相关研究之中，因为有研究表明自评健康和死亡率以及其他的客观健康指标存在高度关联性（Mcewen et al.，2009），能比较全面地反映个人健康状态，数据获取相对容易并且质量具有保证。然而，自评健康同样存在一定的缺陷：首先，自评健康是根据个人主观的判断，具有较强的主观性，可能会与真实健康状态存在偏离；其次，自评健康作为离散型变量，有时会存在一定的限制。因此，有研究者对这种离散型自评健康进行了相应的修正。如王一兵和张东辉（2005）选用自我评估的健康作为个人健康的度量，与此同时，利用高血压指标进行修正。

ADL 指标是指人们在每日生活中，为了照顾自己的衣、食、住、行，保持个体卫生整洁和进行独立的社区活动所必需的一系列基本活动，该指标评定范围包括运动、自理、交流，以及家务活动能力。这类指标更多地在老年人健康研究中涉及，对于年轻群体，则不具针对性，现实意义不大。在多数研究中，ADL 指标常作为健康的辅助参考，以此达到健康结论的稳健性（Li & Zhu, 2006）。

个体综合性健康指标不再局限于单一的主观健康或客观健康指标，随着人们对健康认知的加强以及健康评价评估方法的拓展，个人综合性健康评价指标得到广泛应用，如质量调整生存年（Quality-adjusted Life Years，QALY）、伤残调整生命年（Disability-adjusted Life Years，DALY）以及指数化的健康综合测度（良好健康状态指数 QWB、SF-12 指数和 SF-16 指数）。QALY 和 DALY 指标是对预期寿命的一种强化，不仅体现生命的长度，同时反映生命的质量。QWB 指数最先由 Kaplan 和 Anderson（1988）提出，该指标容纳心理学、医学、公共卫生学和经济学多方面的知识，综合考虑了个体自评健康和客观健康多方面的因素，对于个人健康状态具有全方位的综合评价。SF-12 指数和 SF-16 指数主要是对个人心理健康方面的整体评价。

本书对健康水平的度量包含两方面，一方面是基于省级层面的宏观群体健康水平，主要以地区人口平均预期寿命和围产儿死亡率来衡量，由于国家统计局只公布了 1990 年、2000 年、2010 年和 2020 年各省份的平均预期寿命，为了获得 2003—2022 年各省份历年的全面数据，参考徐昱东等（2017）、方时姣和肖权（2019）的相关研究，采用自然增长率补齐各个省份的缺失数据；另一方面是考虑个体属性差异的个体微观层面健康水平，主要以个体自评健康和客观健康指标来衡量。后文的实证分析框架基本围绕"宏观—微观"框架进行。

第三节　理论基础

一、收入分配理论

（一）古典经济学收入分配理论

1. 配第的收入分配理论

威廉·配第作为统计学的奠基人，以开创性的方法论为社会经济现象的研究奠定了基础。他采用计量和比较的方法来分析社会经济现象及其规律性，尤其在收入分配理论方面进行了深入探讨。配第的价值论中，劳动和价值的关系是核心，通过工资、地租和利息等概念展开具体分析。

配第认为工资应当反映工人维持其生存所需的基本生活资料的价值。这种观点基于必要劳动的理论，即工资应该等同于维持工人生存所需的最低劳动量。然而，他进一步指出，工人除了必要劳动之外，还会产生剩余劳动，这部分劳动的价值则被认为是社会收入的来源。这个观点揭示了工资和剩余劳动之间的零和博弈关系，并反映了当时资产阶级与劳动者之间的收入分配矛盾。配第不仅探讨了劳动者与资本所有者之间的收入分配关系，还分析了地主与劳动者之间的收入分配结构。在配第的地租理论中，他将地租视为土地的自然产物，地租来源于农产品价值减去生产资料价值与劳动力价值后的剩余。这种剩余价值不仅包括地租，还包括利润，体现了剩余价值理论在地租分析中的应用。通过对收入分配的分析，他提出了最低工资理论，并将土地的价值归为资本化的地租，描绘了资本主义社会中三大阶级——资本所有者、地主和劳动者之间的利益分配关系。其理论深刻认识到各个要素在产品使用价值生产中的关键作用，并为后来的按要素分配理论提供了理论基础。配第的收入分配理论不仅具有历史意义，还对现代经济学研究具有重要的启示作用。他的方法论强调了计量分析的重要性，为后世经济学家提供了研究经济现象的新视角。同时，他的理论也揭示了劳动价值论在理解资本主义社会收入分配结构中的重要性，为后来的马克思主义经济学奠定了基础。

2. 斯密的收入分配理论

亚当·斯密在其著作《国富论》中指出任何社会形态中每种产品的价值都是由工资、利润和地租三种形式收入构成，这些收入的来源是各种生产要素在生产过程中所占的贡献比例。[①] 其中，工资是劳动要素在创造产品价值过程中获得的收益，利润是利用资本要素获得的收益，地租则是使用土地生产要素创造的收益。

斯密认为，劳动是产生经济财富的基本源泉，劳动者的报酬形式即为工资，工资的高低主要取决于劳动市场的供求关系。他进一步阐述了供求之间的动态关系，强调了劳动的稀缺性、劳动的难度、劳动条件的艰苦程度、职业的信誉风险以及职业的持续性等因素对工资水平的影响。斯密理解到，分工的深化和

---

① [英]亚当·斯密. 国民财富的性质和原因的研究 [M]. 北京：商务印书馆，1993：53.

技术的进步可以显著提高劳动生产率，从而可能带来工资水平的提升。此外，教育和技能培训在提高劳动生产率和劳动市场竞争力中起到重要作用，教育投资是提升劳动者工资和生活水平的关键。在利润方面，资本的回报形式为利润，这是对资本家投资资本的补偿。斯密认为利润水平受到多种因素的影响，包括资本的积累速度、市场对资本的需求以及竞争程度。他特别强调了自由市场中的竞争对于维持健康利润率的重要性，认为过高的利润率会吸引更多的竞争者进入市场，从而推动利润率向正常水平回归。地租在斯密的理论中占据了特别的位置。他将地租视为土地所有者由于其土地的地理位置、肥沃程度或其他独特优势而获得的收益。地租的高低直接与土地的生产能力和土地所处位置的市场需求有关。随着城市化的进程，特别是工业化和商业化的发展，土地在市区的价值显著提高，相应地，地租也会随之增加。这一分析不仅凸显了土地在经济发展中的战略地位，也说明了土地所有者如何从经济增长中获得无劳动收益。总之，亚当·斯密的收入分配理论不仅深化了对市场经济运作机制的理解，也为现代经济学提供了分析不同生产要素如何在不同经济结构中被分配的理论基础。

3. 萨伊的收入分配理论

萨伊认为产品的价值是劳动、资本、土地等资本相互作用的结果，并非单一生产要素发挥作用，这些要素共同作用才创造了价值。萨伊的观点不仅揭示了经济活动中的生产要素如何通过市场机制获得相应的报酬，也深刻影响了后来的经济理论发展，尤其是在理解市场经济的自动调节机制方面。

在具体探讨资本主义物质生产和资本主义价值创造过程中，他只讨论了劳动者与客体之间的物质生产关系，而没有考虑社会生产关系。萨伊在延续斯密作为交换价值要素的地租、工资和利润基础上，提出将生产要素分为资本、劳动和土地三种类型的另一观点，认为这三种要素共同创造了价值。在萨伊看来，生产创造的是效用而不是物质，因此，他将其称为效用价值理论。

以效用价值理论为基础，并吸收斯密的要素分配理论，萨伊提出收入分配理论。收入分配理论认为在生产过程中资本、劳动和土地都参与其中，因此资本、劳动和土地都作为价值源泉创造了价值，也应该获得相应的贡献支付①，这就是萨伊所提出"三位一体"分配论。"三位一体"分配说以表面的形式解释资本主义世界的三大收入来自在生产过程中生产要素所创造的价值，但并没有对剩余价值进行阐述，因此掩盖了资本主义世界的剥削关系。

---

① 即：劳动者获得工资，资本家得到利息，土地所有者得到租金。

4. 李嘉图的收入分配理论

李嘉图是古典经济学中一个极为重要的人物，其关于收入分配的理论深刻地阐释了劳动、资本和土地之间的经济互动及其对经济结构的长期影响。其代表作《政治经济学与赋税原理》继承并发展了劳动价值学说，提出了一套完整的收入分配理论，强调了劳动时间为决定商品价值的根本因素。此理论不仅继承了亚当·斯密的思想，还通过引入"地租"的概念及其对经济分配影响的分析，进一步深化了对资本主义经济操作的理解。

李嘉图将收入分配视为一个由三个基本要素构成的体系：地租、工资和利润，这三者分别对应经济中的土地所有者、劳动者和资本家。在他的模型中，地租是土地所有者因土地的固有特性（如肥沃程度、位置等）而获得的收入；工资是劳动者为其劳动所获得的报酬，其水平受到社会经济条件和劳动市场供需关系的影响；利润则是资本家对其资本投资的回报，其大小受到市场竞争和资本积累速度的制约。通过对这些要素的分析，李嘉图提出了级差地租理论，区分了由土地生产力差异所产生的级差地租Ⅰ和由在同一土地上增加投资产生的级差地租Ⅱ。这一理论不仅解释了土地价值的不均等分布，也说明了土地在经济发展中的特殊作用。此外，他的工资理论，尤其是"铁的工资定律"，认为工资长期趋向于劳动者的生存和繁衍所需的最低水平，这一观点虽然受到后来经济学家的批评，但其对工资决定机制的讨论，特别是工资与生活成本之间的关系，对后世的经济政策制定产生了深远影响。

进一步地，他分析了工资与利润之间的对立关系，指出在一个固定技术条件下，工资的上升会导致利润的下降，反之亦然。这一分析突出了资本主义经济中劳资矛盾的根源，也预示了资本积累和经济增长中可能出现的结构性问题。他的理论强调了经济发展过程中利润率的趋势性下降，认为这是由生产中边际报酬递减规律决定的，从而影响了资本家对投资的决策。总体而言，李嘉图的收入分配理论为理解经济结构、市场运作及其对社会各阶层的影响提供了一种框架，这些理论至今仍对经济学研究和政策制定具有重要的启示意义。通过对其理论的学习，可以更深入地洞察资本主义经济中收入分配的复杂性及其背后的经济力量，为促进经济的可持续发展和社会的公平正义提供理论支持。

（二）新古典经济学的收入分配理论

1. 门格尔的收入分配理论

卡尔·门格尔在《国民经济学原理》中提出的关于地租和利息的观点，不仅是对经济现象的一种描述，更是对经济学方法论的一种深刻反思。他的理论强调，经济活动中产生的各种收入形式，如地租和利息，应从功能性和结构性角度理解，而非仅从道德或伦理的角度评判。这一观点为现代经济学提供了一种新的分析视角，即经济现象的内在必然性和市场机制的自发调节功能。

门格尔认为地租是土地的自然产出，而利息则是资本的时间价值的体现。这两种形式的收入都是市场经济中资源配置机制的结果。从微观经济学的角度看，地租和利息是价格机制在资源稀缺性条件下的自然响应。土地由于其不可再生性和位置的独特性，使得其产生地租；而资本的时间价值，则通过利息在金融市场中体现。在历史上，地租和利息常被视为剥削的工具，特别是在马克思主义和其他社会主义理论中，这种看法尤为突出。然而，门格尔通过分析这些经济现象的根本经济机制，试图证明它们的存在具有合理性，并且是经济发展的必然结果。他的观点挑战了传统的道德经济观，认为经济科学应当摆脱道德批判，专注于揭示经济活动的自然规律和逻辑。门格尔进一步指出，这些经济现象的合理性与一个国家的法律体系和经济结构的完善程度密切相关。在一个法制健全、市场机制成熟的经济体中，地租和利息不仅是必然的，还是市场效率的体现。这种视角强调了经济制度的设计和完善对于经济行为合理性的重要作用。

2. 庞巴维克的收入分配理论

欧根·冯·庞巴维克，作为奥地利学派的杰出代表，对经济学尤其是在利息理论上的贡献极为显著，对经济学界产生了持久的影响。其提出的时差利息理论深刻分析了资本主义体系中资本和利息的形成机制，突出表明了时间偏好的核心地位。

在庞巴维克的视角中，时差利息理论不仅是理解资本主义经济中利息本质的创新方式，而且明确指出利息的生成是市场经济行为中时间偏好的直接结果。他认为，由于个体对即时满足的迫切需求、对未来不可预知性的担忧以及生产过程的复杂性，现存资源比未来资源具有更高的价值评估。这种时间上的偏好导致了在融资、投资和其他资本运用活动中利息的产生。此外，他将利息分为三个类别：借贷利息、企业利润，以及租金（视作耐久物品的利息），每个类别都揭示了资本的时间成本和风险补偿的不同方面。借贷利息反映了资本的直接时间价值，企业利润展现了资本家在应对生产风险和管理挑战时的策略考量，而租金则代表了耐用资产使用权的时间成本。庞巴维克的这些观点不仅加深了对利息作为经济功能的理解，还为制定经济政策和分析资本分配提供了宝贵的洞见。他的理论在现代经济学中依然具有极大的影响力，尤其是在评估资本利用效率、预测投资回报及制定宏观经济政策的过程中。通过阐述时间偏好的经济逻辑，庞巴维克的时差利息理论促进了经济学家对资本积累、资源配置及经济增长之间复杂关系的深入研究。

3. 马歇尔的收入分配理论

在阿尔弗雷德·马歇尔的经济学思想体系中，收入分配理论占据核心地位，基于均衡价格的理念，他全面阐释了国民收入中各生产要素分配的机制。马歇尔在其代表著作《经济学原理》中，细致分析了工资、利息、利润和地租等因素，构建了一个理论框架，旨在展示供求关系如何在形成要素价格中发挥决定性作用，以及这些价格如何影响收入的分配。他的理论强调，通过市场机制的自动调节，可以达到生产要素的有效分配并优化经济效率。

（1）工资作为劳动力的价格，受劳动的边际生产力和劳动者生存成本的共同影响。在他的视角中，劳动需求的价格取决于增加的劳动力带来的额外产出即边际收益。技术进步和社会分工推动了劳动生产力及其边际生产力的提升，导致劳动需求价格提高，进而推动工资增长。然而，随着劳动供给的增加，基于边际生产力递减的规律，长期看劳动的需求价格和边际生产力会下降。而劳动的供给价格由劳动者为保持生产效率所需的培训、教育及其他成本决定，从而确定了劳动者愿意接受的最低工资水平。马歇尔认为，合理的工资水平应足以覆盖劳动者的基本生活费用，避免对劳动力的剥削。

（2）在利息理论方面，马歇尔认为其是资本的需求和供给价格平衡的结果。资本的需求价格由资本的边际产出决定，即企业家愿意为额外资本支付的最高价格；而供给价格则由资本家的储蓄倾向和对未来收益的预期决定，体现了资本家对即时消费的放弃。他进一步区分了毛利息和纯利息，其中纯利息代表资本的等待回报，而毛利息还包括了风险补偿和管理成本。这一理论不仅阐释了资本在生产过程中的时间价值，还强调了利息作为资本使用成本的合理性。

（3）马歇尔视利润为企业家的合理报酬，认为这是企业家管理和组织能力在市场中的直接体现。企业家的供给价格由其教育和生活成本构成，需求价格则由其在企业经营中能带来的边际产出即边际生产力决定。因此，利润不仅是企业家才能的市场评价，也是其在提升生产效率和经济效益方面作用的反映。

（4）马歇尔的地租理论认为，地租是土地产出的直接收益，由土地的边际生产力和固定的供给决定。他还引入了准地租概念，用以描述那些短期内供给固定但长期可变的生产要素（如高级设备和专业技能）因需求增加而带来的收益增长。这种分析不仅解释了土地及其他生产要素在经济中的价值，还展示了这些要素供需变动对收入分配的影响。

（三）现代西方收入分配理论

1. 凯恩斯的收入分配理论

约翰·梅纳德·凯恩斯的收入分配理论是其宏观经济学观点的重要组成部分，尤其注重探讨收入分配不均与社会有效需求之间的关系。凯恩斯认为，收入分配的不均衡不仅反映了财富在社会中的不平等分配，而且对整个经济的稳定与增长具有深远的影响。他的理论强调，收入高度集中于少数人手中会导致总需求的不足，因为高收入群体的边际消费倾向低于低收入群体。

凯恩斯指出，当社会中的大部分财富流向少数人时，这些高收入者的消费需求增加有限，因为他们的消费已接近饱和，边际消费倾向递减。相反，他们倾向于将更多的收入用于储蓄而非消费，这导致有效需求的下降，因为这部分储蓄并不立即转化为投资。此外，低收入群体由于收入限制，无法满足其基本消费需求，进一步减弱了市场的总需求。因此，收入分配的不均衡不仅加剧了社会不公，也阻碍了经济的整体增长。为了解决收入分配不均和刺激经济增长，凯恩斯提出了几种政策建议。首先，通过提高高收入群体的税率，特别是实施累进所得税，可以直接调节高收入者的收入，从而增加政府的财政收入并有可能通过政府支出来增加总需求。其次，凯恩斯主张降低利率，以减少食利者（仅依靠资本收益生活的人）的收入，同时通过降低资金成本来激励企业投资，增强经济活动。凯恩斯还强调了政府在调整收入分配和刺激经济增长中的积极作用。他建议政府通过公共工程来创造就业机会，如投资于基础设施建设（交通、铁路等），这不仅可以直接增加就业，还可以提高生产效率和潜在输出。此外，通过实施转移支付和其他社会保障措施，政府可以直接提升低收入家庭的生活水平，增加其消费能力，从而提升整体市场的需求。

这些思想为后来的凯恩斯主义经济政策提供了理论基础，尤其是在处理经济衰退和低增长时期的政策制定中。通过这些政策的实施，不仅可以缩小收入差距，还可以通过刺激需求来促进经济的恢复和增长。凯恩斯的理论突出显示了宏观经济管理中收入分配政策的重要性，以及通过调整收入分配来达到更高的经济稳定和增长的可能性。总的来说，凯恩斯的收入分配理论提供了一种通过宏观经济政策干预来调节收入分配、增强有效需求，并最终推动经济增长的框架。这些理念在今天的经济政策制定中仍然具有深远的影响，特别是在应对经济衰退、提升经济平等及社会福利方面。

2. 庇古的收入分配理论

亚瑟·塞西尔·庇古的福利经济学理论，特别是在其《福利经济学》一书中提出的收入分配理论，对理解和改善社会福利具有重要意义。庇古的理论基于边际效用递减的原理，探讨了收入再分配对社会福利的潜在影响。他认为，通过将一部分收入从富人转移至穷人，可以实现帕累托改进，即在不损害任何人福利的前提下提升至少一个人的福利状态。

庇古强调，收入的再分配如果得当，将促进整体社会福利的提升。这是因为富人的边际消费倾向较低，他们更倾向于储蓄而非消费，而穷人的边际消费倾向较高。从经济学角度看，当收入从消费倾向较低的群体转移到消费倾向较高的群体时，可以增加总需求，从而促进经济增长。因此，通过累进所得税等政策工具，实现从富向穷的收入转移，不仅提高了穷人的生活水平，也有助于扩大消费和提振经济。庇古还提出了几个福利政策制定时应考虑的原则。首先，他认为福利措施不应该阻碍资本的增值和积累，因为资本的增值是国民收入增加和社会福利水平提高的关键。因此，富人的收入转移应基于自愿原则，以避免对投资和储蓄的负面影响。其次，政府实施的福利政策需要具有积极的激励效应，确保福利投资的收益大于生产收益，从而激励个人和企业参与并支持这些政策。此外，庇古还强调，政府的救济对象应当限定为真正需要帮助的个体，而不包括那些具备工作能力却选择依赖福利的人。在他看来，最有效的补贴是那些能鼓励工作和储蓄的补贴。

庇古的收入分配理论为资本主义国家实施的"福利国家"政策提供了坚实的理论支持。通过政府干预调节收入分配，以及提供社会保障和公共服务，福利国家旨在减少贫困和不平等，提升公民的生活质量。通过这种方式，可以在保障经济效率的同时，提高社会整体的福利水平。总而言之，庇古的福利经济学理论深刻影响了后来的经济政策制定，特别是在如何通过收入再分配来提升社会福利方面。他的思想不仅为经济学家提供了分析工具，也为政策制定者提供了实施有效福利政策的理论依据。通过这些政策的实施，旨在创建一个更加公平和富有的社会，使经济增长的成果能够惠及更广泛的公众，特别是社会经济地位较低的群体。

3. 后凯恩斯主义的收入分配理论

后凯恩斯主义经济学的收入分配理论为理解和解决现代社会中日益加剧的经济不平等提供了深刻的洞见。这一理论体系深受凯恩斯宏观经济学的影响，特别是其关于需求管理和政府干预的观点，但后凯恩斯主义者在凯恩斯原有框架的基础上，进一步强调了金融市场动态和收入分配之间的复杂联系。

后凯恩斯主义者认为，传统的经济增长模型过于强调总量指标，如国内生产总值（GDP），而忽视了这些增长如何被社会各阶层所共享。在此视角下，政府不仅应对抑制通货膨胀和减少失业负有责任，还应通过制定和实施红利分配政策来确保经济增长的果实能够公平分配。例如，通过提高高收入者的税率和增加对低收入家庭的转移支付，可以有效地重新分配收入，减少社会不平等。在金融市场方面，后凯恩斯主义经济学特别强调金融市场在经济周期中的作用及其对收入分配的影响。Hyman Minsky 的金融不稳定性假说指出，金融市场的固有倾向是周期性地从稳定走向投机和债务累积，最终导致金融危机。这些危机不仅造成经济损失，还加剧收入不平等，因为它们往往对低收入群体的打击最为严重。因此，后凯恩斯主义者主张强化金融监管和实施宏观审慎政策，以防止过度的金融化和其对实体经济的破坏性影响。在劳动市场方面，后凯恩斯主义深入分析了劳动市场政策如何影响收入分配。该理论批判现代劳动市场的柔性化趋势，如临时合同和非全职工作的增加，认为这些趋势削弱了工人的谈判能力，加剧了工资不平等。为此，后凯恩斯主义者提倡加强劳动法规，如设立或提高最低工资标准，以及支持工会活动，这些措施有助于提升低收入工人的收入水平，从而改善整体的收入分配。此外，后凯恩斯主义理论还关注教育在改善长期收入分配中的作用。人力资本理论认为，投资于教育是提高个人生产力和收入潜力的关键。后凯恩斯主义者倡导公共投资于教育，特别是对低收入社区的教育投资，以此来打破贫困循环，促进社会流动性，并通过提高整体教育水平来实现更加平等的收入分配。总而言之，后凯恩斯主义的收入分配理论提供了一个多层面、多维度的分析框架，不仅仅是从宏观经济的角度，也从金融、劳动市场政策以及社会福利政策等多方面来审视和应对收入不平等问题。这些理论指导下的政策建议旨在实现更为公平和包容的经济增长，从而提升社会整体的经济福祉和稳定。

（四）马克思收入分配理论

卡尔·马克思的收入分配理论是其广泛的政治经济学框架中的核心部分，主要集中于资本主义生产方式下的剥削和收入不平等。通过《资本论》等著作，马克思不仅深入分析了资本主义经济体系下的劳动和资本之间的基本矛盾，还系统地阐述了剩余价值理论，并基于此解释了收入分配的不平等。马克思的理论揭示了资本主义经济中的剥削机制是如何通过资本家对劳动力的剥削来实现收入的不公平分配，这一分析至今对理解全球收入不平等问题提供了重要的理论支持。

马克思的剩余价值理论是其批判资本主义的核心理论之一，为理解资本主义经济的收入分配不平等提供了深刻的视角。在马克思看来，资本主义生产的根本动力和目的是追求剩余价值的最大化，这一过程基于对劳动力的系统性剥削。马克思区分了劳动力的"使用价值"和"交换价值"。资本家支付给劳动者的工资，即劳动力的交换价值，通常仅足以维持劳动者及其家庭的基本生活和再生产，而劳动者在生产过程中创造的价值则远远超过其工资。这种价值的差额即为剩余价值，它转化为资本家的利润和积累的源泉。在马克思的理论体系中，资本家增加剩余价值的策略主要有两种：延长工作时间和提高劳动生产率。延长工作时间是增加绝对剩余价值的途径，即通过增加劳动时间来直接增加从每个劳动者那里榨取的剩余价值总量。例如，通过加班或缩短休息时间，工人的工作量增加，但其工资不见增加，从而使得资本家从每位工人身上获取的剩余价值增加。相对剩余价值的提高则侧重于通过技术创新和组织改进提高劳动生产率。这包括引入新技术、优化生产流程和改善工作环境等手段，使得单位时间内的劳动输出增加，从而降低单位劳动力的成本。结果，尽管劳动时间不变，资本家从每单位劳动中获得的剩余价值却因劳动力效率的提高而增加。马克思进一步指出，这两种剩余价值的增加手段在资本主义发展的不同阶段和不同产业中展现出不同的特点和侧重点。在劳动密集型产业中，尤其在资本主义早期，延长工作时间是普遍的做法；而在技术先进的产业中，对于相对剩余价值的追求则更为突出。通过这样的分析，马克思揭示了资本主义制度下劳资关系的本质冲突，以及产生收入不平等的根本机制。

　　资本积累在马克思的理论体系中的另一个核心概念，它不仅是资本主义经济增长和扩展的动力，也是社会财富不平等加剧的根源。马克思认为，资本积累过程涉及生产资料和财富在资本家手中的持续集中，这种集中不仅改变了生产的规模和性质，还加深了经济权利的不平衡。资本积累首先表现为对生产资料的集中，这通常伴随着生产规模的扩大和生产力的增长。马克思指出，资本家通过再投资剩余价值来购买更多的生产资料和雇用更多的劳动力，从而扩大其生产规模。这种规模的扩大使得资本家能够更有效地利用经济规模带来的成本优势，如降低单位生产成本，增强市场竞争力。资本积累的另一个直接后果是加剧了资本家和无产阶级之间的财富和收入差距。随着资本积累的进行，资本家群体能够积累更多的财富，而普通劳动者则常常陷入相对贫困的状态。这种状态不仅仅是因为工资水平的压低，还包括劳动条件的恶化和工作安全的缺失。马克思认为，资本积累的内在逻辑是提高剩余价值，而这通常通过压低工资和提高劳动效率来实现，结果是劳动者的生活条件未见改善，甚至恶化。在全球范围内，资本积累还体现为资本对全球资源的控制和对劳动市场的国际分割。随着资本主义的全球扩展，资本积累不仅限于国内市场，而且扩展到了全球市场。这导致了全球南北财富分布的不均，发达国家的资本集团通过对发展中国家资源的控制和利用，增强了其全球竞争力，同时也加剧了发展中国家的依赖性和经济不平等。此外，国际劳动市场的分割，如通过设置贸易壁垒和劳动力移民政策，进一步增强了发达国家的经济优势，同时削弱了发展中国家的发展潜力。

马克思的理论深刻指出，资本主义体系下的收入分配问题本质上是阶级斗争的具体表现。他强调，工人阶级在面对资本家的经济剥削和不平等的收入分配时，通过组织工会、发起罢工和其他集体行动形式来抗争，这是他们争取更公平待遇的重要手段。这些集体行动不仅提升了工人们的议价能力，挑战了资本家对劳动力市场的控制，而且也对工资水平产生了直接的影响。此外，工人阶级的这些抗争行为也促使了社会保障体系和劳动法规的逐步完善，例如，通过改善工作环境安全、设立最低工资标准和规定合理的工作时间等措施。马克思进一步分析认为，这种阶级之间的对抗和斗争是历史发展的推动力之一。在资本主义发展的不同阶段，工人阶级的集体行动不仅影响了其自身的生存与发展条件，也促进了社会制度和政策的改革，推动了历史的前进。他认为，阶级斗争是推动社会变革和收入分配模式变化的关键因素，是历史发展的不断动力。通过这样的理论框架，马克思不仅揭示了资本主义制度内在的矛盾和冲突，也强调了工人阶级在历史和社会变革过程中的中心地位和作用。这种理论视角为理解和分析当代资本主义社会中的经济不平等和社会抗争提供了深刻的洞察。

资本主义生产方式的固有剥削和不平等不仅是历史发展的必然结果，而且被视为一个历史过渡阶段，最终将导致资本主义本身的解体。马克思认为，资本主义内在的经济和社会矛盾，如生产力的迅速发展与资本积累所加剧的阶级对立，将推动社会向更高形式的经济组织转变。具体而言，资本主义的危机会因其无法解决生产过剩和消费不足的矛盾而爆发，从而触发社会结构的根本变革。马克思预测，随着资本主义的崩溃，将逐渐形成社会主义和共产主义社会，这些社会基于更为公平和平等的原则进行经济活动和资源分配。在这些后资本主义的社会中，生产资料不再是少数资本家的私有财产，而是全体社会成员的共有资源，这一根本变革将消除生产过程中的剥削现象。此外，收入和财富的分配将不再依据市场力量或资本所有权，而是依据个体的实际需要和社会贡献。这种分配机制的改变预示着社会从按劳分配向按需分配的过渡，标志着人类社会从经济必然性向自由选择的转变。这些理论不仅深刻批评了资本主义制度的基本缺陷，也为未来可能的社会变革提供了理论基础和政治愿景。马克思的社会发展理论强调，只有通过彻底的社会和经济结构变革，人类社会才能实现真正的自由和平等，达到社会正义的理想状态。

二、KC 理论

收入分配状况随着经济发展究竟如何变化，是持续改善，还是先恶化再改善，或者是持续恶化？针对这一问题，美国经济学家西蒙·库兹涅茨 1955 年首次提出公平与发展遵循"倒 U"型曲线规律，通过描述工业化进程中收入分配的演变模式，揭示了经济发展与收入不平等之间复杂的关系。

库兹涅茨假设认为在经济从传统农业向现代工业体系转型的初期，收入不平等会随着工业化水平的提升而增加。这是因为工业部门的快速发展吸引了大量劳动力，而这些劳动力在工业部门中的收入通常高于他们在农业部门的收入，导致总体收入分配的不平等扩大。随着时间的推移，当工业化达到一定的成熟阶段，收入分配不平等达到顶峰并开始逐渐减少，因为教育普及和技术普及使得更广泛的劳动群体能够享受到经济增长的成果。库兹涅茨的假说是基于对美国、英国和德国等少数国家的有限统计数据分析得出的。这些国家在 20 世纪初期经历了快速的工业化过程，并展示了从较高的收入不平等到相对较低不平等的转变。然而，库兹涅茨自身也承认，这种"倒 U"型曲线并非普适性的规律，其背后的机制和因素需要进一步研究和证实。批评者指出，库兹涅茨的分析过于依赖特定历史时期和国家的经验，而忽视了全球范围内多样的经济发展路径。此外，一些经济体中观察到的现象并不完全符合"倒 U"型曲线，例如，许多发展中国家在经济快速增长的同时，收入不平等也持续增加。尽管存在争议，库兹涅茨的假说仍对现代经济学和政策制定具有深远影响。它为政策制定者提供了一个分析和预测经济发展对收入分配影响的理论框架。特别是在考虑如何通过教育、技术发展和税收政策来调节收入分配，以促进社会稳定和经济增长。此外，库兹涅茨的理论也为"梯度发展战略"和"雁式发展战略"等提供了理论基础，帮助政策制定者设计阶段性的经济发展策略，以期通过促进工业化和现代化逐步解决收入不平等问题。

三、EKC 理论

1991 年，Grossman 和 Krueger 就自由贸易是否会恶化墨西哥环境并影响美国环境的北美自由贸易区谈判中，首次提出环境质量与人均收入之间存在"倒 U"型曲线关系。之后，Panayotou（1993）根据库兹涅茨提出的收入分配与经济增长之间的"倒 U"型关系，将环境污染与人均收入之间关系称为环境库兹涅茨曲线（EKC）。如图 1-1 所示，EKC 理论认为，经济发展初期的增长通常会导致环境的恶化，但是，这种恶化会随着经济结构调整，环境规制加强、意识提高和技术提升而得到改善。该理论的现实意义在于：环境恶化和资源匮乏现象仅在经济发展初期较为严重，但通过继续发展本国经济最终能实现经济增长与环境质量改善的双赢模式。如果 EKC 假说具有一般普遍性，那么暗含着经济增长能自发改善环境，而不是《增长的极限》所提出的经济增长是环境改善的潜在威胁的观点。由于 EKC 假说具有较大的现实意义，同时与人们追求物质财富欲望的特性相吻合，自 20 世纪 90 年代以来，对 EKC 假说的经验证明和其形成的理论机制探讨层出不穷。

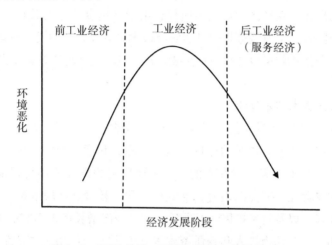

图 1-1 EKC 曲线：环境与发展之间的关系

资料来源：陆旸. 从开放宏观的视角看环境污染问题：一个综述 ［J］. 经济研究，2012（2）.

关于 EKC 假说的形成，主要存在以下几方面的解释。第一，Grossman 和 Krueger 提出经济的发展通过规模、技术和结构三种效应途径对环境质量产生影响，其中，从规模效应来看，经济发展需要的投入进一步增加，这就要更多地利用资源，也就会相应产生更多的污染；从技术效应来看，高收入能够带来更高的环保技术和生产效率。国家或地区在经济发展过程中，会投入研发支出，促进技术进步，这将带来两方面影响，一方面是在其他条件不变的情况下，由于技术进步带来的生产效率的提高，进而对资源利用效率的改善，降低了生产对自然环境的影响，另一方面，肮脏技术逐渐被清洁技术所取代，对资源环境的循环利用，降低单位污染排放量；结构效应，收入水平的增加带来投入和产出结构的变化，经济结构由早期的以能源密集型为主朝着低污染的知识和服务密集型产业转变。第二，环境质量需求。由于低收入群体对环境质量的要求较低，会导致环境的进一步恶化。只有当人们的收入水平提升以后，才会有更多的精力着眼于未来，对环境质量提出更高的要求，并且主动参与到环境保护中来。第三，环境规制。由收入水平上升所带来的环境改善现象多由环境规制变革而来。经济在发展过程中会伴随着对环境管制的加强，政府相关部门会逐渐地完善相关环境保护制度，对环境污染、破坏的行为进行更加严格的管控，促使经济发展结构向低污染转变。第四，市场机制。在收入水平提高过程中也伴随着市场机制的进一步完善，具有自我调节能力的市场机制会调节作为资源的自然环境的恶化。在经济发展初期阶段，由于自然资源充足，并不会得到足够的重视，但随着经济发展过程中自然资源被大量开发，自然资源逐渐变得稀缺，提升自然资源使用效率也变得更加重要，这个过程使环境质量逐步得到改善。

四、健康人力资本理论

Schultz 在 1961 年最先提出了人力资本这个概念，他指出人力资本对于个人技能、知识和资历具有很好的体现，是个人能力和素养的完美阐释。人力资本的经济价值不是个人天生就存在的，它需要后期的投资才能发挥最大的作用。人力资本主要存在五方面的内容，那就是健康、教育、在职人员培训、个人所在家庭的迁移，以及技术扩展学习项目。在对经济增长产生影响的相关要素中，人力资本相对于劳动力投入和物质资本发挥着更大的作用，并且在社会进步和经济发展方面也占据重要地位。Schultz 的人力资本理论主要聚焦于经济增长方面，虽然并未对健康的重要性给予特别的重视，但其在对人力资本概念进行界定时还是将健康纳入其中。此后，Mushkin 在 1962 年正式把健康作为人力资本的重要组成部分，并最先提出健康人力资本概念，将其作为与教育具有同等重要地位的人力资本。

尽管健康人力资本作为人力资本的重要组成部分，但其并没有像教育人力资本一样得到相当的重视程度。随着研究的不断推进，大量的学者指出健康人力资本不管是对于个人发展还是对整个国家的进步都存在非常重要的影响。跟人力资本的其他要素相比，健康人力资本具有自身独特性：第一，人们对健康进行投资主要表现为健康人力资本的增加，健康人力资本是以个体本身为依托的，因此，健康投资的增加可以提升个人健康人力资本存量，进而导致个体预期寿命延长以及更低的患病率和发病率；第二，健康人力资本的作用表现在健康时间的增加上，对自身进行健康投资一方面能减缓健康折旧速度，另一方面能使自身健康维持在一个合理的水平，降低疾病的发生概率，从而提高个人健康时间，健康时间主要体现在人们从事劳动活动、娱乐活动、休闲活动等方面；第三，健康资本不仅受到先天的健康资本存量的影响，同时也受到后天健康投资获得的健康资本存量的影响。先天的健康资本存量是一定的，对个体健康的影响相对较小，个体健康资本存量更多由后天健康投资来决定；第四，健康人力资本在个体不同的生命周期阶段表现出差异性。健康人力资本会随着年龄的增长先上升然后出现下降的趋势，健康人力资本和年龄两者为"倒U"型关系。导致这种结果的原因在于尽管个体在不同的年龄段都会对健康进行投资，但是健康折旧速度在个体不同生命时间段会出现差异，一般会随着时间的迁移，健康折旧速度会不断加快，尤其在老年时间段，健康投资可能仅能够与健康的折旧量持平；第五，健康人力资本是其他类型人力资本的基础，它能对其他人力资本产生作用并影响它们的发展。

五、健康需求理论

随着人力资本的不断发展，许多学者开始将目光聚焦于健康资本的研究上。Grossman（1972）在前人的研究基础上提出了健康需求模型，他认为在人力资本的众多构成要素中只有健康资本兼具投资品和消费品属性。一方面，当健康作为一种消费品时，直接将健康纳入个人效用函数是合乎情理的，因为个人拥有良好的健康状态显然可以增加个人的总体效用水平；另一方面，当健康作为一种投资品，对健康进行投资可以增加健康资本存量，健康资本的增加会显著提高个人时间，这些时间可以增加休闲、娱乐或创造收入。在 Grossman 的健康需求理论中，健康被看作一种可持续的长期耐用资本存量，个体出生获得一定的健康资本存量，健康资本存量会随着时间推移产生折旧，当健康资本存量低于一定数值，个体生命将会终结，为了延长个人生命期限，必须对健康进行投资。健康投资达到最优数量时，健康给个人带来的收益与健康投资产生的成本相等。Grossman 充分结合了健康作为消费品和投资品的属性，在个人效用函数中纳入健康要素，与此同时，考虑到个人健康投资函数，其他商品投资函数和时间、收入约束，使消费者效用最大化。Grossman 需求模型的基本框架如下：假设一个代表性的消费者在一生中各个时期的效用函数为：

$$U = U(\lambda_t H_t, Z_t), \quad t = 0, 1, \cdots, n \tag{1-13}$$

其中，H_t 是第 t 期累计的资本存量，λ_t 是单位健康资本带来的收益，$\lambda_t H_t$ 则表示第 t 期消费的健康，Z_t 表示除健康外消费的其他商品的数量。个人出生时健康资本存量为 H_0，第 t 期健康资本存量则有：

$$H_t = I_{t-1} + (1 - \delta_{t-1})H_{t-1} \tag{1-14}$$

其中，I_{t-1} 是第 $t-1$ 期对健康资本的投资，δ 表示健康折旧率，健康折旧率是外生的，它随着年龄的变化而变化。第 t 期健康资本投资数量 I_t 以及除健康资本以外的商品消费数量 Z_t 由以下函数决定：

$$I_t = I_t(M_t,\ TH_t,\ E) \tag{1-15}$$

$$Z_t = Z_t(X_t,\ T_t,\ E) \tag{1-16}$$

其中，M_t 是生产健康资本的投入要素，如卫生服务；TH_t 是健康提高所需要的时间；X_t 是所能购买的普通消费品数量，T_t 是生产 Z_t 所需要的时间；E 是除健康以外的其他人力资本。消费者所面临的消费预算约束可以表示为：

$$\sum_{t=0}^{n} \frac{P_t M_t + Q_t X_t}{(1+r)^t} = \sum_{t=0}^{n} \frac{W_t TW_t}{(1+r)^t} + A_0 \tag{1-17}$$

P_t、Q_t 分别表示健康生产投入要素 M_t 和普通消费品 X_t 的价格水平，W_t、TW_t 分别为工资率和劳动时长，A_0 表示初始财富水平。由于消费者时间是有限的，在满足上述消费预算约束外，还需要满足时间约束：

$$TW_t + TH_t + T_t + TL_t = \Phi \tag{1-18}$$

其中，Φ 表示每个时期的总时间，TL_t 是指由于健康状态不良好所造成的时间损失，如生病导致不能够工作的时间。式（1-13）至式（1-18）构成了消费者的健康需求模型。消费者在收入预算约束和时间约束条件下实现对健康和其他商品消费的效用最大化，上述各式的解即为消费者效用最大化时的健康需求函数。

第四节　本章小结

本章首先对收入差距、环境污染以及健康水平概念进行界定，指出了收入差距的形成本质上是国民收入分配的体现。收入分配可以分为功能性收入分配和规模性收入分配，前者强调资本、劳动等生产要素在收入中所占的份额，后者则根据收入在个体（或家庭）进行分配。本书研究的收入差距是基于功能性收入分配，着重于个体或家户之间的收入分配差距，并且拓展到地域上，重点考察的是一个地区内部居民收入分配不平等的情况。环境污染和健康水平概念也具有复杂性，需要根据研究的需要选择合适的指标。其次，在对相关概念进行定义后，对指标的测度及选择问题进行了归纳，对于后文实证分析指标的合理选取提供了借鉴。最后，梳理了与本书研究相关的一些理论，重点包括收入分配理论、KC 理论、EKC 理论、健康人力资本理论，以及健康需求理论，对于后文收入差距、环境污染与健康水平之间的理论和实证分析奠定了坚实的理论基础。

第二章

收入差距、环境污染与健康水平的演进及现状分析

为了分析收入差距、环境污染与健康水平之间的关系，首先必须了解我国收入分配、环境污染和居民健康水平的现状，分析三者之间的变化趋势，从而对三者之间的关系有大体的把握。因此，本章主要是对我国收入差距、环境污染，以及健康水平的历史演进过程和现状进行刻画，以期达到对三者关系初步的认识。

第一节　我国收入差距的变化趋势及其现状

一、我国国民收入分配格局的演变

收入的功能性分配反映了劳动、土地，以及资本等生产要素在国民收入中的贡献程度。经济活动的主要参与者包括企业、政府和居民，这三个部门共同构成了宏观经济收入分配的主体。因此，从宏观层面来看，国民收入的分配格局主要表现为在企业、政府和居民三个部门之间的分配情况。在不同的经济发展阶段，国民收入分配格局会发生显著变化。企业、政府和居民部门之间的收入分配变化，对形成合理有序的收入分配格局具有重要意义，同时也是我国收入差距形成的部分根源所在。因此，本部分内容将基于国民收入初次分配的基础，探讨不同时期国民收入在企业、政府和居民三个部门之间的具体分配情况。

表2-1给出了1990—2022年历年企业部门、政府部门和居民部门收入所占国民收入的比值，为了更形象地观察三者的变化趋势，图2-1描绘了三者历年的变化趋势。从中可以看出，政府部门收入份额从1990年的20.42%提高到1997年的24.32%，变动趋势较为缓慢，在1997年达到高点以后，1998年急剧下降为12.90%，此后略有上升，一直维持在11%~15%之间。对于企业和居民

部门，两者国民收入份额占比呈现典型的相反变化趋势。具体而言：在1990—1992年间，居民部门收入份额呈下降趋势，企业部门收入份额呈上升趋势；在1992—1997年间，居民部门收入份额由下降趋势转为上升趋势，而企业部门收入份额则由上升趋势转为下降趋势，并且在1997年来到一个相对低点，数值为16.05%。企业部门收入份额的下降可能与国际经济形势密切相关，如1997年席卷亚洲的金融危机；在1997—2008年间，企业部门收入份额开始回暖，处于逐渐上升的趋势，2008年收入份额达到28.34%。与之相反，居民部门收入份额则表现为逐年下降趋势，2008年数值为57.55%。在这一时间段内，前期国家社会主义市场经济体制的确立，以及税制改革对企业部门收入增长发挥了积极的作用，职工收入水平的增长慢于企业效益的增长，进而导致居民部门收入份额占比的下降。在2008年以后，变化趋势显示企业部门收入份额下降与居民部门收入份额回升两种现象并存，基本形成稳定的国民收入分配格局。居民部门收入份额的过低以及资本收入份额过高是收入差距扩大的一个重要原因，为了调整全社会收入分配格局，2007年党的十七大报告明确提出"逐步提高居民收入在国民收入分配中的比重，提高劳动报酬在初次分配中的比重"；2012年党的十八大报告再次提出"调整国民收入分配格局，加大再分配调节力度，提高居民收入在国民收入分配中的比重，提高劳动报酬在初次分配中的比重"；2017年党的十九大报告进一步提出"坚持按劳分配原则，完善按要素分配的体制机制，促进收入分配更合理、更有序，坚持在经济增长的同时实现居民收入同步增长、在劳动生产率提高的同时实现劳动报酬同步提高"；2022年，党的二十大报告再次强调"构建初次分配、再分配、第三次分配协调配套的制度体系，努力提高居民收入在国民收入分配中的比重"。这些政策文件的颁布均强调了国民收入分配格局将向劳动者倾斜，居民部门收入份额将得到极大的保障，这也是2008年以后居民部门收入份额稳定上升的重要原因。而在现阶段以及未来，这种国民收入分配格局形势将会继续保持。

表2-1 历年国民收入分配情况（单位：%）

年份	企业	政府	居民
1990	10.77	20.42	68.80
1991	11.45	21.05	67.50
1992	27.68	20.71	51.62
1993	24.15	21.57	54.28

续表

年份	企业	政府	居民
1994	21. 04	22. 18	56. 78
1995	20. 43	21. 77	57. 79
1996	16. 44	23. 91	59. 65
1997	16. 05	24. 32	59. 63
1998	20. 52	12. 90	66. 58
1999	20. 75	13. 06	66. 19
2000	21. 16	13. 13	65. 71
2001	23. 05	12. 69	64. 25
2002	23. 36	13. 98	62. 66
2003	24. 23	13. 67	62. 10
2004	26. 86	13. 95	59. 19
2005	26. 63	14. 07	59. 29
2006	26. 89	14. 28	58. 83
2007	27. 47	14. 60	57. 93
2008	28. 34	14. 11	57. 55
2009	27. 27	13. 91	58. 82
2010	26. 91	14. 62	58. 47
2011	25. 77	15. 06	59. 17
2012	24. 75	15. 49	59. 77
2013	24. 13	15. 22	60. 66
2014	24. 67	15. 24	60. 09
2015	24. 16	14. 95	60. 89
2016	24. 25	14. 46	61. 28
2017	25. 41	14. 03	60. 56
2018	26. 10	12. 77	60. 13

续表

年份	企业	政府	居民
2019	25.91	12.67	61.42
2020	26.88	11.08	62.04
2021	25.46	11.88	62.66
2022	24.04	12.68	63.28

数据来源：根据历年《中国统计年鉴》国民经济核算资金流量整理获得。

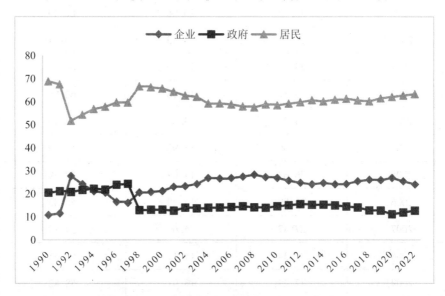

图2-1　三部门收入份额占比变化（%）

资料来源：国家统计局

二、我国基尼系数变化及其现状

首先，从全国层面来看，国家统计局数据资料显示自2000以来基尼系数首次超过0.4的国际警戒线以来，总体呈现先上升后保持高位态势的稳定局面。从图2-2可以看出，我国居民收入的基尼系数在2000年数值为0.409，在此之后，除了2001年出现略微下降，一直处于急剧攀升的状态，在2008年达到最高值0.491。虽然在2008年以后出现下跌趋势，但基尼系数数值始终保持在0.46以上。而在最近的几年，基尼系数又出现上升的趋势，从2015年的相对低点0.462上升到2022年的0.47。事实上，鉴于国家统计住户调查中存在着高收入群体样本偏低的问题，居民收入的基尼系数可能存在一定程度的低估。① 因此，短期内基尼系数的下降并不宜过多解读，更不能认为长期下降趋势已经开始。②

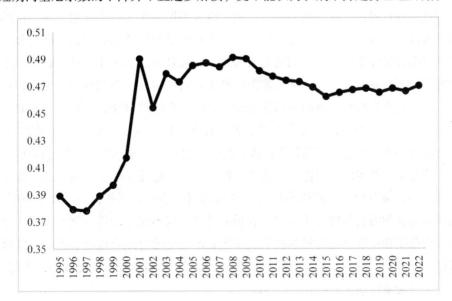

图 2-2 居民收入基尼系数历年变化

资料来源：国家统计局

在此基础上，我们可以通过《中国统计年鉴》的统计口径，根据收入水平的差异进一步将全国居民收入进行五等份分组来加以考察。图 2-3 给出了我国居民 2013—2022 年五等份分组的居民人均可支配收入水平情况。从图中可以看出，在 2022 年，我国收入水平最高的 20% 人群人均可支配收入达到 90116.3 元，远领先于其他 80% 人群的人均可支配收入水平，即使是第二梯队的中等偏上人群，其人均可支配收入水平也仅仅达到最高收入人群的一半，而对比最高收入人群与最低收入人群，最低收入人群平均收入水平不及最高收入人群的 1/10。从 2013 年、2015 年、2017 年五等份分组数据来看，不同收入人群收入差距基本与 2022 年保持相似，我国居民收入差距较大问题依然是显而易见的。

总而言之，尽管对基尼系数测量有效性的质疑始终存在，我国目前的高基

---

① 李实，罗楚亮. 中国收入差距究竟有多大？——对修正样本结构偏差的尝试 [J]. 经济研究，2011（4）：68-79.

② 李实. 中国收入分配格局的变化与改革 [J]. 北京工商大学学报（社会科学版），2015（4）：1-6.

尼系数是一个不争的事实。根据中国居民收入的五等份分组数据，可以清晰地观察到中国社会中存在严重的收入不平等现象。这些数据不仅揭示了收入差距的现状，而且强调了该问题的深远影响。收入差距的扩大，不仅对国民经济的整体健康和可持续性构成威胁。经济学理论和实证研究普遍认为，过高的收入不平等会抑制经济增长，限制消费者需求，增加社会福利负担，从而影响国家的经济稳定与发展。而且，收入差距的扩大还可能引发一系列社会问题，包括但不限于教育和医疗资源的不均等分配，导致社会阶层固化，加剧社会不安定因素。更为重要的是，收入差距对居民的日常生活产生了直接和深远的影响。家庭收入的不平等限制了低收入群体在教育、健康和住房等基本需求上的投资，进一步加剧了贫困的代际传递。此外，收入不平等还可能削弱公众对政府政策的信任感和满意度，从而影响社会的整体和谐与稳定。因此，缩小收入差距，提高收入分配的公平性已成为刻不容缓的任务。这不仅是经济发展的需要，也是社会公正和持续稳定的基本要求。政策制定者应通过改革税制、提高公共服务的普及性和质量、促进就业机会的公平等方式，积极推动收入分配的公平化，以促进社会整体福祉的提升。

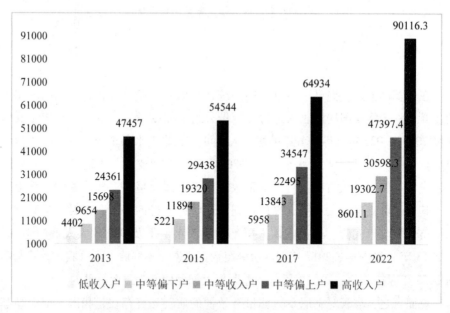

图2-3 居民收入五等份分组人均可支配收入（元）

资料来源：《中国统计年鉴》

　　其次，从省域层面来看，根据上文基尼系数的测度方法可以获得中国各个省份历年的基尼系数数值。为了揭示省域层面基尼系数动态的变化特征，本书利用非参数模型分析中的核密度法估计基尼系数的密度函数，在此，仅考察2003年、2007年、2011年和2022年四个年份的核密度估计，对于2003—2022年省域层面基尼系数变动趋势有一个大体的把握。在核密度估计中，核函数的选择为伊番科尼可夫核（Epanechnikov）。

图2-4给出了全国省域层面基尼系数的核密度函数。从图中可以看出，2003年到2022年，核密度函数的均值先逐渐右移，后不断左移，峰高经历先上升后下降，最终继续上升的过程。与此同时，基尼系数的变动区间则先缩小，后增大，最后继续缩小变得相对集中。

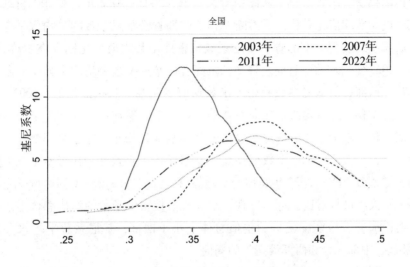

图2-4 全国省域层面基尼系数核密度函数

2003年基尼系数的核密度函数存在两个波峰，第一个波峰相对明显，后一个波峰则比较浅显。相比较于2003年，2007年波峰抬高，均值相对2003年第一个波峰均值稍有右移，省份基尼系数平均水平具有提升趋势，从基尼系数变动区间来看，左侧区间减小，右侧区间变大，表明2007年基尼系数较小的省份在减少，而基尼系数较大的省份数量在增加。到了2011年，核密度函数波峰降低，均值出现较大的左移，基尼系数的变动区间左侧扩大，右侧减小，表明2011年相对于2007年省份基尼系数的平均水平有较大的下降倾向，而基尼系数的变动区间说明较低基尼系数的省份在增加，具有较高基尼系数的省份则在减少。在2011年到2022年间，核密度函数波峰继续抬高，均值继续向左大幅移动，基尼系数的变动区间急剧缩小，说明了省份基尼系数平均水平在进一步下降，高水平和低水平基尼系数省份数量均在下降，各省基尼系数水平变得更加集中。总体而言，中国省份基尼系数平均水平从 2003 年到 2022 年经历了先上升后下降的过程，从核密度图中也可以看出 2003 年基尼系数的均值为 0.404，2007 年均值为 0.407，2011 年和 2022 年则分别为 0.385 和 0.286，省级层面基尼系数变动趋势与全国层面基尼系数变动趋势基本保持了一致。

进一步，为了了解不同区域省份基尼系数变动趋势，根据国家统计局的划分标准将中国划分为东部、中部和西部三个区域①，考察三大区域省份基尼系数变动的差异。图 2-5 给出了三大区域 2003—2022 年的省份基尼系数变化趋势核密度图，为了便于分析，重点关注了 2003 年、2007 年、2011 年和 2022 年四个年份的核密度函数变化。从图中可以知道，2003—2022 年，东部省份基尼系数核密度函数均值先右移，后不断左移，东部省份基尼系数的平均水平存在先扩大后减小的过程。中部省份基尼系数核密度函数均值变化则存在少许差异，2003—2022 年间均值一直向左移动，东部省份基尼系数平均水平处于不断下降的过程。西部省份基尼系数核密度函数均值变化基本与东部相似，2003—2022 年均值先右移，此后均值不断向左移动，基尼系数平均水平存在先上升后逐渐下降的过程。跟全国省份基尼系数核密度函数变化相比，除了中部变化存在些许不同外，三大区域基尼系数变动趋势基本保持了一致性。在考察了三大区域省份基尼系数 2003—2022 年总体变动趋势后，我们进一步对不同区域基尼系数平均水平大小进行对比。可以发现，东部省份核密度函数的均值总体上小于中部，而中部省份核密度函数的均值总体上小于西部，基尼系数平均水平出现"东部低、中部次之和西部最高"的局面。

为了更深入了解中国不同省份或区域基尼系数的差异，进一步分析了 2003 年和 2017 年基尼系数的空间演变规律。2003 年的数据显示，东部的省份如北京、河北、江苏和浙江的基尼系数较低，而中部的省份如黑龙江、山西、河南、安徽和湖北的基尼系数逐渐增高，西部省份包括贵州、新疆、青海、甘肃、内蒙古和陕西的基尼系数最高。这一分布表明，中国省级区域的基尼系数具有明显的集聚性和区域性特征，整体上呈现从东部到西部逐渐增高的趋势。到了2017 年，尽管基尼系数的平均水平相对于 2003 年有所降低，各省份收入差距得到了一定的改善，但是基尼系数的集聚性和区域性特点并未显著改变。东部地

---

① 东部地区包括北京、天津、河北、辽宁、上海、江苏、浙江、福建、山东、广东和海南 11 个省（市）；中部地区包括山西、吉林、黑龙江、安徽、江西、河南、湖北、湖南 8 个省；西部地区包括四川、重庆、贵州、云南、西藏、陕西、甘肃、青海、宁夏、新疆、广西、内蒙古 12 个省（市、自治区）。

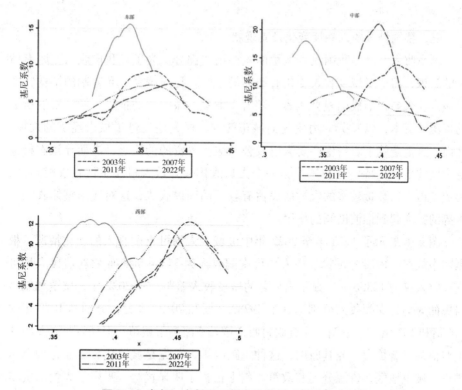

图 2-5 东部、中部及西部省份基尼系数核密度函数

区的基尼系数仍然相对较低，而西部地区的基尼系数依然较高，表明基尼系数由东向西逐渐升高的趋势依然存在。

这种地区间基尼系数的差异和变化可以归因于多种因素。首先，东部地区由于更早地接受改革开放政策的影响，经济发展较快，城市化程度高，劳动力和资本集中，收入分配相对均匀。而中部和西部地区，尽管经历了一定的经济发展和改革，但由于地理位置、产业结构、政策支持和历史背景等因素的影响，其经济增长速度和城市化进程相对缓慢，导致收入分配不均。此外，基尼系数的区域差异还反映了中国不均衡的区域发展战略和资源配置。虽然政府在近年来加大了对中西部地区的支持力度，推动地方产业升级和基础设施建设，以缩小东西部经济差距，但这些措施的成效需要时间来体现，且在短期内难以完全消除长期积累的地区发展差异。综上所述，中国各省份基尼系数的空间分布及其变化揭示了国内经济发展的不平衡性和复杂性。尽管总体上基尼系数有所下降，表明收入分配状况有所改善，但地区间的不平等仍然是中国社会经济发展中需要关注和解决的重要问题。

三、我国城乡收入差距变化及其现状

城乡收入差距是我国收入差距的重要组成部分，为了对我国收入差距有清晰的认识，需要对城乡收入变化有透彻的了解。我国城乡二元分割的结构特征是城乡收入差距形成的重要因素，随着工业化、城镇化的推进，经济发展所需的资源、资本，以及劳动力率先向城市转移，极大地促进了城市经济的发展，然而，这也造就了农村生产要素以及公共服务等资源的匮乏，进而导致农村经济发展的落后。特别是我国作为一个人口大国，多数人口还生活在农村地区，形成了占人口数量较多的农村居民占有较低的国民收入，这对我国整体收入不平等的扩大起到推波助澜的作用。

图 2-6 展示了 1978 年至 2022 年中国城乡人均可支配收入的变化情况。根据图中数据，1978 年城镇居民人均可支配收入为 343.4 元，而农村居民人均可支配收入仅为 133.6 元，显示出显著的城乡收入差距。到 2022 年，城镇和农村居民的人均可支配收入分别达到了 49282.9 元和 20132.8 元，分别是 1978 年的 144 倍和 151 倍。这表明，尽管农村收入增长率略高于城镇，但城乡收入差距的绝对值却显著扩大。究其原因，这种差距的扩大首先是城镇化和工业化的迅速推进。城市地区在资源分配和政策倾斜上占据了明显优势，吸引了大量的资本和劳动力，经济发展迅速。而农村地区由于基础设施薄弱、公共服务不足，难以吸引投资和留住人才，经济增长相对滞后。其次，城乡二元经济结构的长期存在，加剧了这种差距。户籍制度限制了农村人口向城市的流动，导致农村居民难以享受城市经济发展的红利，收入增长受限。土地制度也对农民的经济活动形成了制约，限制了其通过土地流转和经营获取更多收入的可能性。此外，全球化的进程进一步加剧了这种收入差距。城市作为开放经济的中心，能够迅速适应并融入全球经济体系，从而获得更多的发展机遇。而农村地区由于缺乏必要的基础设施和技术支持，难以在全球化浪潮中受益，经济发展速度明显落后于城市。总之，1978 年至 2022 年间城乡收入的变化反映了我国经济发展的不平衡性和结构性问题，需要通过制度改革、政策倾斜和资源再分配，促进城乡经济社会的协调发展，才能逐步缩小收入差距，实现共同富裕。

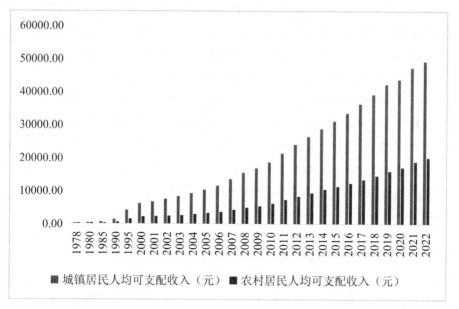

图 2-6　1978—2022 年城镇、农村人均可支配收入（元）

数据来源：《中国统计年鉴》

　　从城乡收入比来看，自改革开放以来，我国的城乡收入差距经历了显著的变化，其波动反映了一系列宏观经济政策和社会变迁的深刻影响。1978 年的城乡收入比为 2.57，标志着改革开放前城乡经济的基本格局。随着改革开放政策的推行，特别是农村联产承包责任制的实施，农村地区的生产激励机制得到了根本性改善。这种制度创新直接提升了农民的收入水平，并在短期内有效缩小了城乡间的收入差距，使得 1985 年城乡收入比降至 1.86。进入 1985 年后，随着国家对工业化和城镇化战略的更加重视，城镇地区的经济发展速度显著加快。城市化进程中大量的基础设施建设和工业扩张吸引了大量资本和劳动力，城市居民的收入增速远超农村，城乡收入比因此开始上升，到 2007 年达到历史最高点 3.14。这一阶段的城乡收入差距扩大，从侧面反映了我国经济增长模式中的结构性问题，即工业和城市服务业增长迅速，而农业和农村地区的发展相对滞后。2008 年全球金融危机的爆发对中国经济产生了深远影响。由于我国经济的外向型特征，出口受阻导致许多工业企业生产减缩，影响了城市地区的就业和收入水平。与此同时，国家在此阶段加大了对农村和农业的支持力度，通过增加农业补贴、提高粮食收购价格和推广农村基础设施建设等政策，稳定和提升了农民的收入。这些措施在一定程度上抑制了城乡收入差距的进一步扩大。在后续的收入分配改革中，政府尝试通过提高最低工资标准、调整税收政策、推动社会保障体系覆盖广度等措施来平衡收入分配。尽管这些政策在短期内未能显著降低城乡收入比，但它们为缩小长期的收入不平等创造了条件。2022年城乡收入比降至2.45，反映了这一系列政策的综合效应。然而，城乡收入差距的持续存在和缓慢的改善速度，暴露出中国城乡二元经济结构的深层次问题。未来政策制定者需要进一步深化收入分配制度的改革，优化农村的产业结构，提升农村教育和医疗资源，以及加强农村地区的信息化建设，这些都是促进城乡收入均衡、实现全面小康社会目标的关键因素。同时，加强农村金融服务和改善农村居住条件也将为缩小城乡差距提供重要支持。

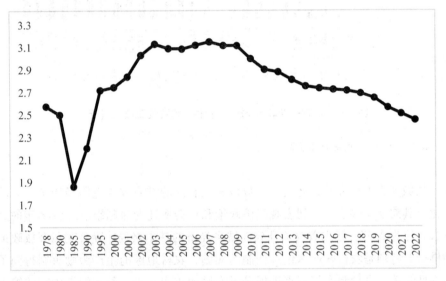

图 2-7　城乡收入比变化

数据来源：《中国统计年鉴》

正如前文指出，我国基尼系数表现出显著的区域差异性，这是否同样适用于城乡收入比在不同区域的表现？图2-8展示了2003—2022年我国东部、中部和西部地区历年城乡收入比的变化趋势。由于缺乏直接的三大区域城镇和农村居民人均可支配收入数据，我们通过各省（市、自治区）历年城镇和农村人均可支配收入数据计算得出城乡收入比，随后根据区域划分分别求得三大区域的历年平均值。从时间维度来看，东部、中部和西部三大区域的城乡收入比大致经历了上升和下降两个阶段。具体而言，2004—2009年间，城乡收入比呈现出一定的上升趋势，这可能反映了这一时期经济增长带来的城乡收入差距扩大的现象。然而，2009 年以后，城乡收入比开始下降，这可能是由于政府加大了对农村地区的扶持力度，缩小了城乡收入差距。从区域层面来看，西部地区的城乡收入比曲线位置最高，中部其次，东部最低。这表明城乡收入比从东向西依次递增，这与基尼系数的区域特性保持一致。具体到各区域内部的省份，可以发现，东部地区的福建、山东、广东的城乡收入比较大，北京、天津、上海的城乡收入比较小；中部地区安徽、湖南的城乡收入比处于前列，吉林、黑龙江相对靠后；西部地区贵州、云南的城乡收入比处于前列，四川、宁夏相对靠后。这些数据表明，我国城乡收入比不仅在不同区域之间存在显著差异，而且在各区域内部的省份之间也表现出显著的异质性。这种异质性可能与各省份的经济发展水平、产业结构、政策实施力度等多种因素密切相关。首先，从经济发展水平来看，东部地区由于经济发展较为先进，城镇化水平较高，城乡收入差距相对较小，而西部地区由于经济发展相对滞后，城乡收入差距较大。其次，从产业结构来看，东部地区以第三产业为主，中部地区以第二产业为主，而西部地区仍然以第一产业为主。第三产业和第二产业的发展通常能够创造更多的非农就业机会，从而缩小城乡收入差距。最后，从政策实施力度来看，政府在不同区域实施的扶贫政策和经济支持措施的力度和效果也有所不同，导致城乡收入比在各区域之间和各省份之间表现出差异。

根据上述时间趋势特征和区域趋势特征，可以知道：城乡收入差距随着年份的变迁表现出近似"倒 U"型特征，而各区域经济增长总量在不断上升。这表明，城乡收入差距与经济增长之间并不是简单的单调递增关系，而是当经济增长达到一定水平时，城乡收入差距会表现出下降趋势。这种关系在区域内部省份的特征中也得以体现：在经济条件相似的区域内，经济规模越大的省份其城乡收入差距越大；在经济条件存在差异的区域，经济越发达的省份其城乡收入差距越小。这种城乡收入差距与经济增长之间的关系与库兹涅茨曲线一定程度上是吻合的。具体而言，在 2004—2009 年期间，我国东部、中部和西部地区的城乡收入比呈现出上升趋势，这可能反映了经济快速增长阶段的收入不平等扩大现象。然而，自 2009 年以来，随着经济的进一步发展和政府对农村地区支持力度的加大，城乡收入比开始下降，表明城乡收入差距在经济达到一定水平后逐渐缩小。这一趋势与库兹涅茨曲线的预测相一致。此外，区域内部省份的特征也支持这一结论。在经济条件相似的区域内，如东部地区，经济规模越大的省份（如福建、山东、广东）其城乡收入差距越大；在经济条件存在差异的区域内，如中部和西部地区，经济越发达的省份（如安徽、湖南和贵州、云南）其城乡收入差距相对较小。

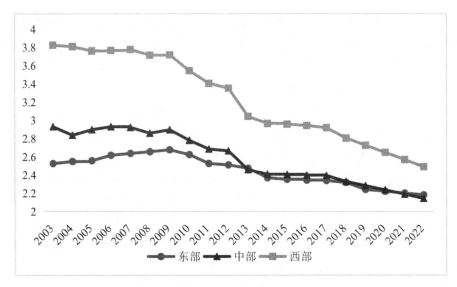

图 2-8 东、中、西部城乡收入比变化

数据来源：《中国统计年鉴》

第二节 我国环境污染的变化趋势及其现状

一、不同环境污染物的趋势变化

为了对我国环境污染问题有清晰的认识，有必要对主要环境污染物的变化有一定的了解。尽管单一污染物并不能完整地刻画地区总体环境污染程度，但也可以作为地区环境质量评价的参考。这里主要考察工业废水、工业废气、工业 SO_2、工业烟粉尘、工业固体废弃物以及 CO_2 排放量六种环境污染指标，为了增加可比性，消除人口规模因素的影响，以人均环境污染排放量来表示环境污染程度。

图 2-9 展示了我国 2003—2022 年人均工业废水排放量的变化趋势。从图中可以看出，我国人均工业废水排放量在 2003 年为 16.04 吨/人，并在 2005 年达到一个相对高点，为 18.52 吨/人。此后，人均工业废水排放量呈现逐年下降的趋势，到 2022 年降至 6.10 吨/人，相对于 2005 年的高点水平，下降幅度超过一半，表明我国在工业废水排放控制方面取得了显著成效。这一变化趋势反映了我国在过去二十年间在工业废水治理方面所采取的政策和措施的有效性。2005 年后的逐年下降趋势，可能得益于一系列环境保护政策的实施和技术改进。尤其是《中华人民

共和国水污染防治法》的实施和修订，以及一系列配套措施的推出，促使工业企业加大废水处理设施的建设和运行，提升了废水处理能力和水平。此外，政府对工业废水排放的监管力度不断加强，环保执法力度加大，企业环保意识逐渐提升，也在一定程度上促进了工业废水排放量的下降。例如，通过严格的排放标准、强化的环境监测和严厉的处罚措施，倒逼企业加强环境管理，采取更为先进的废水处理技术，降低了废水排放总量。在技术层面，工业废水处理技术的不断进步和广泛应用，也为废水排放量的减少提供了有力支持。

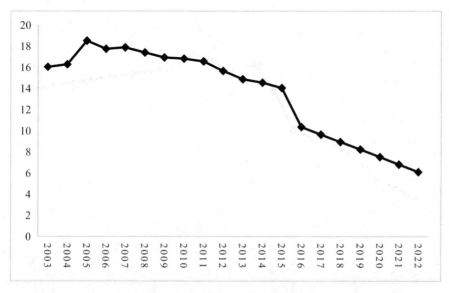

图 2-9 2003—2022 年中国人均工业废水排放量（吨/人）

数据来源：各省历年统计年鉴

图 2-10 展示了我国 2003—2022 年人均工业废气排放量的趋势变化。从图中的变化趋势可以看出，不同于人均工业废水排放量的走势，人均工业废气排放量总体上呈现出逐渐上升的趋势。从 2003 年的 1.79 亿标立方米/万人增长到 2014 年的 5.79 亿标立方米/万人，人均废气排放量显著增加。这一增长反映了我国工业化进程中废气排放的急剧上升，表明在这段时期内，工业生产对环境的压力不断加大。尽管在 2014 年以后人均废气排放量出现了下行趋势，但下降幅度相对缓慢，到 2022 年仍达到了 4.85 亿标立方米/万人。这表明尽管在治理工业废气排放方面采取了一些措施，但其效果并不显著，工业废气排放问题依然较为突出。进一步观察 2011—2022 年人均工业废气排放量的曲线，可以发现该段曲线变化程度较小，基本处于高位态势。这一现象表明，尽管在这段时期

内我国在治理工业废气排放方面做出了一些努力，但总体效果有限，废气排放量依然保持在较高水平，未能实现显著的下降。这可能与多种因素有关，包括工业生产的持续增长、环保措施的实施力度不够、技术改进缓慢等。从政策角度来看，尽管我国在工业废气治理方面出台了一系列政策和法规，如《大气污染防治行动计划》和《环境保护法》的修订，但从数据来看，这些政策在短期内尚未带来显著的改善效果。这提示我们，需要进一步加强政策的执行力度，提升技术水平，加大对工业废气排放的监管和控制，推动工业企业进行绿色转型和升级。

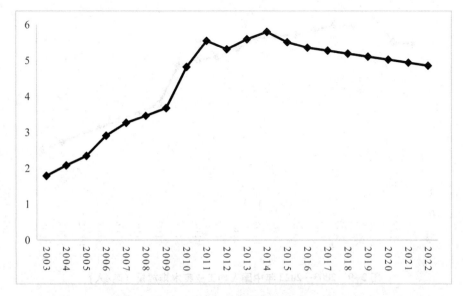

图 2-10　2003—2022 年中国人均工业废气排放量（亿标立方米/万人）

数据来源：各省历年统计年鉴

针对工业 SO_2、工业烟粉尘、工业固体废弃物和 CO_2 四种环境污染物，图 2-11 绘制了这几种污染物历年的变化趋势。从图中可以看出，人均工业 SO_2 排放量和人均工业烟粉尘排放量走势较为相似，均经历了先上升，后下降，再短暂上升，最后下降的变化过程。具体来看，人均工业 SO_2 从 2003 年的 0.016 吨/人上升到 2006 年的 0.020 吨/人，此后，呈现下降趋势，到了 2009 年，为 0.016 吨/人，与 2003 年基本持平。在 2009—2011 年期间经历了 2 年的短暂上升后，之后一路向下，2022 年人均工业 SO_2 排放量为 0.003 吨/人，相对于该区间的最高点水平不到 1/6，工业 SO_2 排放量得到了有效的控制。从人均工业烟粉尘排放量来看，2003—2005 年期间经历了短暂的上升，2005 年达到一个高点水平 0.0157 吨/人，此后表现出下降走势，在 2012 年达到一个相对点水平 0.0095 吨/人。在 2012—2014 年期间经历两年上升后一路下降，2020 年人均工业烟粉尘排放量为 0.0021 吨/人，相对于最高点水平，下降幅度超过一半。不同于人均工业 SO_2 和人均工业烟粉尘排放量的走势，人均固体废弃物产生量和人均 CO_2 排放量变化趋势存在很大不同。在 2013—2022 年期间，人均工业固体废弃物产生量经历了急剧上升，之后进入四年的稳定平台，在 2015 年达到最高值 3.3127 吨/人，随后进入下降趋势，2022 年人均工业固体废弃物产生量为 1.804 吨/人，相对于 2003 年 0.8402 吨/人，增长幅度超过 1 倍。从人均 CO_2 排放量看，2003—2022 年期间总体上升趋势是比较明显的。尽管在 2014 年以后出现短暂的下降趋势，但这种下降趋势基本可以忽略不计，后续年份基本处于高位平行趋势。进一步观察 2003 年和 2022 年人均 CO_2 排放量水平，可以发现 2003 年到 2022 年我国人均 CO_2 排放量实现了翻倍，碳减排的任务依然艰巨。

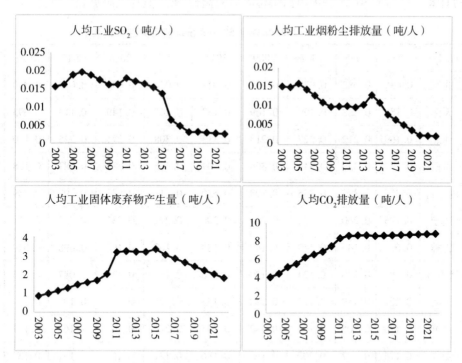

图 2-11　2003—2022 年中国人均工业 SO_2、工业烟粉尘、工业固体废弃物、
CO_2 排放量变化趋势

资料来源：各省历年统计年鉴

二、环境污染综合指数的趋势变化

在前一部分的讨论中，我们对几种主要环境污染物的变化趋势进行了分析，发现不同污染物的变化轨迹存在显著差异，甚至呈现出完全相反的趋势。例如，在2003—2022年间，人均工业废水、人均工业SO_2和人均工业烟粉尘总体呈现下降趋势，而人均工业废气和人均CO_2则表现出上升趋势。这样截然相反的结果给地区环境质量评价带来了挑战。如果仅依赖单一污染物指标来衡量环境质量，显然会导致评估结果的偏差。因此，本书选择基于多种环境污染物的综合指数进行地区环境污染评价，单一污染物则作为综合指数的辅助参考。具体而言，采用上文所述的环境污染度量方法，选取了我国30个省份在2003—2022年间的人均工业废水、人均工业废气、人均工业SO_2、人均工业烟粉尘、人均工业固体废弃物和人均CO_2六种环境污染指标，构建了环境污染综合评价指标。通过计算，得到了30个省份历年的环境污染综合指数，具体结果见表2-2。

表2-2　2003—2022年中国30个省份环境污染综合指数

地区	2003	2005	2007	2009	2011	2013	2015	2017	2022
北京	0.085	0.082	0.072	0.055	0.048	0.040	0.030	0.025	0.020
天津	0.188	0.222	0.190	0.169	0.187	0.165	0.149	0.119	0.093
河北	0.169	0.212	0.227	0.213	0.313	0.308	0.271	0.225	0.190
山西	0.304	0.339	0.343	0.306	0.404	0.405	0.380	0.283	0.128
内蒙古	0.255	0.375	0.385	0.399	0.530	0.511	0.535	0.399	0.339
辽宁	0.195	0.260	0.276	0.250	0.306	0.292	0.331	0.228	0.171
吉林	0.097	0.146	0.149	0.147	0.183	0.162	0.168	0.098	0.049
黑龙江	0.107	0.120	0.124	0.120	0.136	0.145	0.130	0.087	0.035
上海	0.202	0.189	0.172	0.142	0.153	0.146	0.142	0.107	0.054
江苏	0.170	0.205	0.191	0.182	0.207	0.201	0.206	0.167	0.127
浙江	0.174	0.192	0.200	0.195	0.186	0.172	0.164	0.131	0.137
安徽	0.078	0.089	0.099	0.107	0.131	0.129	0.136	0.109	0.130
福建	0.124	0.173	0.183	0.191	0.219	0.178	0.161	0.110	0.064
江西	0.097	0.116	0.128	0.122	0.143	0.142	0.153	0.107	0.035

续表

地区	2003	2005	2007	2009	2011	2013	2015	2017	2022
山东	0.128	0.146	0.157	0.160	0.190	0.175	0.192	0.159	0.090
河南	0.096	0.132	0.131	0.123	0.143	0.134	0.128	0.071	0.025
湖北	0.105	0.112	0.114	0.111	0.143	0.121	0.123	0.080	0.008
湖南	0.116	0.140	0.130	0.120	0.110	0.101	0.092	0.049	0.020
广东	0.095	0.127	0.126	0.103	0.101	0.093	0.088	0.080	0.086
广西	0.167	0.208	0.212	0.196	0.159	0.138	0.112	0.068	0.054
海南	0.032	0.034	0.033	0.039	0.047	0.072	0.055	0.035	0.015
重庆	0.162	0.179	0.172	0.171	0.128	0.120	0.118	0.071	0.022
四川	0.111	0.111	0.108	0.088	0.097	0.087	0.081	0.047	0.009
贵州	0.090	0.102	0.133	0.111	0.151	0.175	0.149	0.117	0.123
云南	0.061	0.077	0.089	0.089	0.150	0.138	0.119	0.093	0.007
陕西	0.115	0.144	0.156	0.143	0.170	0.168	0.170	0.118	0.062
甘肃	0.105	0.111	0.102	0.100	0.156	0.150	0.151	0.101	0.054
青海	0.108	0.193	0.208	0.231	0.475	0.500	0.553	0.434	0.293
宁夏	0.352	0.369	0.397	0.366	0.562	0.520	0.487	0.428	0.353
新疆	0.103	0.139	0.171	0.192	0.249	0.348	0.298	0.209	0.186

通过各省份历年环境污染综合指数的计算，可以求得各省份在2003—2022年间的平均环境污染程度。图2-12展示了各省份的平均环境污染综合指数水平。从图中可以看出，内蒙古、宁夏、山西、青海、辽宁、河北、新疆、山东、江苏等地的污染较为严重，而北京和海南的环境质量在所有省份中是最优的。

具体来说，内蒙古、宁夏、山西和青海等地由于重工业的集中和能源开采活动频繁，导致环境污染综合指数较高。这些地区的工业废气、废水及固体废弃物排放量均居高不下，严重影响了环境质量。同样，辽宁、河北和新疆也因工业化程度高、能源资源丰富，面临较大的环境污染压力。山东和江苏作为沿海经济发达省份，尽管经济发展迅速，但工业污染问题依然突出，导致环境污染综合指数较高。相对而言，北京和海南的环境质量在所有省份中名列前茅。北京作为首都，尽管工业活动频繁，但在环境治理方面投入了大量资源，采取了多项严格的环保措施，使得环境污染综合指数较低。海南作为旅游胜地，工业基础相对薄弱，主要经济活动以旅游和服务业为主，因此环境污染程度较低。

　　这些结果表明，不同省份的环境污染程度存在显著差异，反映了区域经济结构和发展模式对环境质量的影响。因此，在制定环境治理政策时，应根据各省份的具体情况，采取针对性的措施。例如，对于污染较为严重的地区，应加大环保投入，严格控制污染排放，推进产业结构升级和绿色转型；对于环境质量较好的地区，应继续保持现有的环保优势，探索更多绿色发展路径。

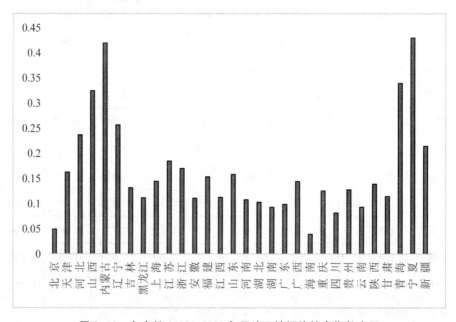

图 2-12　各省份 2003—2020 年平均环境污染综合指数水平

　　图 2-13 呈现了 2003—2022 年间，我国东部、中部、西部及全国环境污染综合指数的历年平均水平的波动模式。观察这些数据，可以看到所有三大区域的环境污染综合指数都展示了先上升、随后短暂下降、再度上升后续下降的周期性波动。在这三大区域与全国总体环境污染综合指数的比较中，显著的是西部地区的平均环境污染水平远高于东部和中部地区。这一现象部分是因为西部地区虽然环境污染物的总排放量相对较低，但由于其人口较少，因此在人均基础上，其环境污染指数较高，这也相应提升了全国的平均环境污染水平。相比之下，东部和中部地区的环境污染综合指数较为接近，尤其在 2011—2015 年间，两者的平均水平几乎完全一致。然而，在其他年份，东部地区的环境污染水平通常略低于中部地区，可能反映了东部地区更为有效的环境政策和管理实践。

　　进一步分析表明：尽管西部地区的环境污染物总排放量较低，但由于该地区人口密度小，污染物的人均排放相对较高。这一地区经济开发较晚，环保基础设施和技术相对落后，因此面临较大的环境治理挑战。东部地区作为我国经济最发达的地区，虽然工业化水平高，但由于早期开始注重环境保护，并实施了一系列有效的污染防治措施，使得该区域的环境污染控制相对较好。中部地区位于东部和西部之间，其经济和环境状况也介于两者之间。该地区虽有工业基础，但环保设施和政策实施效果不如东部地区，导致其环境污染指数在某些年份略高于东部。这些发现强调了区域经济发展差异对环境污染的显著影响，同时也凸显了根据地区特定情况制定和执行环境政策的重要性。为了进一步改善全国环境质量，需要在不同区域根据其经济发展、人口密度和工业化水平的具体情况，制定更具针对性的环境管理策略和行动计划。

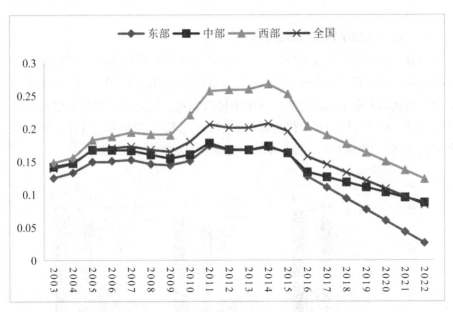

图 2-13　区域环境污染综合指数变化

　　为了精确描绘中国各省份在不同年份的环境污染状况，本研究进一步分析了 2003 年、2010 年和 2022 年的环境污染综合指数空间分布规律。2003 年，可以看到省份间环境污染程度的明显区别。西部地区如四川、青海、新疆、甘肃和陕西这些地的环境污染相对较轻，相反，内蒙古和宁夏这些区域的环境污染非常严重。在东部地区，河北、山东、江苏、上海、浙江和福建的污染水平较高，而中部的湖北、江西、河南和安徽环境污染较轻。到了 2010 年，环境污染的空间聚集特性依然显著。特别是在西部，新疆和青海的这些地区的环境质量急剧恶化。与东部和中部相比，西部有更多省份的环境质量处于较低水平，显示出西部环境质量普遍低于东部和中部地区。进一步到 2022 年，虽然与 2003 年和 2010 年相比，大部分省份的环境污染程度有所降低，整体环境质量得到了一定程度的改善，但西部的环境质量仍然低于东部和中部地区，这一差距的持续存在表明西部地区在环境改善方面的挑战依然严峻。这些现象反映了中国在环境治理方面所面临的复杂挑战，尤其是在西部地区，其自然条件和经济发展模式使得环境恢复更加困难。

第三节　我国居民健康水平的变化趋势及其现状

一、我国人口平均预期寿命变化

随着我国经济的高速发展，人民生活水平不断提高以及医疗卫生保障体系不断完善，国民健康水平自改革开放以来获得很大的提升，图 2-14 绘制了我国人口平均预期寿命变化的趋势。从图中可以知道，我国人口平均预期寿命是逐年上升的，从 20 世纪 80 年代初期的 67.77 岁增长到 2020 年的 77.93 岁，几十年时间提高了 10 岁左右，表明我国的健康事业发展是卓有成效的。

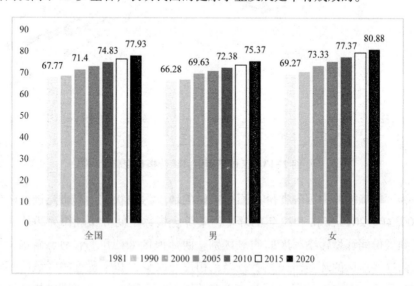

图 2-14　我国人口平均预期寿命（岁）

数据来源：国家统计局

此外，从图中也可以看到平均预期寿命在性别之间是存在差异的，并且这种差异随着经济发展水平的提高是逐渐扩大的。1981 年男性的平均预期寿命为 66.28 岁，女性平均预期寿命为 69.27 岁，相差 2.99 岁，到了 1990 年，差距变为 3.63 岁，2000 年为 3.70 岁，2010 年为 4.99 岁，2020 年男性与女性平均预期寿命差距达到 5.51 岁。表明在我国人口平均预期寿命不断提高的过程中，女性提高的速度是高于男性的。导致平均预期寿命在男性与女性之间差异的原因在于：一是男性在工作和生活中承受更多的压力，而且危险系数较高的职业常由男性来承担；二是男性相对于女性更容易沾染抽烟、喝酒等习惯，而这种习惯对于个人健康常常是有害的。

分地区来看，表 2-3 详细列出了 1990 年、2000 年、2010 年和 2020 年中国各省份的平均预期寿命数据，从中可以观察到随着时间的推移，全国的平均预期寿命普遍提高，同时也反映出明显的地区差异。1990 年全国的平均预期寿命为 68.55 岁，其中上海、北京和广东的平均预期寿命最高，分别为 74.90 岁、72.86 岁和 72.52 岁，而西藏的平均预期寿命最低，仅为 59.64 岁，与上海相比低了 15.26 岁，显著显示了地区间的巨大差异。到了 2010 年，全国的平均预期寿命提高到 74.83 岁。在这一年，平均预期寿命最高的依然是上海和北京，分别为 80.26 岁和 80.18 岁。此时，浙江超越了 1990 年的广东成为平均预期寿命的第三高省份，达到了 77.73 岁。尽管西藏的平均预期寿命提升至 68.17 岁，但仍然是全国最低，与上海的差距约 12 岁。虽然地区间的寿命差异有所缩小，但仍然显著。按照东部、中部和西部的区域划分，东部地区的平均预期寿命普遍高于中部，而西部的平均预期寿命则是最低的。2020 年的数据显示，虽然上海和北京的排名未发生变化，仍旧位于全国前两位，但与西藏的预期寿命差距缩小到了 10.12 岁，表明虽然地区间的差距仍然存在，但是差异有所改善。

从这些数据可以看出，虽然中国居民的健康水平随着经济的发展整体上有所提升，但是地区间的健康水平差异依然明显。东部的省份如上海、北京、广东、浙江因经济更发达、医疗资源更丰富而常年位于全国预期寿命的前列。而中部省份如江西、湖北、湖南的预期寿命虽然有所提高，但相对较低。西部的省份，尤其是云南、西藏、青海由于地理环境、经济条件和医疗资源的限制，预期寿命一直处于较低水平。总体来说，尽管中国在提高居民健康水平方面取得了显著成就，但区域间的不均衡发展仍旧是一个需要关注和解决的问题。未来的政策制定者应考虑这些地区差异，通过增加医疗资源投入、改善基础设施和提升医疗服务质量等措施，尽可能缩小这些差异，以促进国家的均衡健康发展。

表 2-3 各地区平均预期寿命（岁）

地区	1990	2000	2010	2020①
北京	72.86	76.10	80.18	84.62
天津	72.32	74.91	78.89	83.4
河北	70.35	72.54	74.97	80.52
山西	68.97	71.65	74.92	80.47
内蒙古	65.68	69.87	74.44	80.45
辽宁	70.22	73.34	76.38	81.54
吉林	67.95	73.10	76.18	81.4
黑龙江	66.97	72.37	75.98	81.42
上海	74.90	78.14	80.26	84.87
江苏	71.37	73.91	76.63	81.83
浙江	71.38	74.70	77.73	82.58
安徽	69.48	71.85	75.08	80.72
福建	68.57	72.55	75.76	81.55
江西	66.11	68.95	74.33	80.52
山东	70.57	73.92	76.46	82.11
河南	70.15	71.54	74.57	80.84
湖北	67.25	71.08	74.87	80.53
湖南	66.93	70.66	74.70	80.75
广东	72.52	73.27	76.49	82.22
广西	68.72	71.29	75.11	81.98
海南	70.01	72.92	76.30	82.84
重庆	—	71.73	75.70	81.64
四川	66.33	71.20	74.75	80.93
贵州	64.29	65.96	71.10	78.71

① 2020 年数据根据第七次人口普查数据测算获得。

续表

地区	1990	2000	2010	2020
云南	63.49	65.49	69.54	77.55
西藏	59.64	64.37	68.17	74.75
陕西	67.40	70.07	74.68	80.24
甘肃	67.24	67.47	72.23	77.85
青海	60.57	66.03	69.96	76.43
宁夏	66.94	70.17	73.38	78.4
新疆	63.59	67.41	72.35	77.89

数据来源：《中国统计年鉴》

二、我国人口死亡率变化

如同预期寿命能够概括地反映一个国家或地区居民的健康水平，死亡率同样提供了有关公共健康状态的重要数据。此指标可以根据目标人群进一步细分，包括婴儿死亡率、5 岁以下儿童死亡率、孕产妇死亡率以及整体人口死亡率等。图 2-15 显示了我国 2003 年至 2022 年这些不同类别死亡率的演变。从图中明显可见，婴儿死亡率和 5 岁以下儿童死亡率在过去二十年间显著下降。具体来看，婴儿死亡率从 2003 年的 25.5‰降低到 2022 年的 4.9‰，5 岁以下儿童死亡率则从 2003 年的 29.9‰下降到 2022 年的 6.8‰。同样，孕产妇死亡率也从 2003 年的 51.3 每十万降低到 2022 年的 15.7 每十万。这些数据有效地说明了中国在提高母婴健康和降低儿童早期死亡方面取得了显著的成就。然而，与这些特定群体的死亡率下降趋势相比，中国人口的总体死亡率的走向稍显复杂。2003 年至 2022 年间，总体死亡率呈现出整体的上升趋势，尽管近年来显示出缓慢的下降趋势。这种总体上升趋势可能反映了人口老龄化等因素的影响，因为随着平均寿命的提高，老年人口比例增加，自然会推高总体死亡率。此外，从图中还可以观察到，近年来各类死亡率的变化趋势趋于平缓。与早期相比，这一趋势的变动幅度相对较小，表明居民健康状况正在达到一个相对稳定的水平。这种现象可能反映出，随着基础卫生和医疗服务的普及及其质量的提高，居民健康水平已经接近一个优化状态，未来健康指标的改进可能需要更为精细和系统化的公共健康策略。

综上所述，虽然中国在降低特定人群的死亡率方面取得了显著进展，但总体死亡率的轻微上升提醒我们关注和应对人口老龄化带来的挑战。同时，持续投资于公共卫生基础设施，尤其是针对老年人群的健康管理，将是未来提升国民整体健康水平的关键。

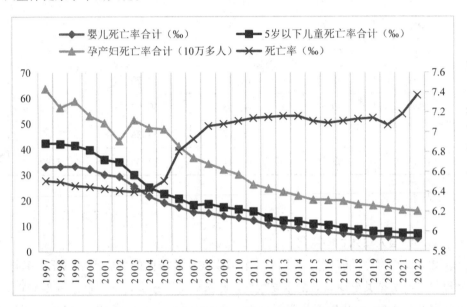

图 2-15　2003—2022 年婴儿、5 岁以下儿童、孕产妇死亡率和
人口总体死亡率变化

资料来源：国家统计局

除了常规的婴儿死亡率和孕产妇死亡率外，围产儿死亡率也是评估国家或地区人口健康水平的重要指标之一。根据世界卫生组织（WHO，2000）和联合国（UN，2003）的建议，预期寿命和儿童死亡率通常被选为衡量健康水平的核心指标。Medeiros et al.（2009）已经证实环境污染对孕妇健康及围产儿的生存状况有显著影响。因此，本研究将围产儿死亡率纳入宏观健康指标的分析中，以全面评估地区健康状况。

图 2-16 展示了 2003 年至 2022 年我国全国及东部、中部、西部区域围产儿死亡率的变化趋势。从图中可以观察到，整体上我国的围产儿死亡率持续下降，这一趋势与婴儿死亡率、5 岁以下儿童死亡率和孕产妇死亡率的变化趋势大体一致，表明我国在儿童和孕产妇健康保护方面取得了持续的进步。从地区差异角度来看，图中显示西部地区的围产儿死亡率平均水平最高，其曲线位置位于最上端，中部地区次之，而东部地区的围产儿死亡率最低，位于曲线图的最底端。

这一差异清晰地表明，东部地区的健康水平明显优于中西部地区。东部地区由于其更发达的经济和更完善的医疗卫生设施，以及较高的环境治理水平，为孕产妇和新生儿提供了更好的健康保障。这些发现强调了地区间健康不平等的问题，并呼吁政策制定者采取更有针对性的措施来解决中西部地区的健康差距。例如，改善医疗卫生基础设施，增加对母婴保健的投入，提升环境治理水平，都是缩小这一差距的有效策略。通过这些措施，可以进一步提升全国的公共健康水平，实现所有地区居民的健康均等。

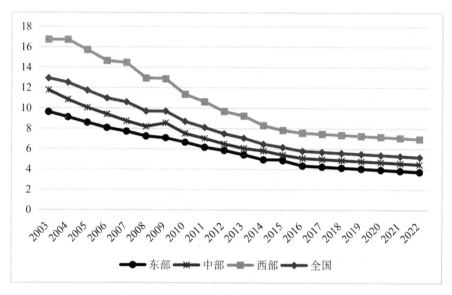

图 2-16　2003—2022 年区域围产儿死亡率变化

资料来源：《中国卫生统计年鉴》

第四节　本章小结

　　本章主要对我国收入差距、环境污染以及健康水平的历史演变及现状进行了分析。在对我国收入差距分析中，主要从国民收入分配格局、基尼系数和城乡收入差距三方面进行了刻画。国民收入分配格局显示了国民收入在企业、政府和居民三个部门之间的分配情况，企业部门收入份额和居民收入份额呈现典型的负向关系，现阶段我国国民收入份额更多地向劳动者倾斜；基尼系数表明我国总体上收入差距过大的事实，尽管在 2008 年以后基尼系数呈现下降的趋势，但一直处于国际贫富差距警戒线之上。而且，基尼系数表现出区域差异化特征，"东部较低、中部次之、西部最高"的局面较为明显；城乡收入差距表明我国自改革开放以来城镇和农村收入差距绝对数具有显著的提升，以相对数度量的城乡收入比则表现出先上升后下降的趋势，走势跟我国基尼系数较为一致。同时，城乡收入比体现的区域差异性也异常明显，西部地区城乡收入比平均水平显著高于东部和中部地区。

在对环境污染的变化及现状分析中，区别于传统研究采用单一指标进行刻画地区环境污染水平的缺陷，利用熵权法构建环境污染综合指数并对我国环境污染现状进行了综合描述，但在此之前，对我国主要环境污染指标变化也进行了简单的分析。数据显示，人均工业废水、人均工业 SO_2 和人均工业烟粉尘在2003—2022 年期间总体表现为下降趋势，而人均工业废气、人均工业固体废弃物和人均 CO_2 在此期间总体表现为上升趋势，两种截然相反的结果对于地区环境评价存在困扰。从各省环境污染综合指数来看，2003—2022 年全国环境污染平均水平先经历了一个上升过程，之后出现下降的趋势。分区域来看，西部环境污染综合指数平均水平显著高于东部和中部地区。

在对健康水平的变化分析中，利用平均预期寿命和围产儿死亡率作为健康水平的度量指标。我国人口平均预期寿命从 20 世纪 80 年代初期到 2022 年得到了显著的提升，但不能忽视的是平均预期寿命存在显著的性别差异，女性平均预期寿命高于男性，并且这种差距在逐渐扩大。在区域上，平均预期寿命由东向西逐渐下降。围产儿死亡率与平均预期寿命走势刚好相反，东部地区围产儿死亡率明显低于中西部地区。

第三章

收入差距、环境污染与健康水平的作用机理分析

前一章主要对我国收入差距、环境污染与居民健康水平的历史演变以及现状进行了分析，由此对收入差距、环境污染与居民健康水平的关联性有了初步的判断。但是，仅仅基于现状的判断不足以对三者关系进行明确，需要对三者关系进行深入的理论分析和实证分析。因此，本章在上一章的基础上，对收入差距如何影响健康水平、收入差距如何影响环境污染、环境污染如何作用居民健康以及环境污染在收入差距影响健康水平中的中介作用四个理论机制进行分析，为后文的实证分析提供理论借鉴。

第一节　影响健康水平的因素

居民健康水平受到广泛的因素影响，其中世界卫生组织将影响个人健康和寿命的因素划分为四大类：生物学因素、环境因素、卫生服务因素以及行为与生活因素，并依据它们对健康的影响程度进行排序。其中，行为与生活因素对健康的影响最为显著，占比超过 50%，其次是环境因素和生物学因素，而卫生服务因素虽然重要，但其影响占比相对较小。世卫组织的这一分类主要基于流行病学和生理学的视角，但从经济学的角度来看，其讨论相对不足。1972 年 Grossman 最早提出健康需求理论模型，健康经济学开始受到更多学者的关注。Grossman 的理论引入了健康资本的概念，将其视为人力资本的一部分，认为健康资本可以通过增加劳动者的工作时间来提升其收入水平。此外，他还强调健康可以被视为一种投资品，其需求主要由健康投资的成本效益决定。在均衡状态下，健康带来的边际收益应与边际成本相等，此时的健康投资量达到最优水平。随着健康经济学研究的深入，大量的学术工作开始从经济学的视角探讨影响居民健康水平的因素。这些研究不仅关注宏观经济环境对健康的影响，如收

入水平、社会保障制度的完善程度和经济政策，也涵盖了个体层面的因素，如个人的收入、教育水平、生活习惯和心理状态等。这种从经济学角度出发的方法为理解和改善公共健康政策提供了新的视角和工具，特别是在如何有效配置医疗资源、如何设计健康促进政策等方面提供了有力的理论支持。

一、宏观层面影响因素

早期分析影响居民健康水平的因素时，学者们往往采用宏观视角，关注一系列广泛的社会经济指标。这些因素包括但不限于地区的经济发展水平、环境质量、公共卫生支出、人口密度、教育水平以及人口老龄化程度等。在很长时期内，经济学家的重心更多地聚焦于经济增长如何促进社会的问题，如经济发展如何提高人均收入、人口预期寿命等[1][2]。然而，随着工业化的不断发展，片面追求经济发展所导致的负面效应不断凸显，特别是自20世纪中叶以来，环境污染所引发的一系列问题值得深思。林伯强（2009）指出，中国在重工业化增长模式下，环境的问题日益突出。其在研究二氧化碳排放的影响因素时，发现GDP生产结构（经济增长方式）对收入水平具有最大的影响。经济增长方式直接决定了人均收入水平和污染物的排放，进而影响了居民的健康。一方面，高速的工业化进程会带来严峻的环境问题，居民会增加污染暴露风险，导致健康水平下降，而且随着经济发展水平的提高，人们生活方式的改变以及较大的工作压力也会对居民健康产生较大挑战（杨继生等，2013）；另一方面，经济发展水平的提高也有其有利的影响，地区经济发展水平的快速提升会显著改善人们的物质生活、居住环境，以及医疗卫生设施（孙涵等，2017），很大程度降低居民疾病发生率，以及提高居民防患健康风险的能力。国外的研究表明，发展医疗卫生服务确实对改善居民健康具有积极的影响，包括更低的死亡率、更高的预期寿命。Starfield et al.（2005）总结了医疗卫生服务改善健康的主要机制，包括：改善了可及性，提高了服务质量，对预防保健的重视，对疾病的早期干预，以及减少不必要的专科服务。国内学者陈天祥和方敏（2016）则认为公共卫生支出对健康水平的影响存在门槛效应。他们利用198个国家和地区1995—2011年的数据实证发现公共卫生支出所占GDP比重低于1.9%时，公共卫生投入对出生时平均预期寿命的影响不显著，对婴儿死亡率指标的影响较弱；当比

---

①　SOLOW R W. A contribution to the theory of economic growth [J]. Quarterly Journal of Economics, 1956, 70: 65-94.

②　ROMER P M. Increasing returns and long-run growth [J]. Journal of Political Economy, 1986, 94 (5): 1002-1073.

重超过 1.9% 后，公共卫生投入开始发挥规模效应，对健康指标影响的显著性均得到提高；当比重超过 6.62% 后，公共卫生投入对婴儿死亡率指标的影响变得不显著，对出生时平均期望寿命的弹性系数不再变化，单位边际贡献不再增加。中国当前政府卫生投入规模仍然较低，需要继续增大公共资金投入、降低个人卫生支出比重。

地区人口密度、教育水平和老龄化程度对居民健康水平也发挥了重要作用。地区人口数量的增加一方面能够使人们更便捷地获得医疗卫生服务，另一方面，人口密度的急剧增长也可能导致医疗供给与需求之间的矛盾，对居民健康水平产生不利影响（孙涵等，2017）。教育作为人力资本的两个重要组成部分，教育和健康之间的互补关系一直为经济学家们所关注。大多数研究发现，地区教育程度和健康水平之间表现为一种正相关关系。正如 Richard 和 Barry（1998）指出，在控制其他因素的情况下，1990 年美国一名 25 岁大学毕业生较一名高中毕业生至少可以多活八年。而 Grossman 和 Kaestner（1997）研究进一步指出，无论是采用死亡率、残障率、躯体功能等客观指标还是采用主观自评健康，无论研究对象是针对微观个体还是整体人群，两者的正向关系依然是成立的。同时，在改变不同时期、不同国别情形下，教育对健康水平的促进作用也是稳定可靠的。对于这种正向机制的探讨则主要可以归结为"预算约束放松说"和"效率提升说"两种渠道假说。前者指出，教育程度高通常意味着更好的工作、更高的收入，从而能够提高健康投入的预算约束集。[1] 后者则认为教育能够改变人们的认知以及健康行为，进而提升健康的"生产效率"和"配置效率"。[2] 随着人口结构的变迁，我国逐渐进入老龄化社会，人口年龄结构对居民健康也会产生作用，老龄人口数量的增加会对政府健康投入和居民健康带来冲击。[3] 近年来中国人口老龄化问题不断加剧，"未富先老"等问题逐渐为社会各界所关注，对于发展中国家的中国，与欧美发达国家相比，地区经济差距明显，特别是中国城乡的二元经济结构，农村医疗卫生、养老体系与城镇相比尚有差距，过早的老龄化必将对地区经济增长、财政支出、家庭生产，以及消费决策产生深远

[1] MOEN E. Education, ranking, and competition for jobs [J]. Journal of Labor Economics, 1999, 17: 694-723.

[2] MOKDAD A, MARKS J, STROUP D, et al. Actual causes of death in the united states, 2000 [J]. Journal of American Medical Association, 2004, 291 (10): 1238-1245.

[3] 何凌霄，南永清，张忠根. 老龄化、健康支出与经济增长——基于中国省级面板数据的证据 [J]. 人口研究，2015 (4): 87-101.

影响，而这进一步对公共健康产生冲击效应。①

二、微观层面影响因素

尽管在宏观层面研究健康水平影响因素方面具有一定的普遍性，但是，考虑到个体差异特征，个体自身特质也会对居民健康产生重要影响。此外，利用宏观数据对健康水平影响因素的探讨容易陷入一定的系统性偏差，这也导致微观数据逐渐成为主流。因此，对于居民健康水平因素的探讨不仅需要集中在宏观普适性上，也需要顾及微观个体差异。许多文献从微观角度对居民健康水平影响因素进行了分析。Grossman（1972）在其健康需求模型中指出个体年龄和受教育程度是健康需求的两个重要因素。年龄对健康产生作用主要基于两条途径。一条途径认为随着年龄的增长，健康折旧率是逐渐提高的，在其他因素不发生改变的条件下，健康水平会随着年龄增长出现下降。另一条途径认为年龄的增长会引致健康投资收益期缩短，投资收益的减少必然会导致健康投资需求下降。个体受教育程度的提高会改善消费者生产健康的效率，即提高生产过程中直接要素的边际生产力。教育程度得到提升后，医疗服务与时间边际生产力都会提高，生产某一特定健康资本所需的生产要素减少，也意味着生产健康的边际成本随着教育水平提升而下降。在其他资本不受教育影响的情况下，个人教育水平的提升将增加健康需求。在我国，赵忠（2006）在分析影响中国农村居民健康的因素时，考虑了个体的年龄、性别、婚姻状况、城乡差异、受教育程度、家庭规模、个人收入，以及是否拥有医疗保险等因素。研究发现：年龄对健康的影响先表现为正向促进关系，此后表现为负向关系；男性、已婚、生活在城郊、家庭规模大、受教育程度高，以及收入水平高的个体健康状态相对较好，而是否拥有医疗保险则对居民健康影响不显著。齐良书（2006）利用1991—2000年CHNS数据研究发现，收入、收入分配不均与健康水平之间的关系因城乡二元结构和职业的不同存在不一致的关系，此外，社会等级较低的个人更容易受到健康损害的威胁。王甫勤（2012）基于CGSS2005数据研究得出，社会经济地位可以对个人生活方式产生影响，社会经济地位更高的个人更有机会维持健康的生活方式，以及接触更好的居住环境，从而具有更好的健康产出。他也指出儿时的生活方式和环境对于日后的身体健康发挥着重要作用。类似结

---

① 常青青，仲伟周. 城市化促进了公共健康水平提高吗？[J]. 经济经纬，2018（11）：127-134.

论在诸多文献中均得到了体现。①②

从上述宏观层面和微观层面因素分析中可以知道，在研究居民健康水平影响因素时，不但要考虑宏观群体，同时也要顾及微观个体特性。收入作为影响健康水平的重要因素，与之相关的收入分配也是不能被忽视的。Wilkinson（2004）基于"相对收入假说"，利用丰富的跨国数据实证表明健康水平不仅受到自身收入的影响，还会被他人收入（参照系的收入）所影响，也就是相对收入在其中发挥了重要作用。在健康水平影响的众多研究中，收入差距逐渐被放置于同收入具有同等重要性的地位，这也是本书在研究健康影响因素时考虑收入差距的重要原因。作为环境污染因素，环境健康问题日益成为国际关注的焦点，环境污染所导致的健康风险也已成共识。由 KC 理论和 EKC 理论可以知道收入差距与环境污染之间可能存在一定的联系，若能识别两者之间的关系，对于如何实施收入分配和环境治理政策存在启示意义，更进一步，对于健康策略的实施存在现实参考作用，这也是本书将三者置于同一框架的原因之所在。

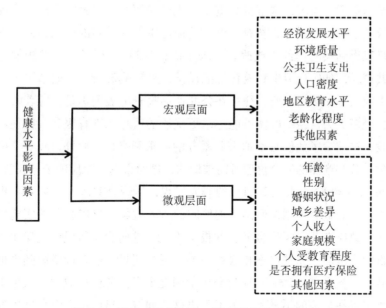

图 3-1　健康水平的宏观、微观影响因素划分

① 张永辉，王征兵. 农村居民的健康状况及其决定因素的实证分析 [J]. 农业技术经济，2010 (5)：107-111.

② 王曲，刘民权. 健康的价值及若干决定因素：文献综述 [J]. 经济学（季刊），2005 (1)：1-52.

第二节 收入差距对健康水平的作用机制

收入差距对健康水平产生影响的事实已经被多数研究者所证实，其作用机制也被广泛探讨，主要可以归结为以下三方面。

一、物质资源获取

根据 Lynch et al. (2000) 的研究，收入差距通过限制物质资源的获得对个人的健康水平产生影响。随着收入差距的加剧，收入较低的群体感受到的剥夺感增强，这些个体相较于更富裕的人群处于一种相对贫困的状态，缺乏维护健康所需的基本资源，如优质的营养、清洁的水源、卫生的环境、适宜的住房以及基本的服务。一方面，收入较低可能导致个体难以获得足够的食物，从而无法满足基本营养需求，这直接影响了个人的健康水平；另一方面，这种经济条件还限制了对医疗服务、教育，以及其他健康保障措施的访问，使得不良健康状况难以得到及时的纠正或改善。Deaton (2003) 分析了收入差距如何通过影响公共产品，如医疗卫生和教育等的供给，来影响健康。一般情况下，那些容忍较大收入不平等的政府，往往在公共产品投资上表现不足。随着收入差距的扩大，经济更为富裕的群体可能寻求更优质的医疗和教育服务，往往不在本地区寻找，这减少了他们对本地公共服务的需求和支持。此外，随着个体偏好的多样化，公共产品的社会价值可能被低估，进而影响了相应的公共投资和支出。Subramanian 和 Kawachi (2004) 的研究发现，尽管公共医疗服务对于提升居民健康水平具有显著作用，但由于地区间的收入差异，这些服务的实施可能会受阻，导致政府在公共医疗服务上的投资不足，进而影响居民的健康水平。尤其是在低收入区域，公共设施和服务的不足更加明显，这直接威胁到当地居民的健康状况。齐良书 (2006) 通过分析中国九个省份的面板数据，指出中国居民健康水平存在显著的不平等。为了解决这一问题，建议扩大农村居民的医疗保险覆盖范围，并增加政府对农村基础设施的投资，推动城乡融合的制度建设，这些措施均凸显了公共服务在改善健康方面的关键作用。此研究强调了城乡之间的公共服务差异，展示了如何通过改善公共服务的分配和利用来缓解由城乡收入差异引发的健康不平等问题。

二、社会资本

社会资本是收入差距影响健康水平的另一条作用路径。收入差距可以通过社会资本、社会凝聚力，以及社会安定对居民健康水平产生作用。从社会凝聚力来看，收入差距会造成个体之间利益分配不均、差异化扩大、社会凝聚力下降、所处地域面临的社会压力陡增，进一步导致健康发展相关信息闭塞，降低了社会支持效力，以及对不健康行为的管控。社会凝聚力的薄弱也会影响到社会关系质量，并且较低质量的社会关系加剧了不健康行为的发生。从社会资本来看，收入差距的扩大会侵蚀社会资本从而影响居民健康水平，社会资本的减少将无法满足人们对公平偏好的追求。社会资本对居民健康水平的影响主要是基于机会视角，而不是仅仅局限于心理和行为自身特质，比如，对健康资源的获得、公共设施，以及服务的使用，这些要素都是对健康水平产生重要作用的资源。收入差距通过影响社会资本进而对居民健康水平发挥作用的机制已有众多文献进行了阐释。Kawachi 和 Kennedy（1997）指出收入差距扩大会削弱"社会资本"，这种社会资本主要体现在各种互帮互助、互惠互利的集体合作社会关系，如人与人之间的相互信任、帮助、合作的社会行为等。当收入差距扩大时，人与人之间的差异特征将会扩大，进而影响已形成的社会资本，导致社会凝聚力下降，人与人之间的信任和依赖感也会遭到破坏，最终不利于健康的改善。Wilkinson（1996）研究指出收入差距对社会资本具有侵蚀作用，社会资本的减少将对人们健康产生不利影响。随着收入差距的扩大，自然而然会引致社会矛盾激化，不仅有增加犯罪发生率的可能性，还可能会使个人产生偏激行为和增加个人心理脆弱感，从而提高个人的行为风险。而且，经济的不平等不仅直接影响社会成员的健康，还会降低社会成员尤其是团体成员间的信任感和相互帮助的意识。此外，在许多社区都有一个默认或公认的生活和文化模式，如果社区成员无法达到这一模式，将会产生心理压迫，从而影响成员健康（Dressler，1996）。另外，收入差距也会引致不同收入群体之间的"同群效应"（Kawachi et al.，2002），贫困群体的相互聚集将会导致其居住的社区卫生环境恶化，进而影响健康水平。此外，Brehm 和 Rahn（1997）基于政治参与视角出发，研究发现收入分配差距的拉大将导致政治参与不平等问题，政治参与不平等会使得人们对政府及当政者信任度下滑，从而导致政府行政机构公信力缺失，而这也会进一步影响政府在公共医疗服务的配置与利用上的决策，这些决策的偏差将最终对居民健康水平产生影响。

三、心理

收入差距对个人健康的影响是一个多维度的问题，涉及经济、社会和心理等多个层面。从心理角度来看，收入差距的扩大不仅反映在物质条件的不平等上，更在心理和情绪层面上对个人健康产生深刻的影响。研究表明，经济不平等可能导致低收入群体在社会结构中的相对地位下降，进而引发一系列心理反应，如挫败感、沮丧和自卑感，这些心理状态可转化为具体的健康问题（Schor，1998）。贫富差距的加剧会使低收入群体感受到强烈的社会排斥感和经济上的无力感，这种社会和心理的双重压力可能导致个体采取不健康的行为来应对压力，如吸烟、酗酒等（Schor，1998）。这些行为虽然短期内可能带来心理上的"缓解"，长期而言却对身体造成严重损害。进一步地，社会经济地位的低下和经济压力的持续存在会引发长期的心理压力。Cuesta（2015）指出，持续的心理压力会对心血管系统造成负担，增加心脏病、高血压等疾病的风险，并可能削弱免疫系统的功能，降低身体对疾病的抵抗力。此外，Eibner et al.（2004）的研究也显示，心理压力的长期累积会显著增加慢性疾病的发生率，进一步恶化健康状况。Smith et al.（2012）、Smith 和 Huo（2014）在其研究中进一步细化了这种心理因素如何通过日常生活中的压力体验影响健康。他们提出，收入差距不仅通过直接影响个体的物质资源获取影响健康，更通过个体对其社会地位的感知、社会比较和预期的未来安全感来间接影响健康。这种不断的社会比较和对未来的不安全感，加剧了个体的心理压力，从而对健康产生长远的影响。

第三节　收入差距对环境污染的作用机理

一、收入差距对环境污染影响的数理分析

虽然通常假定家庭作为消费者，但有充分证据表明，在发展中国家，家庭往往既是生产者又是消费者，当要素或商品市场不完善时，消费和生产决策就不能分开分析。家庭通过其消费，特别是对发展中国家的农业家庭来说，通过其生产决策影响环境质量。

正如 EKC 假说所假设的那样，没有先天的理由怀疑环境压力与家庭收入呈现凹型关系，事实上两者之间也有可能呈现凸型关系。为了探讨 EKC 曲线存在不同结论的原因，以 Boyce（1994）为代表的一批学者从收入分配角度进行分

析，从而衍生出收入分配与环境污染两者之间的关系，以及内涵机制。Boyce（1994）最早基于"政治—经济"模型，提出收入不平等引致的政治权利不对等是环境恶化的重要因素。Scruggs et al.（1998）尽管在结论上与 Boyce 存在出入，但依然延续了"政治—经济"模型的思想。Heerink et al.（2001）则另辟蹊径，首先根据单个家庭在经济活动过程中表现的行为特征，通过叠加的方式将这种家庭效应进行加总，以探讨经济增长过程中家庭生产和消费的累积效应，进而透彻地揭示收入差距与环境污染之间的关系，以及具体的作用机制。因此，本小节在探讨收入差距对环境污染影响的数理分析中主要借鉴 Heerink 等的理论模型思想，以期对后文实证分析奠定理论基础。

当收入与环境压力之间的关系在家庭层面上是非线性时，在汇总数据的回归分析中，如果忽略家庭收入之间的差异，将导致有偏倚的估计结果。尽管不同家庭存在不同的生产和消费决策，但所面对的全社会环境库兹涅茨曲线是一致的。首先，考虑收入与环境压力表现为凹型关系的情形，如图 3-2 所示，其中横轴为家庭收入水平，纵轴为环境破坏程度。

在图中，穷人家庭的平均收入水平为 Y_1，富人家庭的平均收入水平为 Y_2，对应的环境破坏程度分别以 E_1、E_2 来表示，穷人和富人平均破坏程度以 $\bar{E}$ 来表示。可以注意到，在穷人和富人的平均收入水平 $\bar{Y}$ 处，在 EKC 曲线中所对应的环境破坏程度是大于 $\bar{E}$ 的，两者的差值为 $V_1(Y)$ 部分。

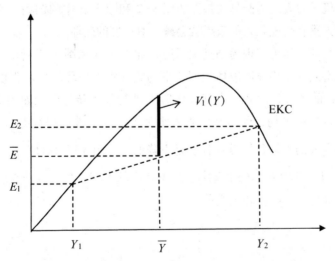

图 3-2　家庭收入与平均环境破坏程度关系（凹型）

如果进行收入分配，如图 3-3 所示，收入从富人向穷人进行转移，穷人和富人家庭环境破坏程度都得到提升，平均破坏程度有所增加，即相对于图 3-2 的 $\overline{E}$，图 3-3 的 $\overline{E}$ 变得更大。表明尽管收入再分配缩小了收入不等程度，但总体上环境污染水平是提高的，即收入的平等化未必能改善环境质量。

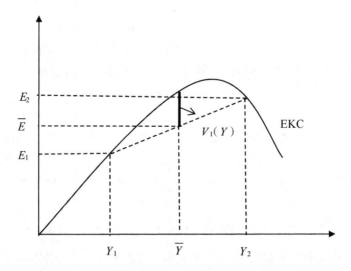

图 3-3 收入分配与平均环境破坏程度关系（凹型）

显然，这一结果在很大程度上取决于家庭收入与环境破坏之间的潜在关系，当收入与环境压力表现为凸型关系而非图 3-2 和图 3-3 中的凹型关系时，那么从富人向穷人重新分配收入的效果就会减少对环境的破坏。

当收入与环境压力表现为凸型关系时，如图 3-4 和图 3-5 所示。在图 3-4 中，穷人和富人的平均环境破坏程度与平均收入水平的环境破坏程度的差值为 $V_2(Y)$ 部分，前者大于后者。当富人向穷人进行收入转移时，如图 3-5 所示，收入分配变得更加平均，此时平均收入水平上的环境破坏程度并未发生改变，但是穷人和富人的平均环境破坏程度是下降的，即图 3-5 中的 $\overline{E}$ 是小于图 3-4 中的 $\overline{E}$ 的，图 3-5 中的 $V_2(Y)$ 是小于图 3-4 中的 $V_2(Y)$ 的。在凸型关系下，收入分配的平等化将会改善环境质量。

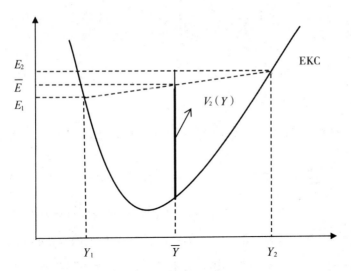

图 3-4 家庭收入与平均环境破坏程度关系（凸型）

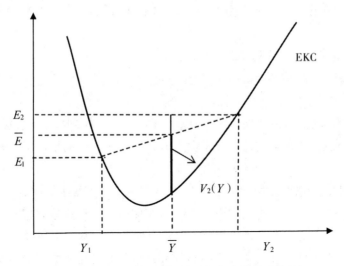

图 3-5 收入分配与平均环境破坏程度关系（凸型）

由以上分析可知，收入差距对环境污染的影响可能是正向促进关系也有可能是负向抑制关系，这种关系可以借助于数理模型来进行分析。假设家庭收入与环境破坏之间的关系可以由一个函数 f 来描述，该函数对于除随机扰动项 μ_i 外所有家庭都是相同的，则有：

$$E_i = f(Y_i) + \mu_i \quad i = 1, 2, \cdots, n \tag{3-1}$$

其中，n 为家庭的总数目，于是，全社会累积平均环境污染水平可以表示为：

$$\bar{E} = \frac{1}{n} \sum_{i=1}^{n} f(Y_i) + \frac{1}{n} \sum_{i=1}^{n} \mu_i$$

$$= f(\bar{Y}) + \frac{1}{n} \sum_{i=1}^{n} \{ f(Y_i) - f(\bar{Y}) \} + \frac{1}{n} \sum_{i=1}^{n} \mu_i \tag{3-2}$$

或者, 式 (3-2) 也可以改写为:

$$\bar{E} = f(\bar{Y}) + V_f(Y) + \bar{\mu}, \quad V_f(Y) = \frac{1}{n} \sum_{i=1}^{n} \{ f(Y_i) - f(\bar{Y}) \}$$

$$\bar{E} = \frac{1}{n} \sum_{i=1}^{n} E_i, \quad \bar{Y} = \frac{1}{n} \sum_{i=1}^{n} Y_i, \quad \bar{\mu} = \frac{1}{n} \sum_{i=1}^{n} \mu_i, \quad E(\bar{\mu}) = 0, \quad E(\bar{\mu}^2) = \sigma_i^2 \tag{3-3}$$

在 (3-1) ~ (3-3) 式中, $\bar{E}$ 表示平均每户家庭环境破坏程度, 即平均环境污染水平; $\bar{Y}$ 是所有家户平均收入水平; $V_f(Y)$ 是反映函数 f 非线性程度的偏差项。换句话说, $\bar{E}$ 可以表示为平均收入水平下 f 函数值与偏差项 $V_f(Y)$ 之和。

基于图 3-2 至图 3-5 所表现的关系, 可以得出以下结论:

(1) 当函数 f 是线性关系时, 偏差项 $V_f(Y)$ 等于 0, 收入分配对环境污染没有影响。

(2) 当函数 f 表现为凸性时, 偏差项 $V_f(Y)$ 大于 0, 收入分配的均等化将使得 $V_f(Y)$ 减小, 平均环境污染水平会下降, 即收入差距缩小将促进环境质量的改善。

(3) 当函数 f 表现为凹性时, 偏差项 $V_f(Y)$ 小于 0, 收入分配的均等化将使得 $V_f(Y)$ 增大, 平均环境污染水平会上升, 即收入差距缩小加剧了环境污染的恶化。

实际上, 函数 f 的精确形状决定了在宏级别上应该使用那种不平等度量。在二次函数的情况下, 通常用来表示 EKC, 相应的不平等度量 $V_f(Y)$ 等于收入分配的变化。当函数 f 为对数函数时, 偏差项的形式为泰尔指数或人口加权熵指数。基于这些事实, 在后文实证检验收入差距与环境污染之间的关系时, 对于指标的选取具有很好的参考意义。

二、收入差距对环境污染影响的作用机制

收入差距主要通过三种途径对环境污染产生影响, 一种是"政治—经济"途径 (Boyce, 1994), 一种是"边际排放倾向"途径 (Ravallion et al., 2000; Heerink et al., 2001), 还有一种是"社会规则"途径 (Jorgenson et al., 2017)。"政治—经济"途径认为收入集中导致的政治权利差异对环境政策产生影响。富人往往拥有较大的社会与政治影响力, 收入分配的不平等将导致权利

分配的不平等，政治权利与社会收入的失衡使环境政策有利于政治精英的利益而不是社会更大一部分的人（Wolde-Rufael & Idowu, 2017），更多的经济收益由富人获取而使穷人承受环境的损害。收入不平等的降低能够提高权利相对弱势群体在政治议程中的话语权，更为重要的是，收入分配更加的平等化能够通过创造环境意识来提高环境质量的需求（Magnani, 2000）。"边际排放倾向"途径认为收入差距对环境质量的影响依赖于产品的边际污染排放（MPE）。家庭经济行为通过产品或服务的消费对环境质量产生影响，而消费需求作为 MPE 的重要组成部分，MPE 会随着收入水平的变化表现出差异（Scruggs, 1998）。正如其指出的环境衰退对收入的边际变化存在三种情形：当环境压力与个体收入水平的曲线为"凹"型时（MPE 随收入水平上升而下降），穷人增加额外一个单元收入所带来的环境压力高于同等情况下的富人，富人向穷人转移收入使得收入分配平等化，最终将导致环境质量下降（Heerink et al., 2001）。相反，当环境压力与个体收入水平的曲线为"凸"型时（MPE 随收入水平上升而增加），收入分配的平等化将改善环境质量。最后，当环境压力与个体收入水平关系为线性时，穷人和富人边际排放倾向一样，收入分配对环境质量不会产生影响。收入差距对环境质量影响的第三种路径是"社会规则"，收入不平等的变化将导致社会规则产生改变，这种改变可能会修改并渗透个人价值观，如消费主义、个人主义和短期主义，从而导致社会整体环境水平发生变化（Berhe & Elie, 2015）。Veblen（1899）将消费的作用确定为社会价值而不是个人效用因素，即所谓的炫耀性消费。一方面，消费在一定程度上体现个人社会地位，收入差距的扩大导致社会地位差异更加明显，竞争的加剧更加突出个人炫耀性消费。另一方面，不平等的增加可能导致中等和较不富裕社会群体的模仿欲望，提高其消费水平并对环境产生更大的压力。

"政治—经济"途径通过权力不对等而影响环境政策，收入不平等的加剧使得富人的财富占比急剧增长，不仅能够通过移民或转移到污染较低地区来规避环境管制对其产生的负向影响，也可以借助富人拥有更高的社会与政治影响力，阻止相关环境治理政策的出台。由于高收入人群往往能从环境污染中获得更多的收益，一些控制环境污染的治理政策将难以得到支持，最终导致环境政策的松弛。"边际排放倾向"解释了穷人和富人消费单位产品的污染排放程度。通常，穷人消费的产品比富人包含更多的污染，每单位产品所包含的能源消耗亦是如此，收入不平等的加剧将使得低于平均水平的人口比例增加，并不利于能源结构的升级。但是，对于依靠大量能源消耗的污染密集型产品和服务，如重型飞机、动力强劲的汽车和燃油发动机，在较低收入水平时难以支付，收入不平等的扩大使得财富从穷人向富人转移，可能对能源结构的升级产生促进作用。基于上述分析，提出第一个假说：

假说1：收入不平等能够通过影响环境规制政策、能源结构对环境质量产生影响。

当前文献基于前面三种理论对两者之间的作用机制进行了很好的阐释，但其他机制也不能完全忽略。正如 Grossman 和 Krueger（1996）对于人均收入水平与环境质量之间拐点形成的解释，他们将其归结为三点：一是经济产出组成变化，二是现代技术采用，三是公众对环境保护的需求。高水平的不平等将阻碍新的环境技术的发展和扩散。事实上，较高的收入不平等意味着只有少部分消费者能够获得生态友好产品，进而导致技术正外部性受阻，产品价格保持在高位水平，这也进一步削弱了环境技术创新的动力（Vona & Patriaca，2011）。从公众对环境保护的需求来看，在高度不平等的社会，穷人和权利弱势的人关注环境影响的信息较少，而正是环境信息在提高公众意识方面起着至关重要的作用（Somanathan，2010），生活在环境信息较少的不平等社会的人相对于更加平等社会的人而言，对于环境保护的需求存在明显的不足。此外，在民主国家，高度不平等的社会往往得到环境保护支持较少，穷人更多关注日常生存需求而忽视环境政策的追求（Stiglizt，2014）。Kempf 和 Rossignol（2007）从理论上证明了收入不平等通过改变中间选民的投票来影响公共政策偏好。当收入不平等扩大时，位于平均收入水平以下的选民人数增加，中间选民平均收入将会下降，使得他们更关心物质生活的富裕，导致环保支出意愿下降。最后，相关社会学文献认为收入不平等是影响公众对环境关注的一个重要因素。在社会不平等程度较高的情况下，公众更关注经济和再分配问题而不是环境问题（Franzen & Meyer，2009），公众对环境保护需求降低。基于此，提出第二个假说：

假说2：收入差距能够通过技术进步和环境保护需求对环境质量产生影响。

第四节　环境污染对健康水平的作用机理

一、环境污染对健康水平的数理分析

为了考察环境污染的健康效应，这里引入环境污染治理中具有重要作用的环境税政策。通过分析环境税率的改变如何影响环境污染存量进而导致居民健康水平变化，来考察环境污染的健康机制。参考陈素梅和何凌云（2017），基于

世代交叠模型（OLG），假定一代人存在青年和老年两个群体，当时间发生推移，青年群体逐渐成为老年群体，老年群体逐渐消亡，新的青年群体再次产生。这也保证了在任何时点上都存在青年和老年两个不同年龄层次的群体。当个体步入成年，该个体将存在一单位的劳动要素禀赋，并在要素市场发挥相应的作用。为简化后续问题，假设人口性别没有差异，每个个体在一世中孕育一个小孩，全社会不存在人口净增长，在任意时期出生人口总量为常数 L。

（一）消费部分

在只有两期的世代交叠模型中，假设在 t 时点出生的成年人，可以进行社会生产工作，进入 $t+1$ 时点将成为老年人，无法进行劳动生产，但会进行消费活动，则一代人总的效用函数可以表示为：

$$U_t = \ln C_{1t} + \theta \ln C_{2t+1}(u' > 0,\ u'' < 0) \tag{3-4}$$

C_{1t}、C_{2t+1} 分别表示第 t 期成年人和第 $t+1$ 期老年人的消费数量，θ 为折现率，并且 $0 < \theta \leqslant 1$，当 θ 数值越大，表示个体终身消费越平滑，消费越趋于理性。个体成年时期的收入主要来自两部分，一部分是来自在要素市场提供单位劳动，该工资收入以 W_t 表示，另一部分是通过政府转移支付来获取，政府通过征收到的一部分环境税收入来实现对居民的转移支付，该收入以 I_t 来表示。那么，该个体在成年时期获得的两部分收入将用于满足当期消费和储蓄，分别以 C_{1t} 和 S_t 表示，S_t 将成为个体在 $t+1$ 老年时期的消费，即 C_{2t+1}。通过以上分析，一代人在两个时期的消费预算约有：

$$C_{1t} + S_t = W_t + I_t \tag{3-5}$$

$$C_{2t+1} = (1 + R_{t+1})S_t \tag{3-6}$$

其中，R_{t+1} 为 $t+1$ 时期的利率水平。

个体在一生中效用最大化函数问题可以表示为：

$$\text{Max}(\ln C_{1t} + \theta \ln C_{2t+1}) \tag{3-7}$$

$$S.T. \begin{cases} C_{1t} + S_t = W_t + I_t \\ C_{2t+1} = (1 + R_{t+1})S_t \end{cases} \tag{3-8}$$

通过一阶求导，个体最优决策为：

$$S_t = \tau(W_t + I_t) \tag{3-9}$$

其中，$\tau = \theta/(1 + \theta)$，很显然，私人储蓄率 τ 为折现率 θ 的递增函数，折现率越高，个人在第 t 期储蓄率也会越高，两个时期的消费将越平滑。

（二）生产部分

企业生产活动不可避免会产生环境污染，环境污染将导致居民健康水平产生变化。根据效率工资理论，居民健康水平低下会直接影响劳动生产效率，进而对企业产出产生影响，而环境保护税收入通过对企业产出征税的形式，同样会受到影响。假定在传统经济增长理论中引入健康资本，不考虑人力资本要素，在柯布-道格拉斯生产函数（Cobb-Douglas production function）技术条件下，构建产出函数：

$$Y_t = AK_t^\alpha (h_t^\beta L_t)^{1-\alpha} \tag{3-10}$$

其中，A 表示全要素生产率，$A>0$，α 为资本产出弹性，$0<\alpha<1$，β 为健康对劳动生产率的影响系数，$\beta \geqslant 0$，该系数越大，健康水平对劳动生产率的影响越大。同样为简化模型分析需要，假设人口增长为常数，并且进行标准化使其数值为 1，即 $L=1$，那么，总的产出就是单位产出。式（3-10）就可以化简为：

$$y_t = Ak_t^\alpha (h_t^\beta)^{1-\alpha} \tag{3-11}$$

其中，y_t 为人均产出，k_t 为人均资本，人均产出就是人均资本和人均健康水平的函数。

假设企业处于完全竞争市场，环境税收入跟企业产出成比例变化，若环境税税率为 υ，$0<\upsilon \leqslant 1$，则企业利润最大化函数为：

$$\psi_t = (1 - \upsilon)y_t - (1 + R_t)k_t - W_t \tag{3-12}$$

单位劳动工资 W_t 和资本投资收益率 R_t 可以分别表示为：

$$W_t = A(1 - \upsilon)(1 - \alpha)k_t^\alpha (h_t^\beta)^{1-\alpha} = (1 - \upsilon)(1 - \alpha)y_t \tag{3-13}$$

$$R_t = A(1 - \upsilon)\alpha k_t^{\alpha-1} (h_t^\beta)^{1-\alpha} - 1 = (1 - \upsilon)\alpha y_t/k_t \tag{3-14}$$

由式（3-13）和式（3-14）可以知道，征收环境税将减少企业利润，增加企业的经济成本，进而减少居民工资收入，居民工资收入随着环境税率的提升将受到挤压。

（三）政府部分

政府作为政策执行者，其在环境污染治理中发挥着关键作用。由企业部分已经知道对企业施加环境税间接扭曲了居民工资收入，为修正这种现象，将部分环境税收入 M_t 用于环境污染治理，另一部分环境税收入 Q_t 用于居民转移支付，假定政府收入完全来自环境税收入，则有：

$$\upsilon y_t = M_t + Q_t \tag{3-15}$$

此外，令环境税收入用于政府转移支付的比例系数为 ζ，$0 \leqslant \zeta \leqslant 1$。不难知道，政府转移支付比例系数越高，相应的用于环境污染治理的投入越少，两者呈现负相关关系。可以用如下公式表示：

$$M_t = (1 - \zeta)\upsilon y_t \tag{3-16}$$

$$Q_t = \zeta \upsilon y_t \qquad (3-17)$$

（四）环境健康部分

环境污染水平直接对居民健康产生影响，而污染物的排放主要来自企业生产行为。为探讨环境健康效应，此部分再次简化模型设定，若个体企业只生产一种产品，排放一种污染物，消费过程中产生的污染物不涉及，即只考虑生产中污染排放，且污染物排放量是企业产出的函数。则第 t 期的人均污染物排放量 G_t 为：

$$G_t = \sigma y_t \qquad (3-18)$$

其中，σ 表示污染强度，指单位产出所排放的污染数量。

进一步分析，居民健康水平的影响更准确说是由污染物存量水平决定，假设第 $t+1$ 期人均污染存量水平为 N_{t+1}，其大小将受以下几个因素左右：一是第 $t+1$ 当期污染物排放量数量 G_{t+1}，其排放数量越多，存量水平将越高；二是污染物的自净能力，即自净率 γ，自我修复能力越强，当期存量水平越低；三是污染治理投入力度 M_{t+1}，前面已知污染治理投入来自政府的环境税收入，人均环境治理投入越高，当期污染存量将越小。参考 Pautrel（2012）的思路，将人均污染存量函数设定为零次齐次，那么有：

$$N_{t+1} = \left[\frac{G_{t+1}}{M_{t+1}} \right]^{\chi} + (1-\gamma) N_t \qquad (3-19)$$

$\chi > 0$，表示污染排放与减排比率（G/M）对人均污染存量水平的外生弹性，该数值越小，表示污染减排活动的环境质量改善效应越显著。将式（3-15）和式（3-17）代入（3-19）中，化简可得：

$$N_{t+1} = \left[\frac{\sigma}{(1-\zeta)\upsilon} \right]^{\chi} + (1-\gamma) N_t \qquad (3-20)$$

正如前文分析，环境污染对居民健康水平影响巨大，人均污染存量与人均健康水平 h 存在负相关关系。根据人力资本理论，健康水平是健康投资的结果，健康投资主要是通过食物、医疗、健身等途径来表现，假定健康投资为 φ，令该值为一常数。因此，第 t 期健康水平与健康投资、污染存量的关系可以表示为：

$$h_t = \frac{\kappa \varphi}{\varepsilon P_t^{\varpi}} \qquad (3-21)$$

其中，κ 为健康服务效率，ϖ 为污染存量对健康的影响系数，该数值越大，那么污染健康损害效应越大。

结合上述四个组成部分，求取稳态均衡状态下的表现形式。同样为了简化研究需要，假设当期资本在本期直接全部折旧，资本存量水平完全由上一期储蓄来决定，那么在市场出清状况下，人均资本的动态方程可以表示为：

$$k_{t+1} = S_t = \tau(W_t + \zeta v y_t) = \tau[(1-\alpha)(1-v) + \zeta v]y_t \qquad (3-22)$$

由式（3-22）可知，政府征收环境税会降低居民储蓄，同时对居民收入存在扭曲效应，会影响资本积累和经济增长。这种扭曲和不稳定状态最终经过市场的调整和修正，经济最终会达到稳态均衡点。若达到稳态时人均资本、健康水平、单位工资和人均产出、人均污染存量分别为 k^*、h^*、w^*、y^* 和 N^*，令 $N_t = N_{t+1} = N^*$，代入（3-20），可得到稳态条件下的污染存量水平：

$$N^* = \frac{1}{\gamma}\left[\frac{\sigma}{(1-\zeta)v}\right]^x \qquad (3-23)$$

上式表明，环境污染存量水平与环境税税率负相关，对企业征收环境税越严苛，环境质量越好。

结合式（3-21）和式（3-23），稳态条件下的健康水平 h^* 可以化简为：

$$h^* = \frac{\kappa\varphi\gamma^{\varpi}}{\varepsilon}\left[\frac{(1-\zeta)v}{\sigma}\right]^{\varpi x} \qquad (3-24)$$

综上，居民健康水平与污染治理投入成正比，污染治理投入越大，稳态均衡状态下居民健康水平越高。或者说提高企业环境税税率，将减少环境污染存量水平，从而改善居民健康。

二、环境污染对健康水平的影响机制

根据世界卫生组织的报道显示：全球约 1/5 的疾病和死亡与环境有着密切的联系，在 0 至 14 岁的儿童死亡报告中，由于环境所造成的死亡率高达 36%，因此提高环境质量能够一定程度减少疾病的发生，特别是呼吸系统和心血管类的相关疾病。具体到我国，根据《中国环境发展报告（2010）》显示，我国已经进入因环境污染所造成的疾病和死亡高发期。尽管目前的研究并不能提供准确的研究数据，但空气污染对呼吸和循环系统的损害是显而易见的，这种损害的负向作用危害着居民的健康。根据世界卫生组织 2000 年的研究结果发现，环境污染对居民的健康危害仅部分可预测，而伴随环境污染逐渐严重所造成的疾病和死亡并不能被有效评估，可见目前所测算出的环境污染对居民健康的危害只是冰山一角。基于上述事实和观点可以知道，一旦污染程度超出了地球的自净能力，生态平衡将遭到破坏，环境污染会进一步加剧，必然会严重威胁人们的健康，引致一系列健康风险。

环境污染已经成为威胁居民健康水平的重要因素，现有研究从流行病学和经济学范式对两者的关系进行了深入研究。前者主要针对环境污染对居民某类疾病的具体影响，如冠心病、呼吸系统疾病、心脑血管疾病等的影响。后者则是从经济福利的角度出发，探讨环境污染对居民健康资本的损害进而导致社会福利的损失。随着流行病学研究方法（如时间序列研究、病例交叉研究）运用到现实实践，研究者们发现空气污染的健康效应存在短期时滞，较低浓度的空气污染也与人群死亡率存在密切的关联性，即使在各个国家和世界卫生组织规定的空气质量指南标准下，两者的关联是仍然存在的。事实上，环境污染对人体健康水平的影响包括两方面，一个是短期暴露的急性效应，另一个是长期暴露的慢性效应。急性健康效应，是指一些突发性的环境污染事件所造成的人体健康损害，污染持续时间相对较短，当环境污染浓度超过一定的健康门槛，将会在短时间内导致污染暴露人群病变或死亡；慢性健康效应，是指个人长期暴露于低浓度污染的环境之中，通常，污染浓度处于健康门槛之下，虽然短期内对个人健康效应不显著，但是长期暴露会增加慢性疾病的概率。不同于流行病学研究范式，经济学范式更多关注环境污染损害居民健康水平所导致的社会总体经济福利损失，该范式对于环境污染损害健康的事实提供了另一条佐证。环境污染导致的居民健康经济损失度量方法主要存在四种：支付意愿法，在具体的环境偏好下，居民愿意支付的用来降低环境污染所导致的健康损害的价值之和；疾病成本法，在明确环境污染对居民健康水平造成负面影响的基础上，借助医疗服务使患者健康水平达到疾病发生以前状态所需要的各种医疗费用的总和，涉及就诊费用、住院医疗费用和未能就诊的费用；人力资本法，健康作为人力资本的重要组成部分，环境污染将会加速健康人力资本折旧，导致居民健康水平下降，因此，可以从损害的健康人力资本来度量社会经济福利的损失；条件价值评估法，不同于上述三种评估方法，条件价值评估法采用居民问卷形式，以环境污染损害居民健康的物质损失和精神损失两方面全面衡量社会经济福利的损失。基于上述分析，可以知道，环境污染对居民健康水平的负向影响是事实存在的，提高环境质量是改善居民健康水平的有效路径。

第五节　环境污染在收入差距对健康水平影响中的中介作用机理

一、收入差距通过环境污染作用健康水平的数理分析

为了构建收入差距如何通过环境污染对健康产生作用的理论模型，主要参

考 Magnani（2000）和 Drabo（2011）的思路，利用收入不平等影响污染减排支出进而对个体健康产生影响的框架进行如下分析。假设个体 i 具有一个可加性和可分离性的效用函数：

$$U_i = c_i + \omega_i h_i(Q) \tag{3-25}$$

其中，c_i 为私人品的消费水平，h_i 为个人健康状况，这里健康不仅是指没有疾病或虚弱，而且是一种身体、精神和社会属性均完整的状态。h_i 与环境质量 Q（一种纯粹的公共产品）正相关，环境对健康的影响相对于每个个体 i 是相同的（$\partial h_i / \partial Q = k$），健康对个体效用的贡献为 w_i，也表示了个人对环境质量的偏好。如果健康的效用较高，个人更有可能为了改善自己的健康而选择更好的环境质量。此外，在这个模型中，健康被广泛定义，环境质量的公共品属性意味着环境政策 E 是解决市场失灵的必要手段，即 $Q = Q(E)$，其中 E 为环境治理支出，同时存在 $Q'(\cdot) > 0$。环境保护的资金来源于税收，即从个人收入 y_i 中按照一定的比例 τ 进行征收，环境治理支出 $E = Y(\tau - \tau^2/2)$，τ 表示环境税率，Y 为平均收入水平。个体差异是由个人收入水平决定的，收入分布属于单峰函数 $f(y_i)$，$y_i \in (0, y_H)$，y_H 是个人收入的最大水平。收入不平等意味着大多数人的收入低于平均水平，存在 $(y_m/Y) < 1$，y_m 是 $f(y_i)$ 的收入位数。与此同时，我们假设 w_i、环境质量偏好和健康对效用的贡献与个体的相对收入 $R_i = y_i/Y$ 正相关，这个假设对于理论模型分析是至关重要的，即有 $w_i = w_i(R_i)$，并且 $w_i'(\cdot) > 0$。

个人 i 的间接效用函数可以表示如下：

$$V_i = (1 - \tau)y_i + w_i h_i [Y(\tau - \tau^2/2)] \tag{3-26}$$

通过对式（4-2）中 τ 进行微分，得到个体 i 的最优税率 $\tau_i^* = 1 - (1/w_i k)R_i$，个体 i 的相对收入对其最优税率的边际效应为：

$$\frac{\partial \tau_i^*}{\partial R_i} = \frac{-w_i + w_i'R_i}{kw_i^2} = \frac{1}{kw_i}\left[-1 + \left(\frac{\partial w_i}{\partial R_i}\right)\left(\frac{R_i}{w_i}\right)\right] \tag{3-27}$$

如果环境偏好相对收入弹性大于1，即 $(\partial w_i/\partial R_i)(R_i/w_i) > 1$，个体 i 的最优税率对相对收入的效应是正向的。如果 $(\partial w_i/\partial R_i)(R_i/w_i) < 1$，则个体 i 的最优税率对相对收入是递减的。

在一个拥有多数投票制度的民主国家，根据中位数投票人定理，政客会最大化中位数投票人的间接效用函数，经济选择的最优税率将是中间选民的税率，则有：

$$\tau^* = 1 - \frac{1}{w_m k}R_m \tag{3-28}$$

其中 m 为中间选民指数。由式（3-29）可知，环境治理支出的均衡水平是收入分配的函数。

$$E^* = E^*(Y, \frac{y_m}{Y}) = Y[\tau^* - \frac{1}{2}(\tau^*)^2] \tag{3-29}$$

收入分配对最优税率的边际效应为：

$$\frac{\partial \tau^*}{\partial R_m} = \frac{-w_m + w_m' R_m}{k w_m^{\ 2}} = \frac{1}{k w_m}(-1 + \frac{\partial w_m}{\partial R_m} \cdot \frac{R_m}{w_m}) \tag{3-30}$$

相对收入 R_m 对最优环境治理支出 E^* 的边际效应为：

$$\frac{\partial E^*}{\partial R_m} = Y \frac{\partial \tau^*}{\partial R_m}(1 - \tau*) \tag{3-31}$$

由于 $\tau^* \in (0, 1)$，$1 - \tau^* > 0$，$\partial E^*/\partial R_m$ 的大小只依赖于 $\partial \tau^*/\partial R_m$。环境治理支出是收入不平等 R_m 的递增函数，如果满足如下条件：

$$\frac{1}{k w_m}(-1 + \frac{\partial w_m}{\partial R_m} \cdot \frac{R_m}{w_m}) > 0 \tag{3-32}$$

即中位数选民的环境质量偏好的相对收入弹性大于 1（ $[(\partial w_m/\partial R_m)(R_m/w_m) > 1]$ ），则式（3-32）成立。这一结果表明，收入不平等对环境公共支出产生了负面影响，从而影响了人口健康。

二、收入差距通过环境污染作用健康水平的理论机制

在前面的分析中已经对收入差距影响健康水平、收入差距影响环境污染的理论机制进行了阐述，可以知道收入差距能够通过物质资源获取、社会资本以及心理三种途径对健康产生影响。此外，从收入差距影响环境污染的分析中也获悉了收入差距能够通过"政治—经济""边际排放倾向""社会规则""环境保护需求"等途径对环境污染产生作用，表明了收入差距与环境污染之间是存在关联的。如果环境污染对居民健康水平的影响是确实存在的，那么，环境污染将是收入差距影响健康水平的有效传导中介。

首先，基于环境 EKC 理论和 KC 理论的视角进行分析，如图 3-6 所示。KC 理论将收入差距与收入水平两者之间的关系联系了起来，该理论认为地区收入分配不平等的程度随着经济发展水平的提升先增大，当经济发展水平达到一定的临界值，收入分配不平等程度将随着经济发展水平的提升而逐渐下降，两者表现为"倒 U"型关系。EKC 理论则认为环境污染与收入之间存在关联，在经济发展的初期，地区环境污染程度会随着经济发展水平的提高而提升，当经济发展达到一定程度，环境污染将随着经济发展的提高而得到改善，两者也表现

为"倒 U"型关系。如果两个理论均成立，那么收入差距与环境污染之间必然存在联系，环境污染在收入差距对健康水平影响的中介机制得以建立。具体而言，这种传导机制可以划分四类情况：一是当地区经济发展水平处于 EKC 曲线拐点的左侧，并且处于 KC 曲线拐点的左侧，我们将知道地区经济发展水平的提升将加大地区收入差距，环境污染也将得到恶化，收入差距与环境污染之间表现为正相关关系，收入差距的增大将提高地区环境污染水平从而导致居民健康水平下降；二是当地区经济发展水平处于 EKC 曲线拐点的左侧，而位于 KC 曲线拐点右侧，那么收入差距将随着地区经济发展水平的提升而加大，环境污染水平将得到改善，收入差距与环境污染之间表现为负相关关系，收入差距的增大将有利于降低环境污染水平进而改善居民健康；三是地区经济发展水平位于 EKC 曲线拐点的右侧，但位于 KC 曲线的左侧，经济发展水平的提升将提高地区收入分配差距水平，对环境污染则具有抑制作用，收入差距与环境污染负相关，收入差距的扩大将改善环境质量从而提高居民健康水平；四是地区经济发展水平处于 EKC 曲线右侧，并且位于 KC 曲线的右侧，此时收入差距与环境污染正相关，收入差距的扩大将加剧环境污染从而降低居民健康水平。因此，从 EKC 理论和 KC 理论，可以建立收入差距与环境污染之间的联系，进而建立环境污染在收入差距对健康水平影响的渠道。然而，收入差距与环境污染之间的具体确切关系究竟如何？正如上述描述的四种情形，存在不确定性，这也进一步导致了收入差距、环境污染与健康水平三者之间不同的作用结果。

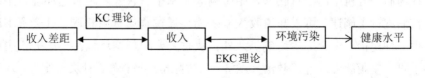

图 3-6　基于 EKC、KC 理论传导机制

其次，基于收入差距对环境污染影响的直接作用机制来看，收入差距存在"政治—经济""边际排放倾向""社会规则"等路径对健康水平产生影响，由数理模型分析也可见一斑。理论机制和数理分析都体现了收入差距与环境污染存在相关性，考虑到环境污染对居民健康损害的事实，收入差距通过环境污染影响居民健康水平是成立的，我们可以从图 3-7 来描述这种路径传导。由图 3-7 可以知道收入差距通过不同路径对环境污染产生影响，并且这种影响可能是正向的也可能是负向的，然后环境污染对居民健康产生不利作用。由于收入差距对环境污染的影响方向存在模糊性，这也导致了环境污染的中介传导存在以下两种不同情形：一种情形是收入差距通过"政治—经济""社会规则"，以及

"环境保护需求"路径提高环境污染程度，进而降低了居民健康水平；另一种情形是收入差距通过"边际排放倾向"路径降低环境污染水平，导致环境污染程度下降，从而改善居民健康水平。不难知道，环境污染在收入差距对健康影响中是存在中介传递效应的，而这种传递效果的评判的关键是明确收入差距与环境污染之间具体的关系。

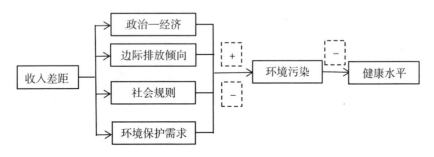

图 3-7　收入差距通过环境污染作用健康水平的路径传导

第六节　本章小结

本章主要对收入差距、环境污染与健康水平之间的作用机理进行分析。具体从健康水平的影响因素、收入差距对健康水平的作用机制、收入差距对环境污染的作用机制、环境污染的健康效应机制，以及环境污染在收入差距对健康水平影响中的中介作用机制四方面展开。其中，在对健康水平影响因素分析中，综合考虑了宏观层面和微观层面的影响因素，对群体健康水平和个体健康水平进行了一定的区分。针对收入差距对健康水平影响的作用机制分析中，总结了物质资源获取、社会资本和心理三个主要影响渠道。在收入差距对环境污染影响的作用机制分析中，不仅从数理角度阐述两者的关系，指出收入差距与环境污染关系的复杂性，并且提出了"政治—经济""边际排放倾向""社会规则"和"环境保护需求"四条作用路径。在环境污染的健康效应机制中，构造 OLG模型研究了环境保护税的实施对环境质量的改善进而提高居民健康水平的机制。最后，在环境污染的中介作用机制分析中，建立了收入差距通过影响环境公共支出进而对健康水平影响的数理模型，并且对收入差距通过环境污染渠道影响健康水平展开了严谨的理论分析。通过对上述理论机制进行深入分析，为后文实证分析提供了理论保障。

第四章

收入差距对健康水平影响的实证分析

中国高速的经济增长使得人们物质生活水平得到了极大的提升，与此同时，收入差距的持续扩大也导致了一系列的社会经济问题，其中一个重要的影响就是人们的健康状况。十九大明确提出要加快推进基本公共服务均等化，缩小收入分配差距，完善国民健康政策，为人民群众提供全方位全周期健康服务。厘清收入差距与健康两者之间的关系对于我国收入分配以及健康中国建设政策具有重要启示意义。因此，本章旨在解决如下问题：第一，针对现有文献收入差距与健康之间关系的不确定性，从中国宏观层面健康数据与微观层面个体健康数据两个视角重新对两者关系进行考察；第二，收入差距对健康水平的影响是否表现出区域差异性，对于不同经济发展水平的地区，收入差距对健康影响是否存在不同；第三，收入差距通过何种方式对健康发生作用，其作用机理如何。针对以上问题，下面内容将从实证角度进行证明并阐述。

第一节 收入差距对健康水平的影响——
来自省级面板数据的实证分析

一、研究方法

（一）面板数据单位根检验

在经济学研究领域，宏观经济时间序列常常表现出单位根的特性，即序列本身是非平稳的。这意味着序列可能展示出持续的趋势行为，且其统计特性（如均值和方差）随时间变化。因此，即便某些变量间的回归分析显示出统计上的显著相关性，这种关系有可能仅仅是由于时间趋势的共同性，而非真正的因果关系，这种现象被称为"伪回归"。在面板数据的分析中，这种问题尤为复杂。面板数据结合了时间序列（时间维度）与截面数据（截面维度），提供了更丰富的信息，但也带来了更多的挑战。当面板数据的时间维度较短时，数据的非平稳性问题可能不那么突出，允许研究者直接应用回归分析。然而，当涉及较长的时间维度——如本书所研究的 20 年时间跨度时，非平稳性可能成为一个显著问题。

为了确保分析的准确性并避免伪回归的风险，对于长时间跨度的面板数据，进行单位根检验变得尤为重要。单位根检验是用来确定数据中是否存在单位根的统计测试，即验证序列是否为非平稳的。非平稳数据的回归可能导致错误的经济推断，因此，检测并差分这些数据，直到它们变得平稳，是进行有效回归分析的必要前提。

考虑如下面板数据 AR（1）过程：

$$y_{it} = \rho_i y_{i,\,t-1} + X_{it}\lambda_i + \mu_{it},\ i = 1,\ 2,\ \cdots,\ N,\ t = 1,\ 2,\ \cdots,\ T_i \quad (4\text{-}1)$$

其中，X_{it} 表示模型中外生的变量向量，包括各个体截面的固定影响和时间趋势。N 表示个体截面成员的个数，T_i 表示第 i 个截面成员观测时期数，参数 ρ_i 为自回归系数，随机误差项 μ_{it} 满足独立同分布的假设。如果 $|\rho_i| < 1$，则对应的序列 y_t 为平稳序列；如果 $|\rho_i| = 1$，则对应的序列为非平稳序列。

根据（4-1）中 ρ_i 的不同限制，可以将面板数据的单位根分为两类。一类是相同根情形下的单位根检验，这类检验方法假设面板数据中各截面序列具有相同的单位根过程，即假设参数 $\rho_i = \rho$；另一类为不同情形下的单位根检验，这类检验方法允许面板数据的各截面序列具有不同的单位根过程，即允许 ρ_i 跨截面变化。对于具有相同单位根过程的检验主要有 LLC 检验、HT 检验和 Breitung 检验，而对于具有不同单位根过程的检验有 IPS 检验、ADF-Fisher 检验和 PP-Fisher 检验。① 此外，面板单位根检验有 3 种检验模式：仅有截距项、包含截距项和趋势项，以及没有截距项和趋势项。本书基于这三种模式采用常用的 LLC 检验和 ADF-Fisher 检验来对各面板变量进行平稳性检验。

（二）面板协整检验

对于具有单位根的变量，传统方法是通过一阶差分来获得平稳序列。但是，一阶微分后变量的经济含义与原始序列不相同，有时我们仍然希望使用原始序列进行回归。如果由于某种经济力量，几个单位根变量之间存在"长期均衡关

---

① 吴振信，谢晓晶，王书平. 经济增长、产业结构对碳排放的影响分析——基于中国的省际面板数据 [J]. 中国管理科学，2012，20（3）：152-160.

系"，则这种回归是有意义的。① 经济变量之间的长期均衡（静态）关系被称为协整关系，协整关系表现为系统内某一变量的变化会引起其他变量的变化，一次冲击只能使协整系统短时间内偏离均衡位置，在长期会自动恢复到均衡位置。

本书首先针对各变量平稳性检验，如果变量非平稳，则在非平稳基础上进行协整关系检验，探讨变量间是否存在稳定的长期均衡关系。面板协整关系检验主要基于三种：两种是基于 Engle-Granger 两步法发展而来的 Pedroni 检验②和Kao 检验③，Kao 检验要求所有面板协整向量都相等，而 Pedroni 检验并无此要求。还有一种是合并了 Johansen 检验的 Fisher 检验。Fisher 检验统计量相对容易获得，同时允许不同截面存在异质性，但存在一个缺陷是对于较短时间序列是低效果的。因此，综合考虑采用 Pedroni 检验和 Kao 检验来验证变量间是否存在长期稳健的协整关系。

（三）面板模型估计

面板数据模型可以分为变参数模型、变截距模型和不变参数模型三种形式：

$$y_{it} = \alpha\upsilon + \beta x_{it} + \varepsilon_{it}, \ i = 1, \ 2, \ \cdots, \ N, \ t = 1, \ 2, \ \cdots, \ T \qquad (4\text{-}2)$$

$$y_{it} = \alpha_i\upsilon + \beta x_{it} + \varepsilon_{it}, \ i = 1, \ 2, \ \cdots, \ N, \ t = 1, \ 2, \ \cdots, \ T \qquad (4\text{-}3)$$

$$y_{it} = \alpha_i\upsilon + \beta_i x_{it} + \varepsilon_{it}, \ i = 1, \ 2, \ \cdots, \ N, \ t = 1, \ 2, \ \cdots, \ T \qquad (4\text{-}4)$$

为了确定面板数据模型的具体形式，需要检验如下两个假设：

H_1：$\beta_1 = \beta_2 = \cdots\beta_N$

H_2：$\alpha_1 = \alpha_2 = \cdots\alpha_N$，$\beta_1 = \beta_2 = \cdots\beta_N$

如果 H_2 接受，则应建立模型（4-2），此时面板数据模型为混合模型；如果拒绝 H_2，接受 H_1，则建立模型（4-3），此时模型为个体固定效应模型，通过 F 检验可以判断；如果 H_1 和 H_2 均拒绝，则应选择模型（4-4），建立变系数模型。

二、计量模型构建

对于健康的影响研究基本是建立在 Grossman（1972）开创的健康生产函数，其认为健康至少通过两方面影响个人效用：一方面，健康如同一般商品一样，可以给个人带来效应；另一方面，健康禀赋增加可以减少个人的患病时间，从

① 陈强. 高级计量经济学及 Stata 应用 [M]. 北京：高等教育出版社，2014：432.

② PEDRONI P. Critical values for cointegration tests in heterogeneous panels with multiple regressors [J]. Oxford bulletin of economics and statistics，1999，61：653-670.

③ KAO C. Spurious regression and residual-based tests for cointegration in panel data [J]. Journal of Econometrics，1999，90：1-44.

而带来效用。之后，众多学者在此基础上加以拓展，对各种因素的健康影响进行了理论和实证的分析。为了厘清中国收入差距对健康水平的具体影响和区域性差异，本书在 Grossman 模型基础上引入收入分配因素，基准模型构型如下：

$$health_{it} = \alpha_0 + \alpha_1 gap_{it} + \alpha_2 control_{it} + u_i + \xi_t + \varepsilon_{it} \tag{4-5}$$

其中，i 表示省份，t 表示年份，$health$ 为各省份健康水平，gap 为收入差距，$control$ 表示一系列影响收入差距的控制变量，μ 表示不随时间变化的省份效应，ξ 表示不随省份变化的时间效应，ε 为随机干扰项。

三、变量选取与说明

（一）被解释变量

本小节主要是基于宏观层面研究收入差距与健康水平之间的关系，被解释变量以省级层面公共健康水平来度量。多数文献在度量公共健康水平时采用人口死亡率、人口平均预期寿命、新生儿死亡率和孕妇死亡率等指标来衡量。[①] 本书也参考此类文献上选取的方法，以人口平均预期寿命（exp）和围产儿死亡率（pem）来表示各省份健康水平。

（二）主要解释变量和控制变量

收入差距（gap）作为核心解释变量，如前面章节所述，主要以各省份基尼系数（$gini$）来表示。控制变量的选取主要如下：（1）经济发展水平（$pgdp$）。以地区人均 GDP 来表示。（2）公共卫生水平（doc）。公共卫生水平包括政府卫生支出水平（ghe）和人均卫生技术人员（phw）等影响因素，它的提高能有效改善居民健康水平，很多研究均采纳了该指标（曲卫华、颜志军，2015；杨继生等，2014），政府卫生支出水平采用政府卫生支出占 GDP 比重表示，人均卫生技术人员采用每千人口卫生技术人员数量表示。（3）人口密度（den）。人口密度采用单位国土面积年末人口数量来表示。（4）教育水平（edu）。教育水平采用地区平均受教育年限来表示。[②]（5）老龄化水平（old）。老龄化水平采用65 岁以上人口数量与年末总人口数量的比值表示。

[①] 程明梅，杨朦子. 城镇化对中国居民健康状况的影响 [J]. 中国人口·资源与环境，2015（7）：89-96.

[②] 地区平均受教育水平＝（$6 \times P_{小学} + 9 \times P_{初中} + 12 \times P_{高中} + 16 \times P_{大专以上}$）／（$P_{小学} + P_{初中} + P_{高中} + P_{大专以上}$）。

四、数据来源及描述性分析

上述相关变量的数据主要来自《中国统计年鉴》《中国卫生统计年鉴》《中国教育统计》以及 EPS 数据库。各省基尼系数、人口平均预期寿命水平没有直接的统计数据，计算方法如前面章节所述，历年经济发展水平采用 GDP 指数折算为 2003 年不变价格水平。各变量描述性统计如表 4-1 所示。

表 4-1　变量描述性统计

变量	变量说明	单位	观察值	均值	标准差	最小值	最大值
exp	人口平均预期寿命	年	480	76.705	3.257	68.625	83.760
pem	围产儿死亡率	%	480	8.423	4.256	2.023	24.833
$gini$	基尼系数	/	480	0.391	0.084	0.220	0.496
$pgdp$	经济发展水平（取对数）	万元/人	480	1.017	0.895	1.127	2.689
ghe	政府卫生支出水平	%	480	1.502	0.865	0.369	6.173
phw	人均卫生技术人员	‰	480	6.008	2.835	2.563	17.896
den	人口密度	万人/平方千米	480	0.258	0.141	0.022	1.045
edu	教育水平	年	480	8.621	1.475	8.528	15.6847
old	老龄化水平	%	480	10.028	2.715	5.644	17.478

在进行面板回归分析之前，变量间的多重共线性问题也需要适当考虑。如果变量间存在严重的多重共线性，参数估计量的方差较大，导致总体参数的置信区间变大，参数的假设检验也会做出错误的判断。因此，变量间的相关性需要进行检验，表 4-2 给出了各变量 Pearson 相关性检验结果。从表中可以看出各变量相关性基本在 0.5 以下，不存在严重的多重共线性问题。为了进一步对变量间是否存在多重共线性问题有清晰的认识，我们采用方差扩大因子法（VIF）做进一步的检验，表 4-3 给出了各变量 VIF 检验结果。从各变量 VIF 值可以知道所有 VIF 值均小于 10，表明变量间不存在严重的多重共线性问题[1]，进一步验证了前述结果的准确性。

---

[1]　经验表明，当 VIF≥10 时，就说明变量之间存在严重的多重共线性问题。

表 4-2 变量之间相关性

	gini	pgdp	ghe	phw	den	edu	old
gini	1.000						
pgdp	-0.483*** (0.000)	1.000					
ghe	0.0973* (0.065)	0.535*** (0.000)	1.000				
phw	-0.065*** (0.000)	0.443*** (0.000)	0.493*** (0.004)	1.000			
den	-0.044 (0.837)	0.066 (0.543)	0.564*** (0.000)	-0.034 (0.563)	1.000		
edu	-0.455*** (0.000)	0.496*** (0.000)	-0.004 (0.944)	0.455*** (0.000)	0.075 (0.475)	1.000	
old	-0.498*** (0.000)	0.435*** (0.000)	-0.064*** (0.550)	0.555*** (0.000)	-0.047 (0.374)	0.367*** (0.000)	1.000

注:*、**、***表示分别在10%、5%和1%水平下显著。

表 4-3 各变量 VIF 检验结果

变量	VIF	1/VIF
gini	3.69	0.271
pgdp	4.58	0.218
ghe	2.08	0.481
phw	4.98	0.201
den	2.24	0.446
edu	6.87	0.146
old	1.95	0.513

五、实证结果与分析

(一) 面板单位根及协整检验结果

在进行面板回归分析之前,为了防止伪回归问题,对于各变量的平稳性需进行检验,根据前文所述,本书采用基于共同根和非共同根的 LLC 检验、ADF-Fisher 检验来对各变量进行平稳性检验。根据表 4-4 单位根检验结果,原值序列除了围产儿死亡率和人口密度两个变量通过单位根检验外，其余变量均未能通过平稳性检验，总体而言，原值序列为非平稳序列。进一步通过对各变量进行一阶差分处理，并对一阶差分变量进行面板单位根检验，从表中可知无论是LLC检验还是ADF检验，在控制截距项和趋势项与否的情况下，所有变量基本拒绝存在单位根的原假设，表明所有变量在一阶差分情况下是平稳的，均为一阶单整序列。

表4-4　面板单位根检验

变量	截距项		截距项和趋势项		无截距项和无趋势项	
	LLC	ADF	LLC	ADF	LLC	ADF
exp	−0.631 （0.301）	43.418 （0.661）	−13.919 （0.000）	68.663 （0.033）	18.618 （1.000）	3.648 （1.000）
pem	−9.068 （0.000）	168.988 （0.000）	−3.698 （0.000）	83.894 （0.013）	−14.840 （0.000）	161.603 （0.000）
gini	1.103 （0.866）	66.093 （0.043）	−3.836 （0.000）	38.830 （0.868）	−6.436 （0.000）	13.333 （1.000）
pgdp	−16.608 （0.000）	169.466 （0.000）	1.860 （0.969）	10.348 （1.000）	13.086 （1.000）	88.968 （0.000）
ghe	0.360 （0.638）	89.088 （0.003）	−4.369 （0.000）	48.983 （0.143）	10.330 （1.000）	18.130 （1.000）
phw	11.489 （1.000）	38.983 （0.988）	−6.806 （0.000）	31.110 （0.983）	11.489 （1.000）	4.636 （1.000）
den	−8.334 （0.000）	336.389 （0.000）	−6.993 （0.000）	646.639 （0.000）	−8.334 （0.000）	601.316 （0.000）
edu	−1.863 （0.031）	84.116 （0.001）	−8.308 （0.000）	31.830 （0.966）	−1.863 （0.031）	19.134 （1.000）
old	−0.193 （0.434）	69.963 （0.116）	−4.066 （0.000）	43.163 （0.810）	−0.193 （0.434）	13.648 （1.000）
dexp	−33.361 （0.000）	149.386 （0.000）	−19.433 （0.000）	84.338 （0.008）	−6.381 （0.000）	116.968 （0.000）
dpem	−16.869 （0.000）	148.090 （0.000）	−11.886 （0.000）	99.186 （0.000）	−13.336 （0.000）	101.383 （0.000）
dgini	−13.034 （0.000）	138.493 （0.000）	−9.816 （0.000）	136.694 （0.000）	−14.090 （0.000）	163.311 （0.000）

变量	截距项		截距项和趋势项		无截距项和无趋势项	
	LLC	ADF	LLC	ADF	LLC	ADF
$dpgdp$	−6.336 (0.000)	81.666 (0.016)	−8.333 (0.000)	130.801 (0.000)	−6.396 (0.000)	116.866 (0.000)
$dghe$	−11.806 (0.000)	181.881 (0.000)	−11.063 (0.000)	66.846 (0.189)	−8.891 (0.000)	113.098 (0.000)
$dphw$	−18.433 (0.000)	138.903 (0.000)	−13.138 (0.000)	160.364 (0.000)	−6.684 (0.000)	160.909 (0.000)
$dden$	−18.639 (0.000)	306.361 (0.000)	−30.199 (0.000)	383.618 (0.000)	−36.934 (0.000)	639.093 (0.000)
$dedu$	−31.814 (0.000)	188.308 (0.000)	−16.616 (0.000)	68.038 (0.000)	−18.613 (0.000)	108.696 (0.000)
$dold$	−18.468 (0.000)	148.388 (0.000)	−10.800 (0.000)	146.416 (0.000)	−14.669 (0.000)	88.168 (0.006)

注：括号内为相应 p 值。

由于各变量为同阶单整序列，符合协整检验的前提，表4-5和表4-6分别给出了 Pedroni 检验和 Kao 检验的两种协整检验结果。在 Pedroni 检验中，三个统计量无论在含有截距项和趋势项与否的情形下均强烈拒绝面板单位根的原假设，相应的 p 值均为 0.000，表明变量之间存在协整关系。在 Kao 检验中，前两个统计量在5%显著性水平下通过了检验，后面三个统计量则在1%显著性水平显著，对应 p 值为 0.000，同样表明变量间存在协整关系。两种检验说明了变量之间存在长期稳定的均衡关系，直接采用原序列进行回归分析不存在伪回归问题。

表4-5 Pedroni 协整检验

	截距项	截距项和趋势项	无截距项和无趋势项
Modified PP t 值	6.867 (0.000)	8.486 (0.000)	5.762 (0.000)
PP t 值	−7.035 (0.000)	−17.227 (0.000)	−7.874 (0.000)
ADF t 值	−7.846 (0.000)	−13.268 (0.000)	−9.812 (0.000)

注：括号为相应 p 值。

表 4-6　Kao 协整检验①

	统计值	p 值
Modified DF t	2. 157	0. 012
DF t	0. 018	0. 046
Augmented ADF t	4. 526	0. 000
未校正 modified DF t	−7. 092	0. 000
未校正 DF t	−6. 844	0. 000

(二) 基准回归分析结果

在面板数据模型建立之前，需要对模型的类型进行判别，其中，F 检验可以用来判别模型是混合模型还是个体效应模型，该检验的原假设为：真实模型是混合模型，备择假设为：真实模型是个体效应模型。从表 4-7 可以看出无论是以人口平均预期寿命还是围产儿死亡率来度量健康水平，F 检验均强烈拒绝混合模型的原假设，应该建立个体效应模型。此外，在确定了个体效应模型后，根据不同个体截距项与解释变量的相关性又可以进一步将模型分为个体固定效应模型和个体随机效应模型，前者认为个体截距项与解释变量相关，后者则认为两者不存在相关性。对于选取何种模型可以采用 Hausman 检验来进行判别，该检验原假设为：个体效应与解释变量不相关，应建立个体随机效应模型，备择假设为：个体效应与解释变量相关，应建立固定效应模型。从 Hausman 检验结果可以知道，在以人口平均预期寿命衡量健康水平时，Hausman 检验拒绝随机效应的原假设，应选择固定效应模型，而以围产儿死亡率衡量健康水平时则无法拒绝随机效应的原假设，应建立随机效应模型。

表 4-7　面板模型类型识别

被解释变量	人口平均预期寿命 (exp)	围产儿死亡率 (pem)
F 检验	36. 95 (0. 000)	46. 42 (0. 000)
Hausman 检验	37. 26 (0. 000)	−90. 30
FE/RE	FE	RE

注：括号内为相应 p 值，Hausman 检验统计量为负值时随机效应模型更合适。②

① Kao 检验不允许加入线性时间趋势项。
② 罗良文，梁圣蓉. 国际研发资本技术溢出对中国绿色创新效率的空间效应 [J]. 经济管理，2017 (3)：21-33.

表4-8 收入差距对健康水平的面板回归结果

	(1)	(2)	(3)	(4)	(5)	(6)	(7)	(8)
	exp	exp	exp	exp	pem	pem	pem	pem
gini	-39.580***	-6.699***	-1.289**	-1.289*	65.82***	6.219*	10.15***	10.15**
	(-10.90)	(-3.81)	(-2.38)	(-1.69)	(9.19)	(1.80)	(3.13)	(2.01)
pgdp		1.589***	0.693***	0.693*		-3.692***	-5.961***	-5.961***
		(9.65)	(2.80)	(1.68)		(-10.61)	(-8.92)	(-5.69)
ghe		0.301***	0.068**	0.068*		-1.892***	-2.569***	-2.569***
		(2.89)	(2.30)	(1.89)		(-6.96)	(-9.95)	(-3.25)
phw		0.168***	0.066**	0.066*		0.113	0.051	0.051
		(3.38)	(1.99)	(1.69)		(1.12)	(0.39)	(0.39)
den		1.108***	1.169***	1.169**		5.022***	5.619***	5.619**
		(2.63)	(3.10)	(2.19)		(5.69)	(6.00)	(2.16)
edu		0.891***	0.09	0.09		-0.509	-0.099	-0.099
		(6.21)	(0.69)	(0.53)		(-1.60)	(-0.29)	(-0.19)
old		0.116***	0.012	0.012		0.052	0.083	0.083
		(3.51)	(0.38)	(0.22)		(0.61)	(0.99)	(0.81)
_cons	90.910***	68.090***	82.290***	82.290***	-12.910***	8.099***	9.619***	9.619**
	(65.96)	(62.31)	(69.96)	(39.65)	(-6.62)	(2.82)	(3.19)	(2.22)

续表

	（1）	（2）	（3）	（4）	（5）	（6）	（7）	（8）
	exp	exp	exp	exp	pem	pem	pem	pem
N	480	480	480	480	480	480	480	480
R^2	0.269	0.802	0.852	0.852	0.201	0.855	0.865	0.865
省份效应	YES	YES	YES	YES	YES	YES	YES	YES
时间效应	NO	NO	YES	YES	NO	NO	YES	YES

注：*、**、***表示分别在10%、5%和1%水平下显著，（1）～（4）列采用固定效应，（5）～（8）采用随机效应，括号内为内相应 t 值，第（4）列和第（8）列为纠正异方差后的 t 值。

表 4-8 给出了收入差距对地区人口平均预期寿命和围产儿死亡率的两种面板回归结果。其中，第（1）、（5）列为在考虑省份效应基础上不引入控制变量情形下收入差距对健康水平的影响，第（2）、（6）列为引入控制变量并且控制省份效应基础上收入差距对健康水平的影响，第（3）、（7）列则为控制省份效应、时间效应，以及控制变量的情形下两者之间的影响，第（4）、（8）列是在包含前述因素下进一步考虑到异方差因素的作用，采用异方差修正后的回归结果，重点关注第（4）列和第（8）列的回归结果。从表格回归结果可知，所有回归结果都表明地区收入差距扩大显著降低了地区人口平均预期寿命，增加了地区围产儿死亡率，收入差距与健康水平呈现典型的负相关关系。具体而言，第（4）列回归结果显示收入差距每提高一个单位，地区人口平均预期寿命平均下降 1.289 年，通过了 10%显著性水平，第（8）列回归结果则显示收入差距每提高一个单位，地区围产儿死亡率增加 10.15 个百分点，在 5%显著性水平上显著。正如前文所述，收入差距与健康水平的负向关系可以从三方面进行解释：一方面，收入差距影响公共产品（医疗卫生和教育）投资和支出，这些公共产品对于健康水平的提升大有裨益。地区收入差距的扩大使得富人与穷人偏好出现差异，富人更加倾向于在本地以外寻求更好的医疗和教育，随着偏好差异的逐渐扩大，公共产品价值被低估，进而导致公共产品投资和支出的大幅缩减①；另一方面，收入差距可以通过影响社会资本对地区健康水平产生影响，收入差距扩大增加了社会矛盾和降低了社会凝聚力，相互之间的信任感也会降低，这些因素均可能增大个体行为风险以及社会犯罪概率，从而危害社会群体健康。最后，收入差距能够增加个体之间的相对剥夺感，贫富差距的扩大会使得低收入群体在社会相对位置降低而增加沮丧和挫败感，长期会对个体心理健康造成不利影响。

从控制变量来看，地区经济发展水平对健康水平具有显著的促进作用。地区人均 GDP 每提升一个百分点，平均预期寿命提高 0.693 年，围产儿死亡率下降 5.961 个百分点，且分别通过了 10%和 1%显著性水平。地区经济发展水平的提高对健康水平的正面影响超过了负向影响，经济发展水平的提升显著提高了人们的收入水平，增加了居民的营养摄入和健康保健支付能力。此外，经济发展水平的提升会显著提升地区医疗卫生水平，不仅提高医护人员的专业素质，同时增加了医疗卫生设备供给，保障人们的就医水平和便利性。政府卫生支出

---

①　DEATON　A. Health, inequality and economic development ［J］. Journal of Economic Literature, 2003: 113-158.

占比对健康水平具有显著的正向效应。政府卫生支出占比每提高一个百分点，地区平均预期寿命提高 0.068 年，围产儿死亡率下降 2.569 个百分点，且分别在 10% 和 1% 显著性水平上显著。对于该结论可以进行合理的解释：政府卫生支出的增加可以改善医疗服务的可及性，具体体现在医疗设施布局的合理性以及诊疗水平的提升。此外，政府卫生支出占比的提升可以提高医疗保险的保障水平，使得更多人享受医疗保险的优惠，减轻医疗负担。最后，政府卫生支出规模的扩大可以改善人的生活环境，如农村改水、改厕工程，无论是在短期还是长期对居民健康均具有促进作用。① 人均卫生技术人员对地区平均预期寿命具有显著正向影响，但对围产儿死亡率影响不显著。人口密度对地区平均预期寿命具有显著的提升效应，但显著加剧了围产儿死亡率。人口密度对不同指标度量的健康水平呈现出完全相反的结果，这可能归因于人口密度对健康水平的双重效应。一方面，人口密度的增加能够使得医疗服务供给更加集中化，人们获取医疗资源变得更加便捷；另一方面，在现阶段医疗服务供给水平下，人口密度增加将会导致医疗供给与需求之间的不平衡，使得供需矛盾突出，不利于健康水平提升。地区教育水平对人口平均预期寿命具有正向影响，对围产儿死亡率具有负向影响，尽管符合预期，但并未能通过显著性检验，教育发挥健康改善效应仍须进一步深化。老龄化程度对地区健康水平并没有表现出显著的抑制作用，其对人口平均预期寿命和围产儿死亡率的影响均不显著，表明老龄化程度的提高并非一定带来社会健康水平的下降。面对当前中国逐渐显现的老龄化问题，只要合理处理好人口结构转变，大力发展老龄健康产业，人口红利将会继续延续，老龄化并不必然成为经济增长的负担，而有可能成为经济增长的助推器。

（三）稳健性检验

为进一步检验收入差距对健康水平影响结论的稳健性，从替换收入差距衡量指标、分区域检验、面板分位数回归以及内生性处理四方面重新进行验证。

1. 替换收入差距衡量指标

利用城乡收入比（urbi）代替基尼系数来衡量地区收入差距水平，具体而言，采用城镇居民可支配收入与农村居民纯收入的比值表示。此外，由于城乡收入比忽略了城乡人口结构的变化（李政、杨思莹，2017），进一步在城乡收入

---

① 李华，俞卫. 政府卫生支出对中国农村居民健康的影响 [J]. 中国社会科学．2013
（10）：41-60.

比的基础上考虑人口结构构造城乡收入泰尔指数（theil）①，利用城乡收入比和城乡收入泰尔指数两个变量进行稳健性检验，两个变量的稳健性检验回归结果如表4-9所示。其中，第（1）、（2）列被解释变量为地区人口平均预期寿命，第（3）、（4）列被解释变量为地区围产儿死亡率。从表中可知，无论是用城乡收入比还是城乡收入泰尔指数来度量地区收入差距水平，收入差距扩大均显著降低了地区人口平均预期寿命，增加了地区围产儿死亡率，收入差距对健康的负向作用结果保持稳健。

表4-9 稳健性检验之一：替换收入差距指标

	(1)	(2)	(3)	(4)
	exp	exp	pem	pem
urbi	−0.615**		1.258***	
	(−2.77)		(2.87)	
theil		−6.970**		12.870**
		(−2.12)		(2.06)
pgdp	1.776***	1.697***	−7.707***	−7.712***
	(9.77)	(9.70)	(−7.61)	(−6.80)
ghe	0.277**	0.287**	−2.700***	−2.782***
	(2.27)	(2.77)	(−8.81)	(−9.76)
phw	0.116**	0.117**	0.076	−0.072
	(2.77)	(2.27)	(0.72)	(−0.68)
den	1.020***	1.071***	7.796***	7.669***
	(2.60)	(2.68)	(6.06)	(7.97)
edu	0.870***	0.866***	−0.778	−0.779
	(7.76)	(7.29)	(−1.72)	(−1.17)
old	0.119	0.119	−0.09	0.078
	(0.77)	(0.96)	(−1.17)	(0.68)

---

① 城乡收入泰尔指数计算公式为：$Theil = (I_c/I) \ln [(I_c/I) / (P_c/P)] + (I_r/I) \ln [(I_r/I) / (P_r/P)]$，$I_c$、$I_r$、$I$ 分别表示城镇、农村和全省收入总额，P_c、P_r、P 分别为城镇人口、农村人口和总人口数量。

续表

	(1)	(2)	(3)	(4)
	exp	*exp*	*pem*	*pem*
_cons	67.66***	67.17***	17.67***	16.96***
	(77.12)	(77.19)	(6.67)	(6.98)
N	480	480	480	480
R2	0.705	0.784	0.692	0.695
省份效应	YES	YES	YES	YES
时间效应	YES	YES	YES	YES
Hausman	16.76	19.29	−717.82	216.19
	[0.020]	[0.007]		[0.000]

注:*、**、***表示分别在10%、5%和1%水平下显著,( )内为相应 *t* 值, [ ] 内为相应 *p* 值。

2. 分区域检验

由于地区自然条件、资源禀赋,以及国家对地区实行的战略差异,地区经济发展水平出现明显的分化,收入差距也逐渐凸显。20世纪80年代至90年代,我国突破计划经济时代区域平衡发展战略,将发展的重心转向东部沿海区域,实行优先发展,以长三角和珠三角为核心区域的战略发展圈率先突出重围,收入实现大幅增长,远超中西部地区。即使在进入21世纪后,"中部崛起"和"西部大开发"国家战略的大力实行,一定程度降低区域之间的收入差距,但地区之间收入不平等现象依然严峻。收入差距对健康的影响是否会表现出区域差异?为了对这一问题进行解答,我们将中国分为东部、中部和西部三大区域,分别估计收入差距对健康水平的影响效果,一方面为了考察区域异质性效果,另一方面也是对两者关系的一种稳健性检验。分区域检验结果如表4-10所示。

从表中可以看出,除了东部地区收入差距对围产儿死亡率的影响不显著外,无论是平均预期寿命还是围产儿死亡率衡量的健康水平,三个区域的影响均通过了显著性检验,收入差距对健康水平的负向影响维持稳健。此外,从系数大小来看,收入差距对平均预期寿命的负向影响在东部最小,中部次之,西部最大,围产儿死亡率的影响亦是如此。鉴于收入差距对健康水平的负向影响表现出的区域差异性,可以进行合理的解释:相对于中西部地区,东部地区经济发展水平较高,医疗资源相对充足,公共卫生服务也比较完善,收入差距对健康水平的负向影响受到这些有利条件的有效缓冲。中西部地区经济发展水平远落后于东部地区，医疗卫生以及公共基本服务也相对落后，收入差距的扩大不仅加剧公共基本服务供给与需求之间的矛盾，造成居民健康水平恶化，与此同时，东部地区制造业产业向中西部大规模转移对中西部地区环境造成巨大压力，收入差距扩大进一步弱化了抵御环境健康风险的能力。

表 4-10 稳健性检验之二：分区域回归

	东部		中部		西部	
	exp	*phe*	*exp*	*phe*	*exp*	*phe*
gini	−1.071*	0.188	−8.328*	1.788**	−7.847**	17.898***
	(−1.78)	(0.48)	(−1.87)	(2.03)	(−2.38)	(3.48)
pgdp	1.891***	−2.448***	0.783**	−8.021***	1.222***	−4.328***
	(4.78)	(−8.92)	(2.34)	(−7.81)	(8.13)	(−7.42)
ghe	0.293	−1.838***	0.327	−1.382**	0.388**	−1.877***
	(0.78)	(−3.98)	(1.18)	(−2.47)	(2.43)	(−4.18)
phw	0.008	−0.142**	0.881***	0.740**	0.388***	0.840**
	(0.13)	(−2.08)	(3.41)	(2.20)	(3.78)	(2.24)
den	1.387	−0.792	2.800***	7.708***	0.801	2.878**
	(0.93)	(−0.44)	(3.47)	(4.84)	(0.94)	(2.20)
edu	1.203***	0.114	0.830**	0.988**	0.349*	−0.318
	(8.21)	(0.40)	(2.22)	(2.02)	(1.91)	(−0.71)
old	0.087	−0.082	0.248***	−0.084	0.184**	0.11
	(1.84)	(−1.22)	(2.84)	(−0.38)	(2.41)	(0.88)
_ *cons*	88.080***	13.020***	88.800***	−0.287	88.380***	7.800*
	(28.81)	(4.28)	(28.48)	(−0.08)	(38.78)	(1.83)
N	160	160	120	120	200	200
R^2	0.913	0.893	0.937	0.883	0.914	0.878
省份效应	YES	YES	YES	YES	YES	YES
时间效应	YES	YES	YES	YES	YES	YES

	东部		中部		西部	
	exp	*phe*	*exp*	*phe*	*exp*	*phe*
Hausman	142.7	88.88	18.42	37.12	11.02	24.33
	[0.000]	[0.000]	[0.031]	[0.000]	[0.138]	[0.001]

注:*、**、***表示分别在10%、5%和1%水平下显著,( ) 内为相应 *t* 值,[ ] 内为相应 *p* 值。

3. 面板分位数回归

为了充分考虑健康水平变量分布的性质,引入面板分位数回归方法进行稳健性检验,判断健康水平变量在不同分位数下收入差距对健康水平的影响。前文实证基本是基于线性回归模型的均值回归,假设模型残差服从正态分布。如果残差分布服从非正态、后尾以及非对称分布,均值回归并不能反映整个分布的全貌。分位数回归对传统均值回归进行了改进,更能全面反映健康水平不同分位点下收入差距影响效果的差异。表 4-11 给出了两种健康水平在 10%、50%以及 90%分位点下收入差距的面板分位数回归结果。

从表中可以看出,收入差距对平均预期寿命 10%、50%以及 90%分位点的影响均为负,并且都通过了 1%显著性水平。随着分位数的增加(10%→50%→90%),收入差距的分位数回归系数的绝对值依次减小,收入差距对低平均预期寿命地区的负向影响最大,对于较高平均预期寿命的地区,收入差距的负向影响则相对较弱。从围产儿死亡率衡量的健康水平来看,收入差距对围产儿死亡率 10%、50%以及 90%分位数的影响均为正,同样都通过了 1%显著性水平,其影响随着分位数的增加逐渐加强,在围产儿死亡率较高的区域,收入差距对健康水平的负向影响更大。综合不同分位点回归系数可知,收入差距对健康水平的负向影响是稳健的,对于健康水平在不同分布下收入差距表现出的差异性,我们可以做出合理的解释:平均预期寿命越高或围产儿死亡率越低的区域,健康水平越高,这些区域主要集中在经济发展水平较高、医疗卫生比较完善的地方,收入差距对健康的负向影响会因为经济增长、医疗便利所带来的红利有所抵消,对于健康水平较差的区域,居民收入水平较低,营养、教育以及医疗相对匮乏,收入差距扩大会进一步恶化地方公共健康水平。

表 4-11 稳健性检验之三：分位数回归

	exp			pem		
	QR_ 10	QR_ 70	QR_ 90	QR_ 10	QR_ 70	QR_ 90
gini	-10.700***	-8.024***	-7.722***	17.280***	18.980***	22.800***
	(-4.47)	(-4.48)	(-2.87)	(7.84)	(7.26)	(2.71)
pgdp	2.264***	2.710***	2.677***	-1.471***	-4.799***	-4.784***
	(7.99)	(16.27)	(14.47)	(-7.44)	(-14.79)	(-7.84)
ghe	0.494**	0.647***	0.491***	-0.927***	-0.624***	-1.424***
	(2.14)	(7.97)	(4.27)	(-7.17)	(-4.94)	(-2.79)
phw	0.468***	0.147**	-0.096	-0.424***	0.694	1.640
	(4.04)	(2.00)	(-1.26)	(-2.87)	(0.97)	(1.11)
den	0.941	-0.687	-0.117	-2.897***	-2.871***	4.04
	(1.09)	(-1.46)	(-0.20)	(-4.47)	(-4.87)	(1.28)
edu	0.774***	0.782***	0.670***	-0.741**	-0.481*	0.046
	(2.90)	(4.70)	(4.84)	(-2.04)	(-1.66)	(0.06)
old	0.748***	0.179***	0.276***	-0.474***	-0.742***	-1.006***
	(8.70)	(4.70)	(6.07)	(-7.22)	(-9.60)	(-7.64)
_ cons	66.960***	71.470***	69.280***	9.886***	10.740***	9.186
	(27.10)	(47.41)	(49.70)	(4.81)	(4.68)	(1.24)
N	480	480	480	480	480	480

注：*、**、***表示分别在10%、5%和1%水平下显著，( )内为相应 t 值。

为了刻画变量在不同分位数下对健康水平影响的变化趋势，图4-1和图4-2分别给出了不同变量对平均预期寿命和围产儿死亡率分位数回归系数变化趋势图。从图4-1中可以看到收入差距对平均预期寿命的分位数回归系数均小于0，随着分位数的提高，即平均预期寿命的提升，收入差距的分位数回归系数不断提升，收入差距对地区平均预期寿命的影响逐渐减小。对于经济发展水平，人均GDP的分位数回归系数均为正，经济发展水平对平均预期寿命具有正向促进作用，并且在较高平均预期寿命的区域，经济增长对平均预期寿命的提升作用更加强烈。从图4-2中可以看出，收入差距对围产儿死亡率的分位数回归系数均在0以上，收入差距扩大提高了地区围产儿死亡率，并且从趋势变化可以知道，收入差距对围产儿死亡率的影响随着分位数提升呈现向上趋势，虽然在部分分位点出现较大波动，其趋势维持向上不变，表明随着地区围产儿死亡率的提升，收入差距对围产儿死亡率的影响程度是依次增强的。同样，对于经济发展水平变量，人均 GDP 对围产儿死亡率的分位数回归系数均在 0 以下，人均 GDP 的提升对降低地区围产儿死亡率具有促进作用。从分位数回归系数变化趋势看，人均 GDP 的分位数回归系数随着分位数提高逐渐递减，即在围产儿死亡率越高的区域，经济增长对于降低地区围产儿死亡率的促进作用越强。

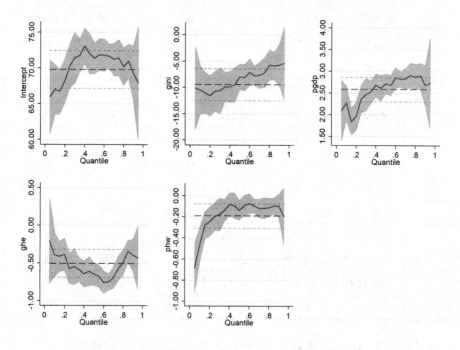

图 4-1 分位数回归系数的变化（平均预期寿命）

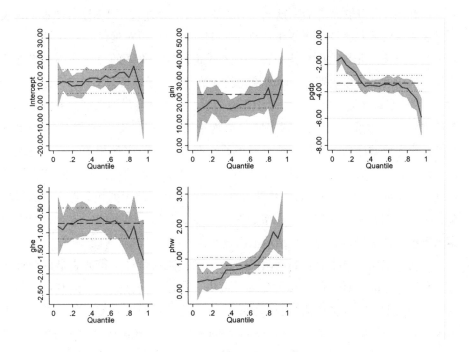

图 4-2 分位数回归系数的变化（围产儿死亡率）

4. 内生性处理

尽管前述研究控制了影响健康水平的一些控制变量，但依然存在遗漏变量导致的内生性问题。此外，收入差距与健康之间也有可能存在双向因果关系，收入差距不仅能对健康产生作用，健康人力资本的变化也会反向作用于区域内收入差距水平。① 为了解决存在的内生性问题，我们采用了广义矩估计方法和工具变量方法。

首先，广义矩估计方法引入了健康水平的滞后一期变量，此时健康水平的变化不是一个静态的过程，而是一个动态累积的过程，一个地区健康水平不仅受当期因素的影响，而且受到地区过去健康水平的作用，这也是符合现实情形的，通过广义矩估计方法一定程度能克服收入差距与健康水平的内生性问题。表 4-12 的前两列为两种健康水平下的差分广义矩估计（DIF-GMM）结果，中间两列为系统广义矩估计（SYS-GMM）结果，两种估计方法均采用被解释变量滞后二期和三期作为工具变量。从差分广义矩估计结果来看，平均预期寿命滞

---

① 祁毓，卢洪友. 污染、健康与不平等——跨越"环境健康贫困"陷阱［J］. 管理世界，
2015（9）：32-51.

后一期和围产儿死亡率滞后一期均显著为正，并且都通过了1%显著性水平，表明过去健康水平对当期健康水平产生了影响。收入差距对地区平均预期寿命显著为负，对围产儿死亡率显著为正，收入差距对健康水平的负向作用结果保持稳健。检验的统计量表明：Sargen检验的 p 值分别为0.535和0.198，无法拒绝"所有工具变量均为外生"的过度识别原假设，即工具变量的选择是有效的；残差序列相关性检验显示AR（1）的 p 值均小于0.01，AR（2）的 p 值均大于0.05，表明残差序列只存在一阶序列相关性而没有二阶序列相关，由此可以推断原模型误差没有序列相关性，总体而言估计结果是可信的。从系统广义矩估计（SYS-GMM）来看，工具变量的过度识别检验和残差序列相关性也都通过检验，平均预期寿命和围产儿死亡率的滞后一期系数均是显著的，收入差距对健康水平的影响依然显著为负，结论依旧稳健。

其次，采用工具变量并利用两阶段最小二乘法的估计结果如表最后两列所示。收入差距的工具变量选择主要参考占华（2018）的做法，采用基尼系数滞后一期和二期滞后变量作为自身的工具变量。为了检验工具变量的有效性，本书采用了多种统计检验进行判断：Kleibergen-Paap rk LM统计量的 p 值拒绝工具变量不可识别检验，工具变量与内生变量存在典型相关性；第一阶段 F 值大于临界值10，Kleibergen-Paap rk Wald F统计量大于Stock-Yogo检验10%水平上的临界值，表明工具变量不存在弱工具变量问题；Hansen检验分别为0.218和0.507，无法拒绝过度识别检验的原假设"所有工具变量都是外生的"，说明工具变量均是外生的。所有上述统计检验都表明工具变量具有合理性，模型设定是可靠的。从工具变量回归的最后两列估计结果来看，收入差距对地区平均预期寿命显著为负，对围产儿死亡率显著为正，表明收入差距扩大对地区健康水平具有抑制作用。

表4-12　稳健性检验之四：内生性处理

	DIF-GMM		SYS-GMM		IV-2SLS	
	exp	*pem*	*exp*	*pem*	*exp*	*pem*
L. exp	0.256***		0.259***			
	(13.95)		(11.93)			
L. pem		0.808***		0.995***		
		(11.98)		(19.20)		
gini	-5.592***	2.188*	-8.358***	2.393*	-11.35***	8.921**

续表

	DIF-GMM		SYS-GMM		IV-2SLS	
	exp	*pem*	*exp*	*pem*	*exp*	*pem*
	(−5.50)	(1.89)	(−8.83)	(1.92)	(−3.82)	(2.32)
pgdp	1.059***	−1.500***	1.955***	−1.119***	1.595***	−2.983***
	(18.29)	(−5.30)	(19.99)	(−3.52)	(8.10)	(−8.08)
ghe	0.192***	0.253*	−0.351***	0.592***	0.23	−1.805***
	(3.98)	(1.89)	(−5.98)	(5.32)	(1.38)	(−5.93)
phw	0.093***	0.098***	−0.01	0.159***	0.139***	−0.035
	(3.08)	(3.28)	(−1.59)	(3.59)	(2.88)	(−0.55)
den	−0.250*	−1.819***	−1.095***	−1.999***	0.593	2.535
	(−1.85)	(−5.01)	(−9.28)	(−5.23)	(1.03)	(1.35)
edu	0.881***	0.850	0.851***	0.829	0.858***	−0.098
	(9.80)	(0.55)	(9.99)	(0.85)	(3.85)	(−0.38)
old	0.199***	0.0939***	0.318***	0.085**	0.150***	0.055
	(8.02)	(2.59)	(9.59	(2.25)	(5.20)	(0.91)
_cons	58.890***	−5.955***	50.130***	−9.011***		
	(33.15)	(−3.52)	(28.85)	(−5.29)		
N	312	312	338	338	312	312
R^2					0.89	0.829
AR (1)	[0.001]	[0.000]	[0.001]	[0.000]		
AR (2)	[0.803]	[0.982]	[0.905]	[0.982]		
Sargan/Hansen	[0.535]	[0.198]	[0.999]	[0.815]	[0.218]	[0.507]
第一阶段F统计量					13.55	
Kleibergen-Paap rk LM 统计量					25.322 [0.000]	

	DIF-GMM		SYS-GMM		IV-2SLS	
	exp	*pem*	*exp*	*pem*	*exp*	*pem*
Kleibergen-Paap rk Wald F 统计量					85.5 {19.93}	

注：*、**、***表示分别在10%、5%和1%水平下显著，（）内为相应 *t* 值，［］内为相应 *p* 值，{}内 Stock-Yogo 检验 10%水平上的临界值。Kleibergen-Paap rk LM 检验的原假设是"工具变量识别不足"，Kleibergen-Paap rk Wald F 检验的原假设是"工具变量为弱识别"。

（四）机制检验

在前文理论机制梳理过程中，已经知道收入差距对健康的影响存在物质资源获取（如医疗和教育等）、社会资本，以及心理等途径，为了对影响机制进行检验，我们在式（4-5）的基础上引入收入差距与不同途径的交互项，探讨收入差距如何对健康水平发挥作用。因为本节采用的是省级层面宏观数据，社会资本、心理途径的宏观层面衡量难以寻找到有效的变量，因此，主要针对物质资源途径进行检验，而后两种途径在后续微观个体健康数据中进行相应的检验。表4-13 给出了收入差距影响健康水平的机制检验结果，其中，第（1）、（2）列是在不同健康水平度量下的教育途径检验结果，第（3）、（4）列则为医疗卫生途径检验结果。

从表中第（1）列可知，基尼系数与教育水平的交互项对地方平均预期寿命显著为正，通过了 1%显著性水平，表明教育水平的提高能够削弱收入差距对地方平均预期寿命的负面影响。第（2）列交互项对地方围产儿死亡率的影响显著为负，也通过了 1%显著性水平，表明地区教育水平的提高对于收入差距加剧地方围产儿死亡率存在抑制作用。综合而言，收入差距对地方健康水平的影响受到地区教育水平的调节作用。第（3）、（4）列的医疗卫生变量采用地方人均卫生技术人员数量表示，具体来看，第（3）列基尼系数与人均卫生技术人员交互项在 1%显著性水平上显著为正，说明随着地方人均卫生技术人员数量的增加，收入差距对地方平均预期寿命的负向作用将会减弱，第（4）列交互项在 1%显著性水平下显著为负，说明地方人均医疗卫生技术人员数量能有效抑制收入差距对地方围产儿死亡率的正向促进作用。总体上看，收入差距对健康水平的影响受到地区医疗卫生条件的作用。

表 4-13　收入差距影响健康水平的机制检验

	（1）	（2）	（3）	（4）
	exp	*pem*	*exp*	*pem*
gini	49.420***	128.600***	1.881	24.630***
	（8.10）	（8.16）	（0.69）	（3.88）
pgdp	1.383***	-3.964***	1.669***	-3.482***
	（8.49）	（-12.32）	（9.08）	（-10.01）
ghe	0.669***	-1.199***	0.390***	-1.661***
	（4.61）	（-4.88）	（3.02）	（-6.94）
phw	0.219***	0.228**	0.811***	1.282***
	（4.81）	（2.41）	（3.66）	（3.83）
den	0.931**	3.821***	0.884**	3.393***
	（2.38）	（4.80）	（2.02）	（3.93）
edu	2.968***	6.390***	0.984***	0.419*
	（8.82）	（8.08）	（8.29）	（1.86）
old	0.120***	0.062	0.128***	0.088
	（3.98）	（0.82）	（3.92）	（1.00）
*gini*edu*	6.818***	-13.310***		
	（8.93）	（-9.96）		
*gini*phw*			1.308***	-3.389***
			（2.89）	（-3.46）
_*cons*	48.600***	-40.030***	84.190***	-0.491
	（14.61）	（-8.28）	（38.41）	（-0.14）
N	480	480	480	480
R²	0.916	0.889	0.904	0.86

注：*、**、***表示分别在 10%、5% 和 1% 水平下显著，（　）内为相应 *t* 值，Hausman 检验、时间效应、地区效应在表格中并未给出。

第二节 收入差距对健康水平的收入门槛分析

前面小节从省级宏观层面数据对收入差距与健康水平之间的关系进行了实证分析，并探讨了收入差距影响健康水平的部分机制。从实证结果及多种稳健性检验可知收入差距扩大不利于健康改善的事实。然而，面对中国城乡二元结构、行业性质差异，以及区域发展不平衡的现实局面，城镇与农村、高端行业与低端行业、沿海区域与非沿海区域表现出的收入水平差异巨大。那么，对于不同收入水平的地区，收入差距对地区健康水平的影响是否存在差异？正如余央央和封进（2007）指出，收入差距对健康的效应还依赖于个人收入水平，收入差距的扩大导致低收入人群更不易对自身进行医疗卫生与教育投资。相比于富人，穷人更容易受到信贷约束，因此无力支付具有较高健康回报率的医疗卫生投资（诸如，注射疫苗等），抵御健康风险能力较弱。从心理学来讲，收入差距的扩大会使低收入人群产生心理挫败感，以及压力，导致情绪低落，对健康产生负向作用。为了验证收入差距对健康水平的影响在不同收入地区上的差异，通过建立门槛效应模型对该经验事实进行验证。

一、门槛模型构建

在分析某一自变量对因变量产生差异影响的因素时，一般采用两种惯用方法：其一，交互项连乘检验。该方法的弊端在于测定的指标影响是单调递增或单调递减，往往与现实情况出现相悖。其二，分组检验。该检验则只是人为按照自变量相关变量进行分组，难以精确反映各门槛变量的差异影响。因此，Hansen（1999）通过构建非线性面板门槛回归检验，能够对样本数据进行有效识别，其捕捉经济系统的结构性突变能力尤为显著，并且具备一般面板模型的优良特性，能够处理地区固定效应问题。本节借鉴 Hansen 面板门槛的思想，构建收入差距对健康水平的收入门槛模型：

$$health_{it} = \alpha + \beta_1 gap_{it} \times I(thr_{it} \leq \gamma_1) + \beta_2 gap_{it} \times (\zeta_1 < thr_{it} \leq \gamma_2) + \cdots$$
$$+ \beta_n \times I(\zeta_{n-1} < thr_{it} \leq \gamma_n) + \beta_{n+1} gap_{it} \times I(thr_{it} > \gamma_n) + \theta X_{it} + \varepsilon_{it}$$

$$(4-6)$$

其中，i 表示省份；t 表示年份；gap 表示收入差距；thr 表示门槛变量，这里门槛变量是地区收入水平，采用人均 GDP 表示；γ 为门槛估计值；$I(\cdot)$ 为示性函数；X 为控制变量，同上；ε_{it} 为随机干扰项，在无法具体门槛数量的条件下，式 (4-6) 设定成多门槛面板模型。

根据 Hansen（1999）门限回归理论，若给定门槛回归模型的门槛值 γ，则可以对模型进行参数估计，得到各解释变量的系数估计值，也能获得残差平方和，即 $S(\gamma)=e(\gamma)'e(\gamma)$。如果 γ 越接近门槛真实水平，残差平方和 $S(\gamma)$ 值将越小，因此，可以通过给定任意门槛值 γ，求得残差平方和 $S(\gamma)$ 最小时 $\hat{\gamma}$ = $\text{argmin}S(\gamma)$。

在确定门槛估计值以后，还需对门槛效应显著性和真实性进行检验。门槛回归模型显著性检验的目的是检验以门槛值划分的两组样本模型估计参数是否显著不同，即检验 β_1 和 β_2 是否存在显著差异，如果 $\beta_1=\beta_2$，则门槛模型没有明显的门槛值。因此，没有门槛值的原假设为 H_0：$\beta_1 = \beta_2$，同时构造 LM（Lagrange multiplier）统计量，对零假设进行统计检验，构造的统计量为：

$$F = \frac{S_0 - S_n(\hat{\gamma})}{S_n(\hat{\gamma})} \qquad (4-7)$$

其中，S_0 表示在零假设下的残差平方和加总，S_n 为存在门槛效果的残差平方和加总。然而，对式（4-7）进行统计检验会遇到一个严重的问题，即在零假设下 γ 是无法识别的，这将造成传统的检验统计量其大样本分布并非"卡方分布"，而是受到干扰参数影响的"非标准非相似分布"，使得分布的临界值无法以模拟方式得到。为克服这一问题，借助 Hansen（1999）的自助抽样法（Bootstrap）来获得其渐进分布，进而构造 p 值。

门槛效应的真实性检验即是对零假设 H_0：$\gamma = \gamma_0$ 进行检验，构造"似然比统计量"（Likehood Ratio Statistic）：

$$LR_n(\gamma_0) = n\frac{S_n(\gamma) - S_n(\hat{\gamma})}{S_n(\hat{\gamma})} \qquad (4-8)$$

当显著性为 α 时，$LR_1(\gamma_0) \leq c(\alpha) = -2\ln\left[1 - \sqrt{(1-\alpha)}\right]$ 时，不能拒绝原假设，在 95% 的置信水平下 $c(\alpha) = 7.35$。

二、门槛回归结果分析

在构建的多门槛回归模型中，首先有必要对门槛模型的具体形式进行相应检验，确定收入差距与健康水平关系中是否存在地区收入水平的门槛效应，以及具体的门槛数量。根据 Hansen（1999）的门槛模型，采用 Bootstrap "自抽样"

方法获得门槛效应检验的 F 值和相应 p 值。本书选取抽样次数为 300 次，收入门槛效应检验结果如表 4-14 所示。不难看出，当地区健康水平以平均预期寿命表示时，收入差距对地区平均预期寿命的影响存在收入的单一门槛效应（通过 5%显著性水平），双重门槛和三重门槛未能通过检验。在以围产儿死亡率表征地区健康水平时，收入的单一门槛检验的 p 值为 0.030，通过了 5%显著性水平，而双重门槛和三重门槛未能通过检验，表明收入差距对地区围产儿死亡率的影响同样存在收入的单一门槛效应。

表 4-14　收入门槛效应检验

被解释变量	门槛变量	门槛类型	门槛值	p 值	F 值	不同显著性水平临界值		
						10%	6%	1%
exp	pgdp	单一门槛	0.209	0.000	40.99	19.364	22.011	31.042
		双重门槛	0.723	0.073	17.61	16.163	19.699	27.076
		三重门槛	-0.434	0.267	19.31	30.263	36.971	46.169
pem	pgdp	单一门槛	-0.160	0.030	32.72	20.977	26.603	44.641
		双重门槛	0.126	0.400	10.94	17.969	21.920	31.746
		三重门槛	0.774	0.623	7.30	19.790	23.690	31.467

在门槛真实值的检验中，平均预期寿命作为被解释变量时，收入对数值的门槛值为 0.209，对应图 4-3 左侧的 LR 最小值；围产儿死亡率作为被解释变量时，收入对数值的门槛值为 -0.160，对应图 4-3 右侧的 LR 最小值。如图所示，上述模型的门槛估计值的置信区间是所有 LR 值小于 5%显著性水平下的临界值的估计值区间，位于门槛估计值和真实值相等的可接受域内。因此，门槛估计结果是真实有效的。

进一步地，通过确定的门槛值将收入门槛变量划分为不同的区间，并在不同地区收入水平下得到收入差距对健康水平的影响，门槛回归结果如表 4-15 所示，FE 和 FE_ robust 分别表示固定效应回归和固定效应条件下的稳健性回归，后面分析主要汇报 FE_ robust 回归结果。从回归结果可知，当地区收入水平对数值小于 0.208 时（收入水平为 $e^{0.208} = 1.231$ 万元），基尼系数每增加一个单位，地区平均预期寿命下降 4.407 岁，通过了 5%显著性水平。当地区收入水平对数值超过 0.208 时，基尼系数每增加一个单位，地区平均预期寿命下降 2.458 岁，在 10%显著性水平下显著。以围产儿死亡衡量健康水平时，当地区收入水平对数值小于 -0.150 时（收入水平为 $e^{-0.150} = 0.861$ 万元），基尼系数每增加一个单

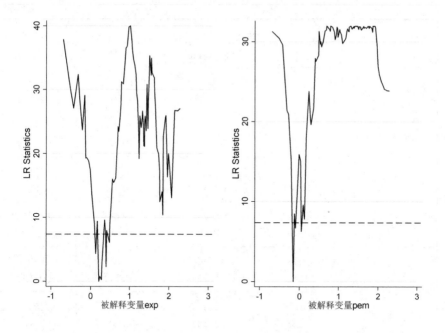

图 4-3 门槛值与置信区间

位，围产儿死亡率增加 9.171 个百分点，通过 5% 显著性水平。当地区收入水平
对数值大于 0.150 时，基尼系数每增加一个单位，围产儿死亡率下降 5.803 个百
分点，在 10% 显著性水平上显著。无论是地区平均预期寿命还是围产儿死亡率，
通过对比低收入区间和高收入区间收入差距系数绝对值发现收入差距系数绝对
值在较低收入水平的区间均较大，表明收入差距对健康水平负向影响在较低收
入水平的地区更加突出，证实了收入差距对健康水平的影响存在收入依赖性。
正如前文所述，低收入地区卫生供给不足、心理落差、环境恶化成为加剧健康
脆弱性的关键因素。

表 4-15 收入差距对健康水平的收入门槛回归

	exp		*pem*	
	FE	FE_ robust	FE	FE_ robust
gini（*pgdp*≤0.209）	−4.408 *** (−3.06)	−4.408 ** (−2.06)		
gini（*pgdp*>0.209）	−2.469 ** (−2.42)	−2.469 * (−1.69)		

续表

	exp		pem	
	FE	FE_ robust	FE	FE_ robust
gini（*pgdp*≤-0.160）			9.181*** （2.94）	9.181** （2.12）
gini（*pgdp*>-0.160）			6.903** （2.04）	6.903* （1.83）
pgdp	1.962*** （10.82）	1.962*** （8.40）	-3.136*** （-9.66）	-3.136*** （-4.96）
ghe	0.660*** （4.44）	0.660** （2.08）	-1.694*** （-6.29）	-1.694** （-2.16）
phw	0.093* （1.80）	0.093 （1.21）	0.019 （0.19）	0.019 （0.13）
den	1.261*** （3.13）	1.261** （2.38）	4.194*** （6.00）	4.194** （2.19）
edu	0.660*** （6.39）	0.660*** （3.81）	0.020 （0.08）	0.020 （0.06）
old	0.119*** （3.69）	0.119* （1.89）	0.069 （1.02）	0.069 （0.86）
N	360	360	360	360
R2	0.913	0.913	0.963	0.963

注：*、**、***表示分别在10%、5%和1%水平下显著，（）内为相应 *t* 值。

第三节　收入差距对居民健康的影响——基于 CFPS2018 微观数据的实证分析

前面两小节主要从省级宏观层面数据验证了收入差距对居民健康的影响，然而，宏观层面数据只是揭示了总体上两者的普遍性关系，它是建立在个体同质性基础之上的。实际上，由于个体、家庭不同的特征属性，收入差距对健康的影响会随个体或家庭特征出现差异，为了区别于省级宏观层面健康数据，本小节将考查微观层面上的个体健康数据。一是为了对宏观健康水平结论进行稳健性检验；二是为了针对个体不同特征（如年龄、教育水平和家庭收入水平），进一步挖掘收入差距对居民健康的异质性影响；三是对收入差距影响居民健康的机制做进一步的检验，主要从社会资本和心理途径进行展开。

一、数据来源及变量描述

本节所用数据来源于中国家庭追踪调查（CFPS）微观调查数据。CFPS数据由北京大学中国社会科学调查中心（ISSS）实施，重点关注中国居民的经济与非经济福利，以及包括经济活动、教育成果、家庭关系与家庭动态、人口迁移、健康等在内的诸多研究主题，是一项全国性、大规模、多学科的社会调查跟踪项目。CFPS样本覆盖25个省/市/自治区（不包含香港、澳门、台湾以及新疆维吾尔自治区、西藏自治区、青海省、内蒙古自治区、宁夏回族自治区、海南省），目标样本规模为16000户，调查对象包含样本家户中的全部家庭成员。CFPS在2008年、2009年两年在北京、上海、广东三地开展了初访与追访的测试调查，并于2010年正式开展访问。此后，每隔两年展开一次跟踪调查，较近一期的数据是2020年，由于2020年数据只公布了个人数据库，缺少家庭经济数据库，因此分析采用信息较全面的2018年数据。CFPS数据调查存在三种层级，一是针对社区展开，主要是收集社区政治环境、村居面貌、基础设施、人口、资源、交通、医疗卫生、财政收支等中宏观数据；二是针对家庭展开，主要是收集家庭机构与关系、生活条件、社会交往、收入支出、资产状况等多方面的数据；三是针对个人展开，主要是收集个人就业、教育、收入、婚姻、健康等个人信息收集。通过社区、家庭以及个人数据的整合，所要研究的对象不再孤立存在，而是相互联系的。因此，CFPS数据满足本节研究的需要，与此同时，选择2018年就近一期的CFPS数据也进一步保证了研究的时效性。

被解释变量的选择为个体健康水平，主要采用成人问卷中个体自评健康评价，对应的问题为P201："您认为自己的健康状况如何？"回答存在五种答案，"1"对应非常健康，"2"对应很健康，"3"对应比较健康，"4"对应一般，"5"对应不健康。为了便于分析，我们将该指标进行一定的逆序处理，使得"1"表示不健康，……，"5"表示非常健康。此外，作为个体自评健康的补充，同时选择能够衡量个人健康水平的客观健康指标，对应成人问卷中的问题为P301："过去两周内，您是否有身体不适？"答案"1"表示是，"2"表示否。

作为关键的核心解释变量收入差距，通常以基尼系数来衡量，本节也采纳这一指标。特别指出的是，周广肃等（2014）认为应该采用区县层面基尼系数来衡量收入差距，原因在于社区层面家户样本数据量过小，难以准确度量收入分配情况，而如果以省级层面数据来衡量，家户样本数量虽然充足，但掺杂过多不可控因素。因此，我们也从区县层面家户人均收入基尼系数来度量收入差距。进一步，作为稳健性检验，采用区县层面家庭人均收入泰尔指数作为基尼系数的替代指标（周广肃等，2018）。

控制变量的选择主要包括个人特征、生活习惯、社会保障，以及家庭状况方面。其中，个人特征包含性别、年龄、婚姻、教育、户口等变量，生活习惯包含是否抽烟、是否喝酒，以及是否午休等变量，社会保障有是否参加医疗保险，家庭状况则包含家庭规模、家庭人均收入、家庭做饭用水等变量。相关变量的含义及主要变量描述性统计如表4-16和表4-17所示。

表4-16　相关变量含义

	变量	代码	描述
健康状况	自评健康	srh	数值越大越健康（1为不健康，2为一般，3为比较健康，4为很健康，5为非常健康）
	身体不适	$unwe$	是=1，否=0
收入差距	基尼系数	$gini$	区县层面家庭人均收入基尼系数
	泰尔指数	$thei$	区县层面家庭人均收入泰尔指数
个人特征	年龄	age	2018年受访者年龄（年）
	性别	$gend$	男性=1，女性=0
	户口	$regi$	农业=1，非农=0
	城乡	$urba$	城镇=1，农村=0
	婚姻	$marr$	已婚=1，未婚=0
	教育	edu	文盲/未上学、小学、初中、高中、大专、本科、硕士、博士受教育年限分别为0、6、9、12、15、16、18和22年①
医疗保险	医保	$mein$	参与医疗保险=1，未参与医疗保险=0

---

① 任国强，黄云，周云波. 个体收入剥夺如何影响城镇居民的健康？——基于CFPS城镇面板数据的实证研究［J］. 经济科学，2017（4）：77-93.

续表

变量		代码	描述
生活习惯	是否锻炼	*exer*	是 = 1，否 = 0
	是否午休	*noon*	是 = 1，否 = 0
	吸烟	*smoke*	是 = 1，否 = 0
	喝酒	*drink*	是 = 1，否 = 0
家庭特征	家庭规模	*scal*	家庭总人口数（个）
	家庭人均收入	*rfin*	家庭总收入/家庭规模（万元/人），取对数
	家庭做饭用水	*watu*	1 = 自来水、桶装水/纯净水/过滤水， 0 = 江河湖水、井水、雨水、窖水、池塘水/山泉水、其他
	家庭做饭燃料	*cook*	1 = 天然气/管道煤气、太阳能/沼气、电， 0 = 柴草、煤炭、罐装煤气/液化气、其他

表 4-17 主要变量描述性统计

变量	样本数	平均值	标准差	最小值	最大值
srh	26950	3.118	1.224	1	5
unwe	26950	0.297	0.457	0	1
gini	26950	0.461	0.102	0.215	0.772
thei	26950	0.416	0.283	0.085	2.156
age	26950	48.93	15.52	18	98
gend	26950	0.498	0.512	0	1
edu	26950	6.627	4.889	0	18
scal	26950	4.335	2.043	1	19
rfin	26950	1.649	4.730	0.714	416.8

从主要变量描述性统计可以看出，样本自评健康平均水平为 3.118，个体对自我健康状态的评价相对良好，"身体不适"变量的平均水平为 0.297，进一步表明身体良好的人数量远多于身体不适的人。区县层面基尼系数平均水平为 0.461，位于国际贫困警戒线之上，而且基尼系数的最小值和最大值差异显著，表明我国收入差距较大与地区不平等程度分化并存的现实。教育程度的平均水平为 6.627，个体的受教育程度维持在高中及以下的等级，接受教育的年限偏

低，部分原因可以归结为本节选择的样本是成人样本，多数研究样本的年龄大于 35 岁，符合几十年前中国普遍的受教育现状。

二、研究方法

本节的因变量存在两种，一种是自评健康，属于顺序变量，采用 Ordered-Probit 回归分析模型，假设 $y^* = x'\beta + \varepsilon$（$y^*$ 为不可观测的潜变量），ε 服从标准正态分布，回归方程为：

$$P(y = J \mid x) = 1 - \varphi(r_{j-1} - x'\beta) \tag{4-9}$$

其中，$r_0 < r_1 < r_2 < \cdots < r_j$ 为待估参数，$J = \{1, 2, 3, 4, 5\}$。

当采用"身体不适"作为被解释变量时，此时健康为二分类变量，采用 Probit 回归模型，回归方程为：

$$P/1 - P = \alpha_k + \sum \beta_i X_i \tag{4-10}$$

其中，$P = p(y = k)$ 表示被解释变量每种取值的概率，α_k、β_i 分别为截距项和解释变量的系数，k 的取值为 0 和 1。

三、实证结果与分析

表 4-18 报告了收入差距对自评健康和以"身体不适"为代表的客观健康的两种影响结果，第（1）、（2）列是基于 Ordered-Probit 模型估计，第（3）、（4）列为 Probt 模型估计。特别说明的是，两种估计结果只是估计系数，只能衡量影响的方向，并不能代表各解释变量对被解释变量的边际效应。首先，从自评健康来看，收入差距对自评健康的影响显著为负，均通过了 1% 显著性水平（前者未引入控制变量，后者引入了控制变量）。从"身体不适"健康变量来看，收入差距的扩大显著加剧了个人身体不适的概率，也都通过了 1% 显著性水平。基于上述收入差距对两种健康的回归结果，可以知道收入差距对个人健康具有显著的负向影响。

从控制变量来看，由于控制变量影响自评健康和"身体不适"两种健康的效应大体一致，这里主要汇报自评健康的结果，重点关注第（2）列。从第（2）列可以看出，年龄对自评健康的影响显著为负，表明随着年龄的增长，自评健康水平逐渐下降。这可能是由于健康同商品一样可以给个人带来效用，与此同时，它也是一种投资品，个人在出生时具有最大的健康资本存量，会随着时间推移产生折旧，如果不进行投资，健康水平会逐渐下降（Grossman，1972）；性别对健康的系数显著为正，表明男性自评健康优于女性，这可能是男性特有的社会属性所致；拥有农业户口的自评健康水平显著高于非农业户口，是否属于城镇居民对自评健康影响不显著，说明了城市化进程不一定会显著提高居民自评健康水平，反而有可能适得其反；婚姻对自评健康显著为负，表明已婚个体的自评健康水平较低，这可能与心理学中的生活压力理论有关（格里格，2013）。结婚代表新的家庭组建，个人将承担更多的责任，经营家庭的同时还需要努力工作，这将损害健康资本，导致已婚个体自评健康偏低（任国强等，2017）；教育、锻炼习惯对健康水平具有显著的促进作用，吸烟对健康水平显著为负，这些符合常理；医疗保险变量的估计系数不显著，喝酒对健康水平影响显著为正，这两个变量的影响效果与预期存在一定偏差。通常，参与医疗保险对健康是有益的，但其中忽略了参与医疗保险存在的"道德风险"，以及对健康更有利的其他资源的占用。对于是否喝酒这一变量，现代医学研究表明适量饮酒可能对健康有益，并非只是绝对的负向影响；家庭属性控制变量方面，家庭规模、家庭人均收入、清洁水的使用，以及清洁能源的利用对个人健康水平都具有显著的促进作用，完全符合预期的效果。

表 4-18　收入差距对个体健康的影响

	srh		unwe	
	（1）	（2）	（3）	（4）
gini	-0.308***	-0.354***	0.427***	0.403***
	(-4.62)	(-5.10)	(5.10)	(4.57)
age		-0.022***		0.013***
		(-43.59)		(21.15)
gend		0.165***		-0.271***
		(9.78)		(-12.54)
regi		0.063***		-0.015
		(3.48)		(-0.63)
urba		0.018		-0.054***
		(1.15)		(-2.78)
marr		-0.035*		-0.014
		(-1.89)		(-0.59)
edu		0.100***		-0.014***
		(5.90)		(-6.58)

续表

	srh		unwe	
	（1）	（2）	（3）	（4）
mein		−0.004		−0.045
		（−0.18）		（−1.40）
exer		0.085＊＊＊		0.028
		（6.06）		（1.55）
noon		−0.566		−0.273
		（−1.37）		（−0.59）
smoke		−0.045＊＊		0.063＊＊
		（−2.51）		（2.72）
drink		0.157＊＊＊		−0.129＊＊＊
		（8.03）		（−5.04）
scal		0.015＊＊＊		−0.201＊＊＊
		（4.53）		（−4.77）
rfin		0.032＊＊		−0.023
		（2.15）		（−1.28）
watu		−0.003		0.026
		（−1.44）		（1.19）
cook		−0.001		0.049＊＊＊
		（−0.79）		（2.85）
_cons			−0.721＊＊＊	−1.013＊＊＊
			（−18.95）	（−13.89）
N	26950	26950	26950	26950
PseusoR^2	0.0003	0.042	0.0008	0.040

　　注：＊、＊＊、＊＊＊表示分别在10%、5%和1%水平下显著，（）内为聚类到区县层面相应 z 值，各回归对省份效应均进行了控制，后同。

　　上述表格只能表明变量影响的方向及显著性意义，为了考察收入差距对个体健康的边际效应，我们进一步通过软件计算得到收入差距在其样本均值处的边际效应大小，具体的边际效应结果如表4-19所示。从表中可以知道，当个体健康以自评健康度量时，此时健康为一个多分类有序变量，每种自评健康状态均存在不同的边际效应。基尼系数每提高 1 个单位，个人自评健康为不健康的概率增加 8.2%，自评健康为比较健康的概率下降 1.4%。当个体健康以"身体不适"进行衡量时，此时健康水平为一个二分类变量，由表格下方回归结果可以知道收入差距每提高一个单位，个人身体不适的概率将提高 13.8%。

表 4-19　收入差距对个体健康影响的边际效应

自评健康	不健康 = 1	一般 = 2	比较健康 = 3	很健康 = 4	非常健康 = 5
gini	0.082*** (5.09)	0.049*** (5.08)	−0.014*** (−4.86)	−0.053*** (−5.08)	−0.064*** (−5.09)
身体不适	dy/dx				
gini	0.138*** (4.56)				
控制变量	YES	YES	YES	YES	YES

注：*、**、*** 表示分别在 10%、5% 和 1% 水平下显著。

为了进一步证实收入差距对个体健康的影响，采用替换收入差距的衡量指标进行稳健性检验。表 4-20 给出了采用泰尔指数衡量收入差距的回归结果。从回归结果可知，当个体健康以自评健康度量时，在未引入控制变量情况下，泰尔指数的系数显著为负，通过了 1% 显著性水平，在加入控制变量后，泰尔指数系数依然为负，并通过显著性检验，表明收入差距的扩大对个体自评健康具有显著的负向影响；当个体健康以"身体不适"度量时，第（3）、（4）列均显示无论是否加入控制变量，泰尔指数的系数均为正，并且分别通过 1% 和 5% 显著性水平，进一步表明收入差距扩大提高了个体身体不适的概率。综合以上泰尔指数对个体健康的影响结果，收入差距对个体健康的负向结论是稳健的。

表 4-20　稳健性检验

	srh		unwe	
	（1）	（2）	（3）	（4）
thei	−0.104*** (−4.38)	−0.109*** (−4.51)	0.088*** (2.98)	0.082** (2.69)

续表

	srh		unwe	
	（1）	（2）	（3）	（4）
_ cons			−0.569***	−0.870**
			（−38.43）	（−13.82）
控制变量	NO	YES	NO	YES
N	26950	26950	26950	26950
PseusoR²	0.0002	0.042	0.0003	0.040

注：*、**、***表示分别在10%、5%和1%水平下显著。

不同年龄阶段、受教育程度、城乡差异，以及家庭收入水平，收入差距对个体健康的影响是否表现出异质性？为了回答这个问题，我们将样本年龄段分为60岁以下中年人组和60岁以上老年人组，接受教育程度为高中及以下的样本为低教育组，高中以上的样本为高教育组，家庭人均收入处于样本平均值以下的为低收入组，处于平均值以上的样本为高收入组。不同组别情形下收入差距对个体自评健康的影响结果如表4-21所示。

从表中可以知道，在年龄分组中，收入差距对中年人和老年人群体的影响显著为负，前者通过了1%的统计性检验，后者通过了10%的统计性检验，但收入差距扩大对中年人健康的影响大于老年人群体。这可能是由于中年群体作为社会工作的主力军，其受收入差距扩大引致的公共服务供给不足的冲击强于老年人群体；在教育分组中，无论是低教育组还是高教育组，收入差距对个体自评健康影响均显著为负，并且低教育组的系数绝对值大于高教育组，表明收入差距对受教育程度较低的群体健康冲击力更强。不难理解，接受较高教育的个体，有更大机会获得更高的收入与社会地位，很大程度可以削弱收入差距对个人健康的负向作用；在城乡分组中，收入差距对城镇和农村个体的影响均显著为负，农村个体受到收入差距的负向影响更大，这可能是因为农村自身教育、医疗等公共服务的欠缺，收入不平等的扩大将进一步恶化公共服务不足的局面，对农村个体健康产生更大的抑制作用；在家庭收入分组方面，收入差距对低收入群体自评健康显著为负，对高收入群体自评健康不显著，证实了收入差距与健康之间"弱假说"结论。

表4-21 收入差距对个体健康影响的异质性分析

	age<=60	age>60	低教育	高教育
gini	-0.340***	-0.237*	-0.374***	-0.042*
	(-4.90)	(-1.77)	(-5.14)	(-1.72)
控制变量	YES	YES	YES	YES
	urba=1	urba=0	低收入	高收入
gini	-0.255***	-0.477***	-0.497***	-0.123
	(-2.74)	(-4.53)	(-4.67)	(-1.36)
控制变量	YES	YES	YES	YES

注：*、**、***表示分别在10%、5%和1%水平下显著。

四、收入差距影响个体健康水平的机制检验

在理论分析中，我们已经知道收入差距可以通过影响物资资源获取（教育、医疗等）、社会资本，以及心理途径对健康水平产生影响，由于省级宏观数据对于后面两种机制难以进行实证检验，因此，下文机制检验主要针对社会资本和心理两方面展开。

现有研究对社会资本的认识可以分为认知性和结构性两类（Yip et al.，2007；Berry & Welsh，2010）。不同于西方国家社会资本的内涵，中国式社会资本具有其自身独特的性质，礼顺人情是中国居民维持社会网络和人际交往的重要途径，因而"钱物"这种人情支出能较好地衡量社会资本。我们采用"人情礼支出"作为认知型社会资本的代理指标，在CFPS2018问卷中对应的问题为FU201："包括实物和现金，过去12个月，您家总共出了多少人情礼？"钱物这种人情支出仅能衡量社会资本的一方面，人们所处的社会组织及其能够动员的资源或权利也是其拥有社会资本的重要反映。因此，我们根据受访者是否为某些组织的成员来定义结构性社会资本，对应CFPS2016问卷中的问题分别是QN4001："您是否是中国共产党党员？"QN4002："您是否是共青团团员？"QN4003："您是否是工会成员？"QN4004："您是否是宗教/信仰团体成员？"QN4005："您是否是个体劳动者协会成员？"根据上述五个问题，构造"组织成员"这个虚拟变量，只要参与其中一个，则为"1"，否则为"0"。心理指标的衡量主要针对个人的心理活动进行，我们选取了CFPS2018问卷中的两个问题，一个问题是PN406"我感到情绪低落"，另一个问题是PN412"我感到愉快"，以此来构造心理途径指标。

　　为了探讨两种中间机制是否存在，我们采用两个步骤来进行检验。首先，以自评健康作为被解释变量，控制个人特征、医疗保险、生活习惯以及家庭特征等变量，探讨收入差距对自评健康影响系数及显著性，并以此作为基础模型；其次，分别在基础模型中引入社会资本变量和心理变量，观察收入差距系数的变化，如果收入差距系数绝对值减小或显著性降低，则收入差距可能通过影响个人社会资本和个人心理对健康产生作用。表 4-22 给出了两种中间机制的检验结果，其中，第（1）列为基础模型，第（2）、（3）列为引入社会资本变量，第（4）、（5）列为引入个人心理变量。从表中可以知道，在未引入两种中间变量时，收入差距系数的大小为-0.354，在分别引入社会资本和心理变量后，收入差距系数绝对值均有所降低，分别为-0.348、-0.352、-0.297、-0.332，证实了收入差距能够通过社会资本和心理途径对个人健康产生效应。进一步观察社会资本和个人心理对自评健康的影响，可以发现，参与组织团体的成员的自评健康高于非组织成员，家庭人情礼支出越大，个人自评健康越高，情绪状态越好的个人自评健康也越好。

表 4-22　收入差距影响个体健康的机制检验

	社会资本			心理	
	（1）	（2）	（3）	（4）	（5）
gini	-0.354** (-5.10)	-0.348*** (-5.16)	-0.352*** (-5.10)	-0.297*** (-4.25)	-0.332*** (-4.77)
组织成员		0.061*** (3.75)			
人情礼支出			0.025*** (2.83)		
情绪低落				-0.337*** (-37.81)	
感到愉快					0.236*** (33.42)
控制变量	YES	YES	YES	YES	YES
N	26950	26950	26950	26950	26950
PseusoR²	0.0429	0.0431	0.0430	0.0611	0.0571

注：*、**、***表示分别在10%、5%和1%水平下显著。

第四节　本章小结

本章主要针对收入差距对健康水平影响的争议性问题，基于中国背景采用实证分析对两者的关系进行验证。考虑到健康度量存在宏观和微观两个层面，遵循此逻辑，本章从忽略个体差异的省级健康数据和考虑个体异质的微观个体健康数据两方面进行实证检验。

首先，基于 2003—2022 年我国省级面板数据，采用面板双向固定模型对收入差距与健康水平之间的关系进行回归分析。在进行回归分析前，对变量的平稳性、共线性予以检验，检验结果表明模型选择存在合理性。进一步，实证结果得出，以基尼系数度量的收入差距显著降低了地区人口平均预期寿命，但对围产儿死亡率具有显著的促进作用，表明收入差距扩大对地区健康水平具有抑制作用。为了证实结论的稳健性，通过替换收入差距指标、分区域、面板分位数回归以及内生性处理等多种稳健性检验方法进行检验，结论依旧是可靠的。同时，为了验证收入差距对健康水平影响的机制，通过引入收入差距与地区人均卫生技术人员，以及收入差距与地区教育水平的交互项，检验结果表明地区医疗水平、受教育程度能显著削弱收入差距对健康水平的负向影响。此外，针对收入差距对健康水平的影响是否依赖于地区收入水平，或存在"亲穷人"或"亲富人"倾向，建立了收入差距对健康水平影响的收入门槛模型。门槛模型结果表明，收入差距对健康水平的影响是存在收入门槛的，相对于高收入地区，低收入地区健康水平受到收入差距的负向影响更大，一定程度证实了收入差距的"弱假说"。

其次，考虑到个体异质性，基于 CFPS2018 微观调查数据，在控制个体特征、医疗保险参与、生活习惯，以及家庭属性等控制变量后，采用 Ordered-Probit 模型就收入差距对个人健康水平的影响进行检验。实证结果表明无论是以自评健康还是"身体不适"客观健康作为个人健康的度量，收入差距对个体健康水平均具有显著的负向作用。进一步，针对个体异质性进行分析得出，收入差距对中年人群体健康水平影响显著为负，对老年人群体影响不显著，接受教育程度较低的群体受到收入差距的健康冲击力更强，农村群体相对于城镇群体受到收入差距的负向影响更大。从不同的家庭收入分组来看，收入差距对低收入家庭健康水平影响显著为负，对于高收入家庭健康水平影响不显著，证实了收入差距与健康之间的"弱假说"观点。由于宏观数据的限制，社会资本和心理途径难以进行合理检验，因此，基于微观数据对这两条路径进行了验证。通过是否参与组织团体、家庭人情礼支出作为个人社会资本的度量，个人情绪状态作为个人心理的度量，借助两步法检验结果表明，收入差距能够通过社会资本和心理途径对个人健康水平产生影响。

综合上述宏观层面数据和微观层面数据的检验结果，不难知道，收入差距对健康水平存在显著的负向作用，物质资源获取（医疗或教育）、社会资本和心理是收入差距影响健康水平的有效机制。

第五章

收入差距对环境污染的影响——基于非线性及空间溢出视角的分析

社会和环境危机是世界各国当前发展阶段的两个重要特征。自 20 世纪 80 年代以来，大多数国家经济不平等现象日益严重，社会危机逐渐表现为经济的不平等（Picketty，2014），与此同时，环境压力的持续上升造成了自然生态系统的广泛变化，环境危机日渐凸显。两种危机的同时出现使得人们不得不思考其背后的关联性。一方面，基于环境公平视角，环境危机通过环境不平等的叠加加剧经济的不平等，特别是对于高度依赖环境的贫困人口，其遭受污染变化的冲击效应更加强烈（Martinez，2002）。另一方面，社会危机能够对环境政策决议产生影响，经济不平等的扩大将阻碍当地资源管理协作，进而导致环境危机加剧（Baland et al.，2007）。

作为发展中国家的中国，改革开放四十年以来经济高速发展，已经成为除美国外的第二大世界经济体。然而，经济高速增长的背后是收入差距的不断上升和环境质量的持续恶化。面对中国居高不下的收入差距与严峻的环境污染事实，两者之间究竟关系如何？如果收入差距扩大加剧环境污染的压力，那么收入分配政策能够同时达到收入平等和减排的双重效果。相反，如果收入差距扩大能够改善环境污染的压力，缩小收入差距与环境污染治理之间将存在"两难冲突"。厘清两者之间的关联对于收入分配改革和环境治理政策具有重要的导向作用。此外，针对跨国别或地区间研究中收入差距与环境污染关系的争议性问题，能否从中国视角重新审视两者之间的关系，给予后续研究一定的参考？因此，本章将借助中国省级层面数据，通过指标衡量的严谨性、方法的创新性、结论的稳健性多个角度对收入差距与环境污染之间的关系进行实证分析，厘清两者的确切关系，进一步地，对于收入差距对环境污染产生影响的途径进行了相应的验证。

第一节 计量模型构建与方法选择

一、计量模型构建

为检验收入差距与环境污染的关系，参考 IPAT 模型（Ehrlich & Holdren，1971）以及 EKC 假说（Grossman & Krueger，1995），同时考虑环境污染的空间溢出效应以及收入差距的非线性影响，将计量模型设定如下：

$$env_{it} = \rho w * env_t + \alpha_1 gap_{it} + \alpha_2 gap_{it}^2 + \alpha_3 pop_{it} + \alpha_4 pgdp_{it} + \\ \alpha_5 pgdp_{it}^2 + \alpha_6 tec_{it} + \alpha_7 control_{it} + u_i + \varepsilon_{it} \tag{5-1}$$

其中，i 表示省份，t 表示年份，w 为空间权重矩阵；env 代表环境污染综合指数；gap 代表地区收入差距；pop、$pgdp$、tec 分别为人口密度、人均收入水平和技术进步。$control$ 为一组控制变量，μ_i 为省份个体效应，ε_{it} 为随机扰动项。

二、方法选择

考虑到环境污染存在空间溢出效应，空间权重的选择成为必要。为了增加结果的稳健性，参考现有文献，本书选择两个空间权重矩阵指标。一是地理邻接权重矩阵。采用车相邻方法构建地理邻接权重矩阵，若两个省份相邻取值为 1，不相邻则为 0，同时对矩阵进行标准化。二是经济地理距离空间权重矩阵。该空间权重矩阵同时考虑了地区间地理距离和经济距离空间因素，弥补只考虑单一空间因素的弊端。参考李婧等（2010）的做法，经济地理距离空间权重 $W = W_d diag(\overline{Y_1/Y}, \overline{Y_2/Y}, \cdots, \overline{Y_n/Y})$，其中 W_d 为地理距离空间权重，$W_d = 1/d_{ij}$（d_{ij} 表示地区间的直线距离），$\overline{Y_n}$ 为第 n 个省份 2003—2022 年人均实际 GDP 平均值，$\overline{Y}$ 为所有省份 2003—2012 年人均实际 GDP 平均水平，最后对经济地理距离空间权重也进行行标准化处理。

除了环境污染的空间溢出效应外，本书不得不考虑收入差距与环境污染两者之间双向因果关系导致的内生性问题。一方面，收入差距能够通过"政治—经济""边际排放倾向"和"社会规则"等途径对环境污染产生影响；另一方面，环境污染的加剧也能够通过影响健康人力资本、劳动时间、劳动支付意愿等途径对个人收入水平发挥作用，从而导致个体之间收入差距的变化（盛鹏飞，2017）。忽略两者之间相互作用的影响，直接使用普通最小二乘方法（OLS）进行回归将使得估计结果有偏且不一致。此外，如果模型存在异方差，极大似然估计方法（MLE）也会导致估计结果的不一致。因此，本书采用广义两阶段最小二乘法（GS2SLS）对式（5-1）进行估计，该估计方法选取各解释变量及其空间滞后项作为工具变量，并采用二阶段最小二乘方法估计空间面板模型，不仅能有效解决上述问题，同时能够对环境污染的空间溢出效应及内生性进行有效的控制。

第二节 变量选择与数据来源

一、变量选择

（一）环境污染综合指数（env）

大多数研究在衡量环境污染水平时主要是基于单一污染物，如废水、SO_2、烟粉尘等，而国外文献更是以二氧化碳排放水平作为环境污染的代理指标（Uzar & Eyuboglu，2019）。单一污染物衡量固然存在代表性，但一种污染物的增加可能是另一种污染物的减少或污染转移所致，采用多种污染物的综合指数更能反映地区整体的环境污染水平。因此，本书选择用多种环境污染物的综合指数表示一个地区的环境质量，具体测算方法如第一章所示。

（二）收入差距（gap）

当前文献衡量地区收入差距的指标主要有基尼系数、泰尔指数和城乡收入比。本书主要以各省份历年基尼系数表示地区收入差距。同时为了保持研究结论的稳健性，以城乡收入比和城乡收入泰尔指数作为基尼系数的替代指标。

（三）控制变量（control）

控制变量分为两部分展开，一部分是基于IPAT模型选取的三个变量，主要是人口密度（den），采用单位国土面积人口数量表示。人均收入水平（pgdp），采用各地区人均GDP来衡量，考虑到EKC曲线拐点存在的可能性，同时引入平方项加以考察，此外，为了数据的可比性，采用GDP平减指数将各省历年人均GDP折算为2003年不变价格水平。技术进步（tec），采用R&D支出占地区GDP的比重表示。另一部分控制变量主要是其他对环境污染具有重要影响的变量。具体为：（1）产业结构（inst）。通常而言，工业化进程对经济发展会带来极大的提升，但建立在以化工、能源、钢铁等重工业为基础的产业体系会造成巨大的环境污染。本书采用第二产业增加值占 GDP 的比重来表示产业结构。
（2）能源结构（*est*）。以各省份历年煤炭消费量与能源消费总量的比值表示。
中国作为发展中国家，资源分布极其不平衡，依托于传统一次能源的消费结构
造成了资源利用效率的低下，粗放型发展方式进一步加剧了环境的污染。（3）
城镇化水平（*urba*）。采用城镇人口数量占地区总人口数量的比值表示。城镇化
水平一方面促进人口快速流动、基础设施完善以及土地资源集约化利用，降低
了环境污染。另一方面，城镇化进程由低级阶段向中等阶段跨越过程中容易形
成重规模而轻质量的局面，无序的扩张和产业结构的失衡导致环境进一步恶化。
（4）要素禀赋（*kl*）。资本劳动比较高的地区一般生产资本密集型产品，而资本
密集型产型产品属于污染密集型产品。本书采用地区固定资本存量与年末劳动
人口数量的比值表示地区要素禀赋。（5）外商直接投资水平（*fdi*）。外商直接
投资水平与环境污染的关系主要存在"污染避难所"和"污染光环"两种对立
的结论，影响方向具有不确定性，本书以实际利用外商直接投资额占地区 GDP
的比值表示。（6）环境规制（*er*）。采用排污费收入占地区 GDP 的比重表示。

二、数据来源与处理

本书研究的时间跨度为 2003—2022 年，根据数据的可比性和可获得性原
则，本研究不包含香港、台湾、澳门以及西藏自治区，使用的数据分别来自
《中国统计年鉴》《中国工业经济统计年鉴》《中国能源统计年鉴》《中国科技统
计年鉴》《中国环境统计年鉴》《中国环境年鉴》以及 EPS 数据库。① 同时，以
基尼系数衡量各省份收入差距时，由于部分省份基尼系数数据不全，为了获得
平衡的面板数据，天津、吉林、山东、湖南、海南、云南 6 个省份也被排除在
外，最终获得 24 个省份的面板数据。以城乡收入比和城乡收入泰尔指数作为收
入差距的替代指标做稳健性检验时，这些省份数据可以有效获得，此时面板数
据包含 30 个省份。

---

① 由于各类统计年鉴并没有各省份二氧化碳排放量的直接数据，因此，本书参考 IPCC
（2006）公布的计算方法，具体计算公式为：$CO_2 = \sum_{i=1}^{14} E_i \times NCV_i \times CC_i \times COF_i \times$
（14/12）。其中，i 为能源种类，本书选取煤炭、焦炭、焦炉煤气、高炉煤气、转炉煤
气、其他煤气、原油、汽油、煤油、柴油、燃料油、液化石油气、天然气和液化天然气
14 种能源终端消耗量，NCV 为各种能源的平均低位发热量，CC 为各种能源的碳的含
量，COF 为各种能源的碳氧化因子，（44/12）为二氧化碳与碳的分子量比率。

三、变量描述性分析

各变量描述性统计结果如表 5-1 所示。

表 5-1　变量描述性统计

变量	变量说明	单位	观测值	均值	标准差	最小值	最大值
env	环境污染综合指数	/	600	0.177	0.107	0.026	0.562
gini	基尼系数	/	480	0.385	0.060	0.201	0.492
urbi	城乡收入比	/	600	2.917	0.568	1.759	4.820
theil	城乡收入泰尔指数	/	600	0.123	0.057	0.017	0.237
den	人口密度（取对数）	人/平方千米	600	7.664	0.646	5.226	8.749
pgdp	人均 GDP（取对数）	元/人	600	10.538	0.826	8.190	11.253
tec	技术进步	%	600	1.343	1.042	0.171	6.038
inst	产业结构	%	600	46.682	8.026	19.014	63.460
est	能源结构	%	600	68.507	26.150	5.139	91.588
urba	城镇化水平	%	600	52.063	14.372	24.896	89.850
kl	要素禀赋	/	600	15.064	9.338	3.581	56.270
fdi	外商直接投资水平	%	600	2.580	2.049	0.035	12.386
er	环境规制	%	600	0.0013	0.0011	0.0001	0.0091

在未知环境污染与收入差距的具体关系情况下，用非参数方法进行初步描述是较为谨慎和可行的方法，对此采用二次曲线对环境污染与收入差距的散点图进行相应的拟合，可以大致知道两者之间的走向关系（如图 5-1），从图中可以看出无论是基尼系数（左侧）还是城乡收入比（右侧）作为收入差距的衡量指标，环境污染与收入差距两者之间的关系都近似为"倒 U"型关系，一定程度说明模型引入收入差距二次项的合理性，对于"倒 U"型的具体关系还需后文进一步严谨的检验。

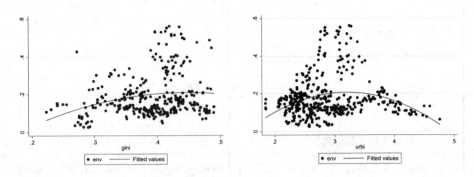

图 5-1　环境污染与收入差距散点的二次拟合曲线

第三节　实证结果与分析

一、空间相关性分析

空间相关性的探讨主要为了考察空间是否存在依赖性，如果不存在空间关联，传统的回归方法即可。全局莫兰指数考察的是整个空间序列整体的空间集聚情况，局部莫兰指数则反映的是相对于某一个区域周边的集聚情况。引入空间序列 $\{x_i\}_{i=1}^n$，本书研究的是中国 24 个省份区域，即 $n=24$，x_i 是各省份的观测值，全局莫兰指数和局部莫兰指数分别表示为：

$$I = \frac{\sum\limits_{i=1}^n \sum\limits_{j=1}^n w_{ij}(x_i - \bar{x})(x_j - \bar{x})}{S^2 \sum\limits_{i=1}^n \sum\limits_{j=1}^n w_{ij}} \tag{5-2}$$

$$I_i = \frac{(x_i - \bar{x})}{S^2} \sum\limits_{j=1}^n w_{ij}(x_j - \bar{x}) \tag{5-3}$$

$S^2 = \sum\limits_{i=1}^n (x_i - \bar{x})^2 / n$ 表示样本方差，w_{ij} 是空间权重矩阵的 (i, j) 元素。莫兰指数的取值范围在 [-1, 1] 之间，大于 0 表示正自相关，即省份之间高值与高值集聚、低值与低值集聚；小于 0 表示高值与低值集聚，存在负自相关。通过绘制地区局部莫兰散点图可以直观反映出各省份环境污染综合指数的空间集聚情况。

表 5-2 给出了环境污染综合指数历年的全局莫兰指数值以及空间相关性检

验，从 Moran's I 指数可以看出各年取值皆为正，并均通过了 10% 显著性水平，表明各省环境污染水平存在显著的空间相关性①，采用空间计量模型是合理的。

表 5-2　2003—2022 年各省环境污染综合指数的 Moran's I 统计值及检验

年份	Moran's I 指标	E（I）	sd（I）	z	P 值
2003	0.151	−0.034	0.117	1.583	0.093
2004	0.189	−0.034	0.120	1.862	0.063
2005	0.176	−0.034	0.120	1.762	0.078
2006	0.180	−0.034	0.119	1.798	0.072
2007	0.182	−0.034	0.119	1.817	0.069
2008	0.182	−0.034	0.119	1.812	0.070
2009	0.182	−0.034	0.119	1.829	0.067
2010	0.188	−0.034	0.112	1.979	0.048
2011	0.226	−0.034	0.118	2.200	0.028
2012	0.255	−0.034	0.119	2.432	0.015
2013	0.258	−0.034	0.120	2.445	0.014
2014	0.281	−0.034	0.120	2.634	0.008
2015	0.257	−0.034	0.119	2.453	0.014
2016	0.192	−0.034	0.118	1.913	0.056
2017	0.192	−0.034	0.118	1.920	0.055
2018	0.189	−0.034	0.118	1.885	0.059
2019	0.179	−0.034	0.119	1.789	0.072
2020	0.162	−0.034	0.119	1.657	0.098
2021	0.168	−0.032	0.201	1.723	0.096
2022	0.174	−0.035	0.203	1.725	0.068

注：本处使用的权重为地理邻接空间权重，E（I）为 I 的期望值，sd（I）为 I 值的方差，z 为 I 的 z 检验值。

---

① 采用经济地理距离空间权重计算全局 Moran's I 指数及相应检验，结果与使用地理邻接空间权重获得的结果大体相同，不再汇报。

二、基准回归结果分析

表 5-3 给出了以基尼系数衡量的收入差距对环境污染的估计结果，其中第（1）、（2）列为未引入空间滞后项的普通面板回归估计结果，第（3）～（6）列为引入空间滞后项并且基于地理邻接权重的 GS2SLS 估计结果。通过 Hausman 检验结果显示第（1）～（2）列在 10% 显著性水平下无法拒绝省份个体效应与解释变量之间不相关，所以应该采用随机效应模型进行估计。第（3）～（6）列 Hausman 检验结果显示在 10% 显著性水平下均拒绝了省份个体效应与解释变量之间不相关，故采用固定效应模型更合意。

表 5-3　基准回归结果

变量	被解释标量：env					
	（1）	（2）	（3）	（4）	（5）	（6）
w^*env			0.392*** (4.79)	0.359*** (4.46)	0.502*** (7.48)	0.365*** (5.93)
$gini$	2.208*** (3.05)	0.924 (1.24)	2.450*** (3.47)	2.214*** (3.10)	2.128*** (3.26)	1.331* (1.92)
$gini^2$	-3.185*** (-3.41)	-1.429* (-1.78)	-2.792*** (-3.74)	-3.087*** (-3.33)	-3.153*** (-3.74)	-1.439** (-2.17)
den	-0.004 (-0.14)	-0.069** (-2.33)	-0.002 (-0.07)	-0.014 (-0.48)	-0.031 (-1.12)	-0.012** (-2.16)
$pgdp$	0.202* (1.68)	0.398** (3.27)	0.055 (0.54)	0.033 (0.33)	0.351*** (3.10)	0.325*** (2.83)
$pgdp^2$	-0.007* (-1.73)	-0.019*** (-3.07)	-0.001 (-0.27)	-0.00004 (-0.01)	-0.017*** (-2.91)	-1.939*** (-2.73)
tec	-0.008 (-0.59)	-0.020** (-2.23)	-0.036*** (-2.82)	-0.044*** (-4.08)	-0.005 (0.40)	-0.016* (-1.78)
$inst$	0.002*** (3.20)	0.003*** (4.49)			0.002*** (4.32)	0.003*** (4.89)
est	0.002*** (5.30)	0.001*** (5.52)			0.001*** (4.25)	0.001*** (4.41)
$urba$	-0.006*** (-4.37)	-0.001 (-1.39)			-0.003** (-2.21)	-0.001 (-1.34)

变量	被解释标量：env					
	（1）	（2）	（3）	（4）	（5）	（6）
kl	0.004*** (3.92)	0.006*** (6.23)			0.004*** (4.45)	0.005*** (6.01)
fdi	−0.008** (−3.27)	−0.007*** (−2.88)			−0.009*** (−4.22)	−0.008*** (−3.33)
er	−8.063** (−2.12)	−15.052*** (−3.81)			−6.788* (−1.95)	−12.214*** (−3.30)
常数项	−1.973** (−3.26)	−2.216*** (−3.76)	−0.672 (−1.34)	−0.530 (−1.08)	−2.134*** (−3.87)	−1.864*** (−3.38)
调整 R^2	0.409	0.352	0.236	0.277	0.390	0.879
FE/RE	FE	RE	FE	RE	FE	RE
Wald test	311.63 [0.000]	378.75 [0.000]	147.02 [0.000]	135.68 [0.000]	340.39 [0.000]	350.24 [0.000]
Hausman test	0.880 [1.00]		263.257 [0.000]		240.537 [0.000]	

注：***、**、*分别表示在1%、5%、10%显著性水平下显著，括号内为纠正异方差后的 t 值，中括号内为相应 p 值，FE 和 RE 分别表示固定效应模型和随机效应模型，后同。第（3）～（6）列 GS2SLS 估计采用最高三阶空间滞后作为工具变量。

从第（2）列普通面板回归的随机效应估计结果可以知道地区收入差距与环境污染水平呈现"倒 U"型关系，但基尼系数的一次项系数并未通过10%显著性水平。第（3）列和第（5）列为考虑环境污染的空间溢出效应的 GS2SLS 固定效应估计结果，其中，第（3）列只加入核心解释变量和 IPAT 模型的基本变量对环境污染的影响。无论是基于 IPAT 模型三个主要控制变量还是加入更多控制变量，环境污染的空间滞后项系数均通过了1%显著性水平，表明环境污染存在显著的空间相关性。基尼系数的一次项系数和二次项系数也都通过了显著性检验，表明地区收入差距与环境污染之间表现为"倒 U"型关系，也证实了忽视环境污染的空间溢出效应的普通面板回归结果会带来一定的偏差。这种"倒 U"型关系与大多数文献认为两者存在负向关系（占华，2016；Uzat & Eyuboglu，2019）有一定的差别。对于收入差距与环境污染的"倒 U"型关系可以进行合理的解释：在一定的收入差距范围内，收入差距的扩大加剧了地区之间的竞争，导致落后区域追求经济增长而忽视环境保护的行径，区域之间污染产业的转移进一步加剧了环境质量的恶化。此外，收入差距的扩大增加了平均收入水平以下居民的占比，对于公共环境需求降低，同时也不利于能源结构以及技术的诱导升级。当收入差距超过一定的临界值变得极度不公平时，高收入群体掌握了绝大部分社会财富，在环境质量日益恶化的情况下，其改善环境质量的意识与动力大大提升，国家有关环保政策能够得到有效的实施与执行。另一方面，为避免收入差距的过度扩大，政府会致力于降低收入差距的举措，导致公众对清洁环境产品需求的增加。进一步地，通过第（3）列和第（5）列基尼系数一次项和二次项的估计结果，我们可以获得基尼系数的拐点值，计算可知两列基尼系数的拐点值分别为 0.439 和 0.462，而从各省份历年基尼系数大小可以发现绝大多数省份基尼系数值基本处于拐点值的左侧，由平均水平为 0.385 也可见一斑，表明我国当前阶段收入差距的扩大加剧了环境质量的恶化。

为了证实环境库兹涅茨曲线在引入收入分配因素后是否依旧成立，重点关注表 5-3 第（5）列回归结果。从人均 GDP 的一次项系数和二次项系数可以看出，一次项系数显著为正，二次项系数显著为负，经济发展水平与环境污染之间"倒 U"型关系仍然成立。通过拐点计算可知拐点值为 10.326，而大多数省份的人均 GDP 水平并未超过拐点值水平，表明当前我国要实现经济增长和环境污染的"脱钩"依然任重道远。从其他控制变量来看，人口密度和技术进步对环境污染的影响不显著，产业结构、能源结构以及地区要素禀赋对环境污染的影响显著为正，表明我国依托于第二产业和能源消耗为主的经济结构模式对于环境质量改善形成了强大的阻碍，地区依赖自身禀赋优势促进经济增长的策略也未能有效顾及环境质量。城镇化水平对环境污染的影响显著为负，表明当前城镇化进程脱离了过去追求规模而忽视质量的无序扩张模式，进而追求高质量并且精细化的城镇化模式，有效促进了环境质量的改善。外商直接投资水平的提高和政府环境规制强度的加强对于降低环境污染具有显著的促进作用，外资进入更多地发挥了"污染光环"效应而非"污染天堂"效应。

三、稳健性检验

上文在考虑环境污染的空间溢出效应基础上通过 GS2SLS 估计方法得出了收入差距与环境污染之间的关系，同时对影响环境污染的因素展开了一定的探讨，得出的结论基本符合预期。为了保持结论的稳健性，本书用变换空间权重矩阵、改变工具变量以及替换变量三种方法对收入差距与环境污染之间的关系进一步验证，表 5-4 给出了收入差距与环境污染之间的稳健性检验回归结果。第（1）

列为采用经济地理距离空间权重矩阵代替地理邻接权重，该空间权重既考虑了地理因素的作用，同时对地区之间经济因素的空间关联性也有所考虑，更能全面反映研究对象的空间关联程度。第（2）～（3）列为替换工具变量，其中，第（2）列为采用最高二阶空间滞后作为工具变量，第（3）列为寻找收入差距新的外生工具变量。尽管 GS2SLS 估计方法能一定程度减少内生性，但并非完全针对收入差距与环境污染之间的双向因果关系，故参考 Alssane（2011）选择老年人口抚养率作为收入差距的工具变量，以 65 岁以上人口占比来表示。与此同时，采用收入差距的滞后一期和二期作为收入差距的混合工具变量（占华，2018），第（3）列为采用混合工具变量的回归结果。第（4）～（7）列为采用城乡收入比和城乡收入泰尔指数代替基尼系数来衡量地区收入差距，其中，第（4）、（6）列为基于地理邻接空间权重矩阵，第（5）、（7）列为基于经济地理距离空间权重矩阵。从表 5-4 可以看出三种稳健性检验方法的结论基本保持一致，环境污染的空间滞后系数均通过了 1% 显著性水平，环境污染存在显著的空间溢出效应。此外，收入差距与环境污染的"倒 U"型结论依然显著成立。通过收入差距的拐点值进一步发现基尼系数、城乡收入比和城乡收入泰尔指数的拐点值均处于其平均值的右侧，再次表明当前阶段收入差距的扩大并不利于环境质量的改善。

表5-4 稳健性检验回归结果

变量	经济地理权重	替换工具变量		城乡收入比		城乡收入泰尔指数	
	(1)	(2)	(3)	(4)	(5)	(6)	(7)
$w*enw$	1.061*** (8.78)	0.513*** (7.15)	0.425*** (3.70)	0.736*** (11.02)	1.356*** (11.28)	0.835*** (11.281)	1.312*** (11.56)
$gini$	1.479** (2.31)	2.247*** (3.67)	4.257*** (3.23)				
$gini^2$	-1.787*** (-2.77)	-2.587*** (-3.08)	-4.691*** (-4.78)				
$urbi$				0.203*** (4.89)	0.145*** (3.76)		
$urbi^2$				-0.251*** (-4.60)	-0.127*** (4.36)		
$theil$						1.372*** (4.32)	1.101*** (3.48)
$theil^2$						-4.064*** (-4.52)	-3.625*** (-4.68)
常数项	-1.561*** (-2.89)	-2.056*** (-3.24)	-1.379** (-2.12)	-1.752*** (-3.97)	-1.026** (-2.04)	-0.958** (-2.07)	-0.627 (-0.85)
控制变量	是	是	是	是	是	是	是

续表

变量	经济地理权重	替换工具变量			城乡收入比		城乡收入泰尔指数	
	(1)	(2)	(3)	(4)	(5)	(6)	(7)
调整 R^2	0.487	0.460	0.454	0.461	0.470	0.458	0.453
FE/RE	FE	FE	FE	FE	FE	FE	FE
Hausman test	138.561 [0.000]	223.378 [0.000]	655.240 [0.000]	-69.135 [0.000]	-72.586 [0.000]	-139.347 [0.000]	196.154 [0.000]
拐点	0.414	0.434	0.454	0.406	0.571	0.169	0.152

注：*、**、***表示分别在10%、5%和1%水平下显著。

四、区域异质性分析

中国高速经济增长过程不仅促进了地区人均收入水平，同时也带来了显著的地区收入差距，西部地区收入差距水平明显高于中部和东部地区。① 这引发我们思考如下问题：收入差距对环境污染的影响是否存在区域差异？此外，由于地区经济发展水平与资源禀赋的不同，收入差距对环境污染的影响也可能存在差异。故此，本书采取以下三种方法对地区进行分类：一是按地理归属将 24 个省份划分为东部、中部和西部三部分；二是根据地区经济发展水平的不同划分为低收入区域和高收入区域，将人均 GDP 水平低于所有样本平均人均 GDP 的省份作为低收入水平组，高于平均人均 GDP 的省份作为高收入水平组；三是根据地区要素禀赋差异的高低进行划分，将资本劳动比低于平均水平的省份作为低要素禀赋组，高于平均水平的省份作为高要素禀赋组。表 5-5 给出了基于地理邻接空间权重三种分类方法的广义空间两阶段最小二乘回归结果。

由表 5-5 可以看出，环境污染的空间滞后项系数除东部及高收入水平地区分别通过 10% 和 5% 显著性水平外，其余分组类别均通过了 1% 显著性水平，并且系数均为正值，表明环境污染存在显著的空间正向溢出效应。从东部、中部和西部的回归结果可以知道，中部和西部收入差距水平与环境污染依然呈现"倒 U"型关系，并且其拐点值均在基尼系数平均水平的右侧，中西部地区当前收入差距的扩大加剧了环境污染。然而，东部地区与中西部地区的回归结果截然相反，收入差距与环境污染表现为"U"型关系，当收入差距小于 0.338 时，收入差距的扩大将减少环境污染；当收入差距超过 0.338 时，收入差距的扩大将加剧环境污染。对于这种相反的关系可以进行合理的解释：东部地区经济发展水平明显高于中西部地区，其环境治理技术也处于领先地位，适当的收入差距所引致的经济增长和技术拉动效应足够抵消收入差距所来的环境负效应，当收入差距足够大时，收入差距所带来的环境负效应占据主导地位，进一步扩大将不利于环境质量的改善。从收入水平的分组回归结果来看，在低收入水平地区，收入差距与环境污染为"倒 U"型关系，在高收入水平地区，收入差距与环境污染则为"U"型关系，与东部地区回归结果不谋而合。其实不难理解，收入水平较高的地区主要集中在东部，落后地区主要集中在西部，按收入水平的分组结果其实也是地理区域划分的另一种表现形式。进一步对东部地区和高

---

① 2003—2022 年样本期间，东部、中部和西部地区基尼系数的平均水平分别为 0.342、0.391 和 0.435。

收入地区收入差距的拐点分析可以知道，东部地区及高收入地区的收入差距平均水平分别为 0.342 和 0.352，均超过了各自收入差距的拐点值，表明东部地区和高收入地区当前收入差距扩大恶化了环境质量。最后，从地区要素禀赋分组来看，无论是资本劳动比高的地区还是资本劳动比低的地区，收入差距与环境污染均表现为"倒 U"型关系，并且收入差距的平均水平皆未跨过各自拐点值水平。总体而言，尽管按不同分组收入差距与环境污染的关系存在"U"型和"倒 U"型的区别，但现阶段中国收入差距的扩大并不利于环境质量的改善。

从控制变量来看，中部地区和高收入水平地区人口密度显著降低了环境污染水平，人口集聚对环境质量发挥了一定的促进作用。对于地区经济发展水平与环境污染的关系，EKC 假说基本保持成立。技术进步水平的影响出现了一定的分化，东部和中部地区技术水平的提高降低了环境污染，而对于低收入水平与低要素禀赋地区，技术进步水平的提高反而加剧了环境污染，这可能是由技术进步导致的能源反弹效应所致。以第二产业产值比重衡量的产业结构和以一次能源消费比重度量的能源结构依然是环境质量改善的绊脚石，城镇化水平、地方要素禀赋和环境规制对环境污染的影响方向在不同类别下基本保持一致。外商直接投资水平在西部、低收入及高要素禀赋地区显著降低了环境污染水平，发挥了"污染光环"效应，而在东部及中部等地区对环境污染的影响不显著。

表 5-5　区域异质性分析

变量	东部	中部	西部	低收入水平	高收入水平	低要素禀赋	高要素禀赋
	(1)	(2)	(3)	(4)	(5)	(6)	(7)
$w^* env$	0.149*	0.324***	0.092***	0.548***	0.169**	0.382***	0.451***
	(1.95)	(3.95)	(2.76)	(6.03)	(2.64)	(8.52)	(3.91)
$gini$	-2.543***	8.270***	1.801**	1.267***	-2.152***	0.839	3.532***
	(-4.15)	(3.55)	(2.32)	(3.40)	(-3.79)	(1.45)	(4.64)
$gini^2$	3.762***	-10.218**	-2.157**	-1.432***	2.948***	-1.025**	-4.217***
	(3.82)	(-3.41)	(-2.48)	(-2.87)	(4.38)	(-1.98)	(-4.21)
den	-0.014	-0.028**	-0.012	0.002	-0.026**	0.001	-0.003
	(-1.29)	(3.04)	(-1.05)	(0.468)	(-2.08)	(0.75)	(-1.59)
$pgdp$	0.310*	0.479	0.825**	0.468*	0.356*	0.350**	1.059***
	(1.66)	(-0.140)	(2.58)	(1.95)	(2.05)	(2.13)	(2.94)
$pgdp^2$	-0.015*	-0.030*	-0.044**	-0.151**	-0.015*	-0.013**	-0.046***
	(-1.88)	(-1.66)	(-2.67)	(-2.60)	(-1.65)	(-2.26)	(-3.68)

续表

变量	东部	中部	西部	低收入水平	高收入水平	低要素禀赋	高要素禀赋
	(1)	(2)	(3)	(4)	(5)	(6)	(7)
tec	-0.027***	-0.121***	-0.065	0.053**	-0.018	0.147***	0.016
	(-3.48)	(-5.97)	(-3.54)	(2.55)	(-1.07)	(3.25)	(1.24)
$inst$	0.001**	-0.002	0.011**	0.003*	0.010***	0.002***	0.002***
	(2.59)	(1.45)	(6.33)	(1.82)	(4.90)	(2.87)	(3.26)
est	0.002***	0.002***	0.0007**	0.001***	0.001***	0.002***	0.003*
	6.08)	6.31)	(2.00)	(3.48)	(6.25)	(6.25)	(1.78)
$urba$	0.001	0.003	0.003	0.005	0.002	0.002***	0.005*
	(0.48)	(1.36)	(1.32)	(1.28)	(1.37)	(2.94)	(-1.76)
kl	0.002*	0.001	0.011***	0.006***	0.003*	0.007**	0.003***
	(1.69)	(0.23)	(5.37)	(4.23)	(1.78)	(2.08)	(3.28)
fdi	0.001	0.001	-0.026***	-0.023***	-0.020	-0.002	-0.015***
	(0.38)	(0.19)	(-3.54)	(-4.83)	(-0.92)	(-0.85)	(-4.64)
er	-6.903*	-18.609***	-24.729*	-5.625	-6.154	-5.653***	-2.865
	(-1.68)	(-4.23)	(-1.96)	(-0.68)	(-1.26)	(-2.89)	(-1.47)
常数项	-1.389**	0.487	-4.324***	-2.467***	-1.696*	-2.267***	-6.534***
	(-2.45)	(0.30)	(-2.77)	(-3.46)	(-1.89)	(-2.84)	(-5.28)
调整 R^2	0.625	0.960	0.709	0.732	0.921	0.875	0.895
FE/RE	FE	RE	FE	FE	FE	FE	FE
Wald test	253.460 [0.000]	888.439 [0.000]	331.866 [0.000]	265.385 [0.000]	470.635 [0.000]	260.753 [0.000]	450.782 [0.000]
Hausman test	-108.348 [0.000]	82.109 [0.000]	159.087 [0.000]	80.820 [0.000]	-70.387 [0.000]	338.643 [0.000]	-40.563 [0.000]
拐点 ($gini$)	0.338	0.405	0.417	0.442	0.365	0.409	0.419

注：*、**、***表示分别在10%、5%和1%水平下显著。

五、机制检验

在上述研究中，本书论证了收入差距与环境污染之间的非线性关系以及区域异质性，但必须承认的是，上述研究仅是考察了收入差距影响环境污染的后效结果，对于收入差距如何影响环境污染的渠道机制未有涉足。正如前文所述，收入差距可能通过影响环境规制政策、能源结构、技术水平以及环境保护需求四种途径对环境污染产生作用。因此，本书参考 Baron 和 Kenny（1986）的研究，采用中介效应模型对四种路径进行验证，模型构建如下：

$$env_{it} = \rho w * env_t + \theta_1 gini_{it} + \theta_2 cv_{it} + \mu_i + \zeta_{it} \tag{5-4}$$

$$med_{it} = \beta_0 + \beta_1 gini_{it} + \beta_2 cv_{it} + \mu_i + \zeta_{it} \tag{5-5}$$

$$env_{it} = \rho w * env_t + \gamma_1 gini_{it} + \gamma_2 med_{it} + \gamma_3 cv_{it} + \mu_i + \zeta_{it} \tag{5-6}$$

其中，式（5-4）为不引入中介变量时收入差距对环境污染的影响，式（5-5）为收入差距对中介变量的影响，式（5-6）为引入中介变量后收入差距对环境污染的影响。cv 为一组控制变量的向量集，med 为中介变量，以上述四个路径变量表示。环境规制、能源结构、技术水平的度量和前文一样，环境保护需求采用环境信访数量（马本等，2017）来表示，并做对数处理，数据来源于《中国环境年鉴》。根据中介效应原理，若系数 θ_1、β_1、γ_2 均显著，并且式（5-6）中 γ_1 较式（5-4）中 θ_1 减小或显著度降低，则中介效应存在，收入差距通过中介变量对环境污染的影响程度为 $\beta_1\gamma_2$。

表 5-6 汇总了收入差距对环境污染影响的四种路径检验结果。其中，式（5-4）和式（5-6）主要基于地理邻近空间权重并采用 GS2SLS 进行估计，式（5-5）则基于 2SLS 进行估计，并且选择老年抚养比、收入差距滞后一期和二期作为收入差距的混合工具变量。由表 5-6 可知，当环境规制作为中介变量时，收入差距显著降低了环境规制水平，在引入环境规制中介变量后，收入差距对环境污染的影响系数减小，并且环境规制水平显著降低了环境污染水平，表明环境规制是收入差距影响环境污染的有效传导路径，其中介效应大小为 0.018，收入差距每增加 1 个百分数，通过环境规制水平的降低将使得环境污染水平提升 0.018 个百分点。当能源结构作为中介变量时，式（5-4）收入差距系数显著为正，式（5-5）收入差距系数也显著为正，式（5-6）收入差距系数较式（5-4）有所降低，且能源结构系数显著，表明能源结构的中介效应成立，收入差距能够通过抑制能源结构升级而加剧环境污染水平。当技术水平作为中介变量时，式（5-5）的收入差距系数和式（5-6）的技术水平系数均不显著，技术水平的中介效应不成立。最后，表 5-6 环境保护需求的中介效应检验表明收入差距能够通过降低公众环境保护需求而加剧环境污染水平。

表 5-6　收入差距对环境污染的影响机制检验

变量	med = er			med = est		
	式（7）	式（8）	式（9）	式（7）	式（8）	式（9）
$w^{*}env$	0.425*** (6.78)		0.448*** (6.87)	0.438*** (6.08)		0.442*** (6.86)
$gini$	0.362*** (3.47)	−0.003** (−2.07)	0.343*** (3.32)	0.362*** (3.20)	28.683* (1.89)	0.357*** (3.46)
med			−6.053* (1.78)			0.002*** (5.18)
常数项	−1.259** (−2.35)	0.028*** (3.57)	−1.823*** (−3.47)	−1.787*** (−3.11)	−119.358 (−0.96)	−1.684*** (−3.57)
控制变量	YES	YES	YES	YES	YES	YES
估计方法	GS2SLS	2SLS	GS2SLS	GS2SLS	2SLS	GS2SLS
Cragg-Donald Wald F statistic		59.790			60.584	
	med = tec			med = need		
	式（7）	式（8）	式（9）	式（7）	式（8）	式（9）
$w^{*}env$	0.445*** (6.43)		0.445*** (6.40)	0.463*** (6.75)		0.444*** (6.40)
$gini$	0.368*** (4.235)	0.056 (0.07)	0.357*** (3.43)	0.382*** (2.98)	−75.235*** (−3.04)	0.352*** (3.48)
med			−0.013 (−0.79)			−0.0002** (−2.29)
常数项	−2.536*** (−4.65)	26.568*** (12.60)	−1.802*** (−3.45)	−2.057*** (−3.48)	176.902*** (3.04)	−1.875*** (−4.23)
控制变量	YES	YES	YES	YES	YES	YES
估计方法	GS2SLS	2SLS	GS2SLS	GS2SLS	2SLS	GS2SLS
Cragg-Donald Wald F statistic		59.547			58.826	

注：Cragg-Donald Wald F 统计量值均大于 10% 水平下的临界值，不存在弱工具变量问题。

第四节　本章小结

本章以 2003—2022 年中国 24 个省份面板数据为研究样本，通过熵权法构建环境污染综合指数，在考虑污染的空间溢出效应及内生性基础上采用 GS2SLS 估计方法对收入差距与环境污染的关系进行了新的考察，与此同时，对收入差距影响环境污染的传导路径也做出了进一步的检验。研究主要得出如下结论：（1）中国环境污染存在显著的正向空间溢出效应，一个地区的环境污染水平不仅受本地经济发展水平、产业结构以及要素禀赋等因素的影响，同时受到周围地区环境污染水平的影响。（2）收入差距与环境污染水平在考虑污染的空间溢出效应和内生性后呈现显著的"倒 U"型关系，与当前研究简单的线性关系存在一定的出入。通过替换空间权重矩阵、变换工具变量和改变收入差距的衡量指标等稳健性检验后研究结论依旧成立。（3）尽管收入差距与环境污染"倒 U"型结论显著成立，但是通过收入差距的拐点值和各省份的收入差距的平均水平对比发现，大部分省份的收入差距水平处于拐点值的左侧，当前阶段收入差距的扩大总体上加剧了环境污染，政府实施缩小收入差距与污染减排的政策并不存在悖逆。对于环境污染的其他影响因素，在引入收入分配因素后，地区人均收入水平与环境污染之间的 EKC 关系依然成立，并且多数省份的人均收入水平并未跨越 EKC 曲线的拐点，实现经济增长和环境污染的"脱钩"依然任重而道远。地区环境规制强度、技术进步、城镇化水平以及外商直接投资具有很好的污染减排效应，而以第二产业比重衡量的产业结构、一次能源消费占比衡量的能源结构和资本劳动比度量的地区要素禀赋则对环境污染具有显著的加剧作用。（4）分区域样本表现出一定的异质性，具体表现为东部和高收入地区收入差距与环境污染表现为"U"型关系，而中部、西部、低收入、低要素禀赋和高要素禀赋地区两者之间的关系依然表现为"倒 U"型关系，但是两种悖逆关系的拐点进一步表明了现阶段收入差距不利于环境质量改善的事实。（5）影响机制检验表明环境规制、能源结构和环境保护需求是收入差距影响环境污染的有效路径，而技术进步的中介效应不显著。

第六章

环境污染的健康效应分析——基于环境保护税的准自然实验

前文已对环境污染的健康机制进行了深入分析，并且基于 OLG 模型得到政府征收环境税会降低环境污染水平进而改善居民健康水平的结论。那么环境污染的健康效应是否真实存在，或者该结论能否经受现实的检验？本章重点就是从实证角度出发，通过引入我国 2018 年实施的环境保护税作为准自然实验，考察环境保护税政策的实施是否改善了环境质量，并对居民健康水平有何影响。借助环境保护税这项准自然实验，来间接验证环境健康机制问题。

第一节 政策背景与事实描述

一、政策背景

环境保护税政策的前身为排污费，两者目的均是通过对环境负外部性施加成本从而达到环境保护的目的，前者相对于后者在制度上更加完善并且有法律规范保障。通过对排污费制度的总结，逐渐引出环境保护税政策。排污费可以分为三个过程：首先是试行与发展过程（1979—2002）。1979 年 7 月《中华人民共和国环境保护办法（试行）》的通过表明我国排污费制度正式建立，在此之后，《征收排污费暂行办法》《污染源治理专项基金有偿使用暂行办法》的相继实施进一步完善了排污费的制度章程。其次是全面执行过程（2003—2013）。2003 年 7 月《排污费征收使用管理条例》和相应辅助措施同向发布，排污收费问题与现行环境保护税制度的收费标准存在很大相似之处，排污费征收在全国大力执行。然而其问题是明显的，征收排污费标准许多低于政府环境治理成本，并且针对企业环境污染行为的差异化政策匮乏，导致同质化严重，企业减排治污的积极性不足。最后是执行标准的修正过程（2014—2017）。为了强化污染治理，2014 年 9 月《关于调整排污费征收标准等有关问题的通知》政策文件颁发，该政策对排污收费的执行标准和规范力度进行了相应调整，加强了环境治理力度和激励机制。

随着排污费实施的深入，排污费相对环保税的劣势逐渐体现①，法律效力缺乏、执行标准规范性不足、监管体制机制薄弱等问题逐渐浮出水面，这也导致了公众对环保税的诉求。我国对环保税的研究大体表现为如下过程：1992 年发布的《关于出席联合国环境与发展大会的情况及有关对策的报告文件》中最早提出要开展环保税的相关研究，到了 2016 年，我国正式通过了针对绿色税收制度的《中华人民共和国环境保护税法》，并且在 2018 年 1 月 1 日该税法正式在全国实施。

二、事实描述

《环境保护税法》提出："应税大气污染物和水污染物的具体适用税额的确定和调整，由省、自治区、直辖市人民政府统筹考虑本地区环境承载能力、污染物排放现状和经济社会生态发展目标要求，在本法所附《环境保护税税目税额表》规定的税额幅度内提出，报同级人民代表大会常务委员会决定，并报全国人民代表大会常务委员会和国务院备案。"环保税遵循的是"税负平移"原则，但同样赋予各省、自治区和直辖市有自主决定权力。"费改税"行为相对于过去排污费而言主要体现在激励机制、征管程序、征收力度以及中央地方税收分配调整方面，这也是环保税对比排污费的优势所在。在环保税实施现实数据方面，高萍（2019）研究指出，环境税执行当年，45%的省份在适用税额方面相对于过去排污费标准进行了上提，而 55%的省份依据税负平移的原则进行了相应调整。除此之外，云南省、内蒙古自治区、重庆市和上海市在 2019—2021 年期间对适用税额做出了改变，其余省份在此期间并未做出调整。事实上，环保税的实施对环境污染的控制可能是有效的，虽然需要严格的佐证，这也是后续实证分析的必要。

第二节　计量模型构建与数据说明

一、计量模型构建

本章研究的是环境污染的健康效应，通过 2018 年我国环境保护税实施的准

---

① 环境保护税简称环保税，下同。

自然实验来间接考察环境健康机制。为了有效对政策效应进行评估，建立市域层面的双重差分模型。同时为寻找合理的实验组和控制组，以工业 SO_2 作为标的物，如果 2018 年相较原排污费标准提高 SO_2 适用税额的省份作为实验组，同理其下属城市也作为实验组，2018 年相较原排污费标准未提高 SO_2 适用税额的省份作为控制组，这些省份及下属城市基本是以"税负平移"方式从排污费标准调整到环保税征收税率。因此，可以建立市域层面环境保护税对环境污染和健康水平的双重差分模型：

$$SO_{2\ it} = \alpha_0 + \alpha_1 treated_{it} * post_{it} + \sum_j \alpha_j control_{it} + u_i + \eta_j + \varepsilon_{it} \qquad (6-1)$$

$$health_{it} = \beta_0 + \beta_1 treated_{it} * post_{it} + \sum_j \beta_j control_{it} + u_i + \eta_j + \varepsilon_{it} \qquad (6-2)$$

其中，i 代表城市，j 表示年份，SO_2 是工业二氧化硫排放量，$health$ 表示健康水平，$control$ 表示一组控制变量，u_i、η_j 分别表示地区效应和时间效应。$treated * post$ 是政策实施的效果，是本章重点考察的对象。具体而言，$treated$ 为分组虚拟变量，若 2018 年提高 SO_2 适用税额的城市，取值为 1，若未提高则取值为 0。$post$ 为时间虚拟变量，在 2018 年以前取值为 0，2018 年及以后取值为 1。

二、变量与数据说明

（一）变量

（1）被解释变量。本章考察的是环境保护税的环境健康效应，存在两个被解释变量：一个是 SO_2，即工业二氧化硫排放量，用排放量的对数表示；另一个是健康水平，以人口死亡率来表示。在前文理论分析中，已经获悉提高环保税税率会降低环境污染进而提升居民健康水平，为了验证该关系，中介效应模型常用于这种传导机制检验中。然而，江艇（2022）指出在因果推断分析中，采用逐步法来进行中介效应检验是存在缺陷的。为避免这种缺陷，本章只建立式（6-1）和式（6-2），因为前文基于综述和理论分析已经证实了环境健康风险的存在。只要环境保护税的实施对 SO_2 和 $health$ 均显著，结合江艇的研究就可以证明环境保护税的实施确实能够作用于环境污染最终导致健康水平发生变化。

（2）核心解释变量。环境保护税政策是本章核心的解释变量。根据双重差分思想，该变量对应模型中 $treated * post$，是分组虚拟变量和时间虚拟变量的交乘项。

（3）控制变量。为保证研究结论的准确性，需要控制一些影响工业二氧化硫排放和健康水平的控制变量。当研究工业二氧化硫排放的影响时，控制变量的选取有：经济发展水平（gdp），以各城市经济生产总值的对数表示；城市规模（*pop*），以年末常住人口的对数表示；外商投资水平（*fdi*），以实际利用外资数额的对数表示；能源结构（*es*），以煤炭消费数量与总能源消费数量的比值表示；产业结构（*inst*），以第二产业增加值的比重表示。当研究健康水平影响时，控制变量的选择除以上变量外，还加入了医疗卫生水平（*hospital*）和城市绿化（*park*）两个控制变量，分别以各城市医院床位数的对数和各城市公园绿地面积的对数表示。

（二）数据说明

本章研究的时间跨度为 2014—2021 年，包含 266 个城市，其中实验组城市120 个，控制组城市 146 个，最终构建了 8 年的城市面板数据。相关变量数据主要来源于各城市统计年鉴、EPS 数据库以及各城市统计公报，部分确实数据采用插值法补齐。变量的描述性统计如表 6-1 所示。

表 6-1　变量描述性统计

变量	样本量	均值	标准差	最小值	最大值
SO_2	2394	9.51	1.286	0.693	13.11
health	2394	6.924	5.703	1.24	109
gdp	2394	7.482	0.842	4.879	10.22
pop	2394	5.881	0.69	2.996	8.145
fdi	2394	10.08	1.277	1.099	14.15
es	2394	37.98	12.61	7	67
ind	2394	44.8	12.09	10.16	88.86
hospital	2394	9.713	0.707	7.331	12.22
park	2394	16.11	1.759	6.06	24.11

第三节　实证分析

一、基准回归结果

表 6-2 在控制城市效应和时间效应的基础上给出了环境保护税对工业 SO_2

排放和居民健康水平的回归结果，分别对应第（1）列和第（2）列。从表中可以知道，环境保护税对工业 SO_2 的排放具有显著抑制作用，通过了1%统计性水平的检验。具体来说，环境保护税的实施平均能降工业 SO_2 排放量1.542吨。从第（2）列可以看出环境保护税对居民健康水平的影响同样显著，通过了5%统计性水平的检验，环境保护税的实施导致死亡率平均下降了0.622个千分点。从基准回归的分析中可知环境保护税的环境健康效应是明显的。结合江艇（2022）的分析思路，既然环境污染的健康效应是显而易见的，那么结合两列的回归结果可知，环境保护税的实施确实能够通过降低工业 SO_2 的排放进而改善居民健康水平。

表 6-2　环境保护税对工业 SO_2 和健康水平的基准回归结果

	(1)	(2)
	SO_2	health
treated * post	−0.433***	−0.622**
	(0.046)	(0.298)
gdp	−1.127***	3.112***
	(0.085)	(0.741)
pop	0.509*	−1.315
	(0.260)	(2.279)
fdi	0.00690	0.458***
	(0.014)	(0.123)
es	0.060***	0.0974***
	(0.003)	(0.0245)
ind	0.025***	0.040*
	(0.002)	(0.021)
hospital		−2.307***
		(0.828)
park		−0.131*
		(0.079)
_cons	11.58***	5.769
	(1.464)	(14.070)
城市效应	YES	YES

	（1）	（2）
	SO_2	*health*
时间效应	YES	YES
N	2394	2394
R^2	0.631	0.532

注：括号内为标准误，*、**、***分别表示10%、5%和1%显著性水平。

二、稳健性检验

（一）平行趋势检验

使用双重差分模型进行分析的前提条件是实验组和控制组在政策发生前具有相同的变化趋势，如果该条件无法满足，那么基准回归结果将无意义。通常，可以采用两种方法对平行趋势进行检验。一种是绘制政策实施前实验组与控制组被解释变量的时间趋势图，观察两组趋势是否一致；另一种是通过统计手段来判别实验组和控制组的事前差异。相对来说，后者比前者更具客观性。本章将采用第二种方法来对平行趋势进行检验。在前文模型的基础上进一步生成分组虚拟变量 *treated* 与时间虚拟变量 *post* 的交互项进行回归，新的模型如下：

$$SO_{2\,it} = \alpha_0 + \sum_{\tau=-B}^{A} \theta_\tau D_{i,\,t-\tau} + \sum_j \alpha_j control_{it} + u_i + \eta_j + \varepsilon_{it} \qquad (6-3)$$

$$health_{it} = \beta_0 + \sum_{\tau=-B}^{A} \delta_\tau D_{i,\,t-\tau} + \sum_j \beta_j control + u_i + \eta_j + \varepsilon_{it} \qquad (6-4)$$

其中，B、A 分表表示环境保护税实施前和实施后的期数，D 为新生成的虚拟量，若城市 i 在 $t-\tau$ 期实施了提高 SO_2 适应税额，则 D 值取 1，否则取 0；$\theta_0 \sim \theta_T$、$\delta_0 \sim \delta_T$ 均表示环境保护税实施后第 0 期到第 T 期的效果，0 期表示政策执行的当年。本章对环境保护税实施前 4 年和实施后 3 年进行分析，假定将 2014 年设定为基期，可以得到政策实施前后的动态效应图，如图 6-1 和图 6-2。

图 6-1 是环境保护税实施前后工业 SO_2 的动态效应，图 6-2 是环境保护税实施前后健康水平（人口死亡率）的动态效应。两图均说明在环境保护税实施的前三年实验组和控制组的虚拟变量在 0 值附近波动，表明实验组和控制组并无显著差异，证明了环境保护实施前两组城市是满足平行趋势的。

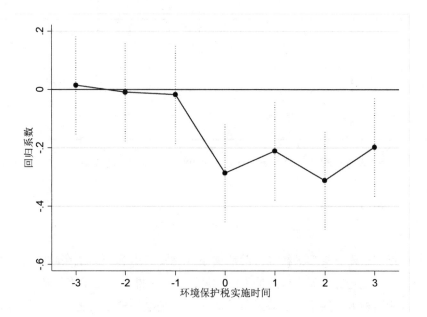

图 6-1 环境保护税的动态效应图（工业 SO₂）

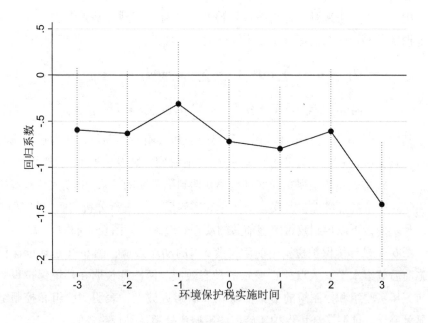

图 6-2 环境保护税的动态效应图（*health*）

（二）倾向得分匹配

为避免城市提高 SO_2 适用税额的非随机性造成的不良后果，本章利用倾向得分匹配方法重新对城市样本进行筛选，尽可能保证实验组和控制组城市特征的相似性，从而提高双重差分估计的精度。在样本匹配中选择经济发展水平、城市规模、外商直接投资水平、能源结构、产业结构等变量，根据倾向得分作为距离函数进行匹配，所使用的匹配方法为一对一邻近匹配法。样本匹配均衡性检验结果如表 6-3 所示。从表 6-3 中可以知道，匹配后的标准偏误基本有所减小，从 t 检验也可以看到匹配之后除外商直接投资水平存在差异外，其他变量在实验组和控制组之间不存在显著差异。

表 6-3 平衡性检验

样本		平均值		标准偏误（%）	t 检验	
		实验组	控制组		t	p 值
gdp	匹配前	7.6559	7.3376	38.9	9.37	0.000
	匹配后	7.6559	7.6554	0.1	0.01	0.989
pop	匹配前	6.0896	5.7092	58.0	13.95	0.000
	匹配后	6.0896	6.0801	1.5	0.38	0.701
fdi	匹配前	10.104	10.066	3.0	0.73	0.468
	匹配后	10.104	9.9978	8.3	1.82	0.069
es	匹配前	37.91	38.05	−1.1	−0.27	0.787
	匹配后	37.91	37.887	0.2	0.04	0.996
ind	匹配前	44.111	45.366	−10.4	−2.53	0.011
	匹配后	44.111	44.597	−4.0	−1.00	0.320

图 6-3 更直观地对匹配样本的结果进行了验证，从图中可以看出未匹配前实验组和控制组的变量差异很大，经过匹配后两组变量差异得到极大的减小，表明匹配方法的选择是恰当的。

倾向得分匹配是确保实验组和控制组变量特征尽可能接近，最终服务于双重差分回归结果。因此，在上述倾向得分匹配后，基于匹配的样本进一步做回归分析，可以得到修正后环境保护税的环境健康效应结果。具体回归结果如表 6-4 所示。从表中可知倾向得分匹配后环境保护税对工业 SO_2 排放量和死亡率的负向作用依旧是显著的，表明结论是稳健的。

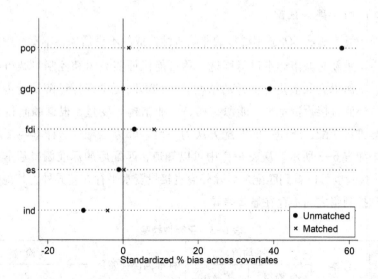

图 6-3　匹配有效性检验

表 6-4　倾向得分匹配后的回归结果

	（1）	（2）
	SO_2	health
treated * post	−0.469***	−0.643***
	（0.071）	（0.214）
gdp	−1.083***	2.183*
	（0.134）	（1.129）
pop	0.072	2.615
	（0.542）	（4.571）
fdi	0.011	0.363**
	（0.021）	（0.180）
es	0.061***	0.0917**
	（0.004）	（0.037）
ind	0.0192***	0.006
	（0.004）	（0.033）
hospital		−4.296***
		（1.253）

续表

	（1）	（2）
	SO_2	health
park		0.031
		（0.129）
_cons	14.08***	8.902
	（3.142）	（27.74）
城市效应	YES	YES
时间效应	YES	YES
N	1099	1099
R^2	0.629	0.539

注：括号内为标准误，*、**、***分别表示10%、5%和1%显著性水平。

（三）改变政策冲击时间

为增加结论的说服力，再次进行反事实检验。反事实检验的思路是借助虚拟的政策时间点来考察政策的有效性。若构造虚拟的政策时间点政策效果依然显著，那么就需要怀疑被研究变量可能并非政策本身所导致，而是由其他相关事件或政策所影响。本章研究已知道环境保护税的实施时间是2018年，若构造两个虚拟时间2017年和2016年，进一步考察其实施效果，最终回归结果如表6-5所示。从回归结果中可以知道，无论是工业SO_2排放量还是居民健康水平，$treated*post$的系数均变得不显著，说明构造的虚拟时点变量并未发挥效应，这也从侧面证明了环境保护税的实施对环境健康影响的有效性。

表6-5 改变政策时间的回归结果

	2016 政策实施点		2017 政策实施点	
	SO_2	health	SO_2	health
treated*post1	−0.235	0.975		
	（0.443）	（1.466）		
gdp	0.057	5.923***	0.067	6.065***
	（0.079）	（0.834）	（0.079）	（0.832）

	2016 政策实施点		2017 政策实施点	
	SO_2	health	SO_2	health
pop	−0.129	−3.545	−0.111	−3.635
	(0.210)	(2.238)	(0.209)	(2.238)
fdi	0.021*	0.541***	0.021**	0.538***
	(0.011)	(0.123)	(0.011)	(0.123)
es	0.012***	0.024	0.012***	0.028
	(0.003)	(0.031)	(0.003)	(0.031)
ind	−0.0004	−0.028	−0.001	−0.029
	(0.002)	(0.023)	(0.002)	(0.023)
hospital		0.109		0.134
		(0.873)		(0.874)
park		−0.129*		−0.129*
		(0.078)		(0.078)
treated * post2			−0.266	0.616
			(0.418)	(0.442)
_cons	10.18***	−16.48	10.05***	−17.29
	(1.177)	(14.00)	(1.174)	(14.00)
城市效应	YES	YES	YES	YES
时间效应	YES	YES	YES	YES
N	2394	2394	2394	2394
R^2	0.763	0.687	0.765	0.686

注：括号内为标准误，*、**、***分别表示10%、5%和1%显著性水平。

（四）随机抽取实验组

为检验环境污染和健康水平的变化是否为时间变动或遗漏重要解释变量所致，本部分通过随机抽取实验组的方式对上述问题进行排除。具体而言，随机抽取120个城市作为实验组，其他城市作为控制组，并构造出"伪政策虚拟变量"交互项，即虚拟的 treated * post，重复进行实验500次，并把500次的政策虚拟变量交互项的结果分布绘制出来。图6-4、图6-5分别给出了工业 SO_2 和健康水平虚构处理组的检验结果，两个图的回归系数大体分布在 0 左右，表明随机抽样构造的实验组和控制组政策效果是不明显的，间接表明原先环境保护税政策效应的真实性。

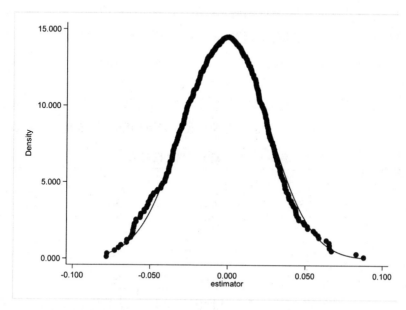

图 6-4　重构处理组的检验结果（工业 SO_2）

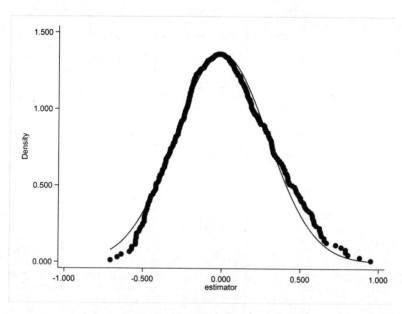

图 6-5　重构处理组的检验结果（$health$）

三、异质性分析

前文对环境保护税的环境健康效应进行了实证检验，并且通过了多种稳健性检验。考虑到城市资源禀赋、地理区位等差异，环境保护税对环境污染和居民健康水平的影响是否会随城市特征的差异而存在不同，需要对这方面的问题做进一步的分析。重点考察两方面，一是城市规模属性的影响，二是地理位置的影响。根据国家统计局的划分将全国分为东、中、西三个区域，城市规模划分参考刘伟明等（2022）的研究，将城市人口 500 万以下的作为一般城市，500万以上的作为特大城市。基于上述两种分类，得到回归结果如表6-6 和表6-7。

表 6-6　基于城市规模的回归结果

	一般城市		特大城市	
	SO_2	health	SO_2	health
Treated * post	−0.392***	−0.436	−0.496***	−0.488**
	(0.061)	(0.519)	(0.067)	(0.215)
gdp	−0.918***	4.111***	−1.659***	−1.530**
	(0.103)	(1.045)	(0.159)	(0.767)
pop	0.521*	−2.329	−1.010	5.280
	(0.295)	(2.977)	(0.677)	(3.408)
fdi	−0.0264	0.599***	0.0674***	0.0256
	(0.017)	(0.170)	(0.024)	(0.129)
es	0.067***	0.131***	0.0342***	−0.0140
	(0.003)	(0.035)	(0.005)	(0.023)
ind	0.023***	0.042	0.022***	−0.047*
	(0.003)	(0.028)	(0.005)	(0.025)
hospital		−2.537**		−1.738**
		(1.230)		(0.697)
park		−0.170		0.0866
		(0.130)		(0.067)
_cons	9.781***	4.356	27.02***	3.203
	(1.557)	(18.07)	(4.287)	(21.80)
城市效应	YES	YES	YES	YES

续表

	一般城市		特大城市	
	SO_2	health	SO_2	health
时间效应	YES	YES	YES	YES
N	1552	1552	841	841
R^2	0.594	0.543	0.710	0.528

注：括号内为标准误，*、**、***分别表示10%、5%和1%显著性水平。

从表6-6可以看出，无论是一般城市还是特大城市，环境保护税对工业 SO_2 排放量的影响都是显著为负的，并且特大城市这种效应更加明显。在健康水平影响中，环境保护税对一般城市人口死亡率的影响不显著，而对特大城市的影响显著为负，并且在5%统计性水平上显著。导致上述两种现象的原因可能在于特大城市经济、技术、政策完善度相比一般城市更具优势，环境保护税的执行能有效结合最新绿色创新技术和地方环境保护政策，从而出现特大城市环境保护税更强的环境健康效应。在表6-7中，环境保护税对不同区域的环境健康效应表现出不同。从环境保护税对工业 SO_2 排放的影响来看，三个区域的影响都是负向的，并且都通过了1%统计性水平的显著性检验，而且影响系数绝对值东部最大、中部次之和西部最小。从环境保护税对健康水平的影响来看，东部城市和中部城市环境保护税对人口死亡率的影响均是显著为负的，并且东部影响效应更大，而西部城市这种负向影响不显著。究其原因，东部相对于中西部无论是经济、技术、人力均占据优势，环境保护税能更好地发挥其作用，在一定程度上跟城市属性存在相似之处。

表6-7　基于东中西划分的回归结果

	东部		中部		西部	
	SO_2	health	SO_2	health	SO_2	health
treated * post	-0.631***	-0.646***	-0.590***	-0.620*	-0.452***	-0.583
	(0.213)	(0.260)	(0.0542)	(0.375)	(0.090)	(0.875)
gdp	-0.772***	0.512	-0.987***	-0.478	-1.349***	8.098***
	(0.171)	(0.313)	(0.109)	(0.624)	(0.195)	(2.688)
pop	0.505	-7.125***	0.256	2.513	0.369	23.12
	(0.713)	(1.271)	(0.309)	(1.807)	(1.226)	(17.05)

续表

	东部		中部		西部	
	SO_2	$health$	SO_2	$health$	SO_2	$health$
fdi	-0.011	-0.298***	0.024	0.139	0.021	2.057***
	(0.028)	(0.052)	(0.019)	(0.114)	(0.033)	(0.466)
es	0.078***	0.001	0.061***	-0.029	0.046***	0.211***
	(0.006)	(0.011)	(0.004)	(0.024)	(0.006)	(0.076)
ind	0.033***	0.0002	0.015***	0.037**	0.045***	0.203**
	(0.005)	(0.009)	(0.003)	(0.018)	(0.006)	(0.085)
$hospital$		-0.263		-1.853***		-7.163***
		(0.400)		(0.708)		(2.565)
$park$		0.084***		-0.049		-0.287
		(0.029)		(0.075)		(0.287)
$\_cons$	8.265**	48.13***	12.33***	12.11	13.30**	-148.2
	(4.106)	(7.793)	(1.85)	(11.57)	(6.566)	(91.52)
城市效应	YES	YES	YES	YES	YES	YES
时间效应	YES	YES	YES	YES	YES	YES
N	711	702	918	918	576	576
R^2	0.638	0.593	0.739	0.519	0.554	0.520

注：括号内为标准误，*、**、***分别表示10%、5%和1%显著性水平。

第四节　本章小结

　　本章基于2014—2021年城市面板数据，借助环境保护税的准自然实验考察了环境保护税实施的环境健康效应，并通过双重差分模型研究了环境保护税对城市工业SO_2排放量和居民健康水平的影响。研究发现：2018年在全国实施的环境保护税显著降低了城市工业SO_2的排放量以及人口死亡率，环境保护税可以通过降低污染物排放量进而改善居民健康水平，该结论经过平行趋势、倾向得分匹配、改变政策时间，以及随机构建实验组多种稳健性检验后依然成立。此外，考虑城市资源禀赋和地理区位差异，进一步通过异质性分析发现环境保护税的环境健康效应在特大城市的表现优于一般城市，而在区域上，东部地区环境保护税的环境健康效应相比中西部更具优势。

第七章

收入差距、环境污染对健康水平的影响

通过第四章省级面板数据和微观调查数据验证了收入差距对健康水平的负向作用，并从物质资源获取、社会资本以及心理途径对收入差距影响健康水平的路径进行了检验。第五章则针对收入差距与环境污染关系的争议性议题，基于中国视角，在考虑非线性以及空间溢出效应的因素上，重新审视两者之间的关系，得出收入差距加剧环境污染的事实。既然收入差距与环境污染存在关系，环境污染是否也能成为收入差距影响健康水平的另一条渠道？面对中国当前高居不下的收入差距，过大的收入差距是否会加剧居民的环境健康风险？为了解答上述问题，本章首先利用中国省级宏观面板数据验证环境污染在收入差距影响健康水平的中介作用，其次，在考虑个体健康差异的基础上，基于CHARLS2015、2018、2020年三期微观数据，对收入差距是否加剧居民环境健康风险的问题进行微观检验。

第一节 收入差距对健康水平的影响——基于环境污染中介作用的实证检验

一、中介效应模型构建

（一）研究方法

为了验证环境污染的中介作用，本节将采用中介效应方法进行验证。中介效应最早运用在心理学研究领域，主要用来测度解释变量通过中介变量间接作用于被解释变量的影响程度。随着该方法的日臻成熟，逐渐开始应用于经济学等其他领域之中（张国兴等，2018；赵连阁等，2018；宋凯艺、卞元超，2019）。中介变量在中介效应中作为执行者，主要揭示了变量间因果关系的内在机制。图 7-1 描绘了这种作用机制的影响过程，其中，M 表示中介变量，解释变量 X 通过 M 来影响被解释变量 Y。

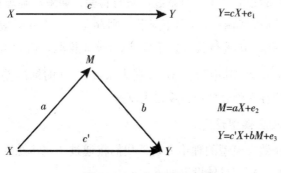

$$Y=cX+e_1$$

$$M=aX+e_2$$

$$Y=c'X+bM+e_3$$

图 7-1　中介模型示意图

在图 7-1 的中介效应方程中，Y 表示被解释变量，X 表示解释变量，c 为 X 对 Y 的总效应，M 表示中介变量，c' 为 X 对 Y 的直接效应，ab 为 X 通过中介变量 M 对 Y 的间接效应，e_1、e_2、e_3 为随机干扰项。当只有一个中介变量时，效应之间的内在联系为 $c=c'+ab$，中介效应的比重为 ab/c。为了验证中介效应的存在，必须进行相关的检验，参考陈东等（2013）以及蔡海亚和徐盈之（2017）的做法，同时考虑到部分中介与完全中介检验，并纳入了 Sobel 检验，有助于进一步降低检验的差错率。相关检验步骤如图 7-2 所示。

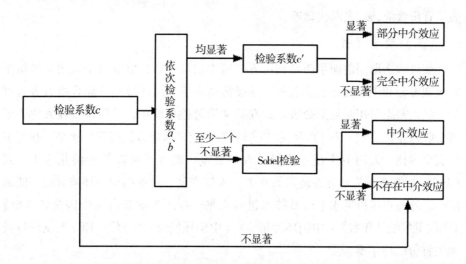

图 7-2　中介效应检验程序

具体而言，第一步，检验 $Y=cX+e_1$，如果 c 显著，则继续第二步检验，否则停止中介效应检验；第二步，检验方程 $M = aX + e_2$ 和 $Y = c'X + bM + e_3$，如果系数 a、b 均显著，则存在中介效应，继续第三步检验，如果两者只有一个显著，进行第四步检验；第三步，对系数 c' 进行检验，如果 c' 显著且系数值变小，则存在部分中介效应，如果 c' 变得不显著，则存在完全中介效应，X 对 Y 的影响完全通过中介变量 M 进行传导；第四步，Sobel 检验，检验的统计量为 $Z = \sqrt{a^2 \times S_a{}^2 + b^2 \times S_b{}^2}$，其中，$S_a$、$S_b$ 分别为系数 a、b 的标准差，如果 Z 统计量能通过检验，则存在中介效应，反之则反是。

（二）中介效应模型设定

基于以上中介效应模型的理论分析，我们将通过"三步法"对环境污染的中介效应进行检验，模型具体设定如下：

$$health_{it} = \alpha_0 + \alpha_1 gap_{it} + \alpha_2 control_{it} + u_i + \varepsilon_{it} \tag{7-1}$$

$$env_{it} = \beta_0 + \beta_1 gap_{it} + \beta_2 control_{it} + \mu_i + \varepsilon_{it} \tag{7-2}$$

$$health_{it} = c_1 + c_2 gap_{it} + c_3 env_{it} + c_4 control_{it} + \mu_i + \varepsilon_{it} \tag{7-3}$$

其中，式（7-1）考察在不引入中介变量的情况下收入差距对健康的影响，式（7-2）考察的是收入差距对环境污染中介变量的影响，特别说明的是，不同于第四章考虑环境污染的空间溢出效应，本章采用一般化的面板模型来分析收入差距对环境污染的影响，也不失一般性的结论。式（7-3）考察的是在引入环境污染中介变量后收入差距对健康的影响，$control$ 表示控制变量向量集，u_i 表示省份效应，ε_{it} 表示扰动项。

（三）变量说明

变量的选取同前面第四章和第五章基本保持一致，健康水平采用各省份平均预期寿命和围产儿死亡率表示，环境污染水平采用环境污染综合指数进行度量，收入差距采用基尼系数表示，在后文稳健性检验中，采用城乡收入比表示省份收入差距。式（7-1）和式（7-3）控制变量为地方经济发展水平、政府卫生支出占比、人均卫生技术人员、人口密度、教育程度以及老龄化水平，式（7-2）控制变量为地方经济发展水平、人口密度、产业结构、环境规制、能源结构、外商直接投资水平以及技术进步水平，所用数据来自《中国统计年鉴》《中国卫生统计年鉴》《中国环境年鉴》《中国环境统计年鉴》、EPS 数据库以及相关省份统计年鉴。

二、实证结果与分析

表 7-1 给出了环境污染的中介效应检验结果，第（1）~（3）列为平均预

期寿命作为健康水平的衡量，第（4）～（6）列为围产儿死亡率作为健康水平的衡量。从平均预期寿命的中介效应检验结果来看，收入差距对环境污染的影响显著为正，并且通过10%显著性水平，收入差距扩大加剧了环境污染。在引入环境污染变量前，收入差距对平均预期寿命的影响显著为负，并且在1%显著性水平上显著，在引入环境污染变量后，收入差距对平均预期寿命的影响依然显著为负，但系数绝对值有所降低（5.560＞5.545）。环境污染对平均预期寿命影响显著为负，并且通过10%显著性水平，环境污染抑制了地区平均预期寿命的提高。结合中介效应检验原理，可以知道，环境污染在收入差距对地区平均预期寿命的影响中发挥了部分中介作用，收入差距每提高一个单位，会通过增加地区环境污染使得平均预期寿命下降0.662岁（0.165×4.013），环境污染的中介效应占总效应的比重约为12%；从围产儿死亡率的中介效应检验结果来看，在引入环境污染变量前，收入差距对围产儿死亡率的影响显著为正，并且通过5%显著性水平，收入差距显著提高了地区围产儿死亡率，在引入环境污染变量后，收入差距对围产儿死亡率的影响在10%统计性水平下显著为正，并且系数值有所降低（5.230＞5.137），同样结合中介效应检验原理，不难得出，环境污染在收入差距对地区围产儿死亡率影响中发挥了部分中介效应作用，收入差距每提高一个单位，会通过增加地区环境污染使得围产儿死亡率上升1.609个百分点（0.165×9.754），环境污染的中介效应占总效应的比重约为31%。综上，无论是以平均预期寿命还是围产儿死亡率度量健康水平，环境污染均是收入差距影响健康水平的一个有效路径。

近年来，伴随着中国经济高速增长，环境污染问题日益凸显，健康作为民生最重要的组成部分之一，逐渐受到环境污染的影响。为了对环境污染影响健康的效果有清晰的认识，单独就表格第（3）列和第（6）列重点分析。从第（3）列可以看出，环境污染对平均预期寿命的影响显著为负，环境污染每增加1个单位，平均预期寿命下降4.013岁，环境污染显著降低了地区平均预期寿命。从第（6）列可以看出，环境污染对围产儿死亡率的影响显著为正，环境污染每增加1个单位，围产儿死亡率提高9.754个百分点，环境污染显著提高了围产儿死亡率。结合以上两种结果可知，环境污染损害健康的事实毋庸置疑，改善环境质量势在必行。不难理解，环境污染水平的提高会损害呼吸和循环系统功能，对人类的健康产生明显的负向作用，增加人们的健康风险（李梦洁、杜威剑，2018）。世界卫生组织在2000年指出，环境污染所造成的健康后果只有部分可以被观察到，我们所看到的随着环境污染水平提高而导致的发病率和死亡率的提升只是环境污染对健康威胁的冰山一角。

表 7-1 中介效应检验结果

	(1)	(2)	(3)	(4)	(5)	(6)
	exp	env	exp	pem	env	pem
gini	−5.560***	0.165**	−5.545***	5.230**	0.165*	5.137*
	(−3.64)	(2.04)	(−3.89)	(2.36)	(2.04)	(1.72)
pgdp	1.496***	0.055***	1.465***	−3.845***	0.055***	−3.056***
	(8.78)	(7.01)	(8.29)	(−9.83)	(7.01)	(−9.15)
ghe	0.305**		0.312**	−1.794***		−1.823***
	(2.43)		(2.46)	(−7.05)		(−8.15)
phw	0.204***		0.175***	0.114		−0.067
	(3.69)		(3.43)	(1.34)		(−0.78)
den	1.231***	−0.007	1.115***	4.137***	−0.007	3.921***
	(2.89)	(−0.36)	(2.78)	(4.85)	(−0.36)	(4.94)
edu	1.025***		1.054***	0.420		0.205
	(5.97)		(6.37)	(1.45)		(0.67)
old	0.118***		0.119***	0.045		−0.023
	(3.68)		(2.89)	(0.78)		(−0.37)
env			−4.013*			9.754***
			(−1.79)			(7.93)
inst		0.003***			0.003***	
		(−3.14)			(−3.14)	
er		−8.257**			−8.257**	
		(−2.14)			(−2.14)	
ens		0.003***			0.003***	
		(6.25)			(6.25)	
fdi		−0.008***			−0.008***	
		(−3.23)			(−3.33)	
tec		−0.045***			−0.045***	
		(−4.16)			(−4.16)	
_cons	70.125***	−0.073	70.143***	7.167***	−0.073	12.693***
	(60.34)	(−1.23)	(52.78)	(2.88)	(−1.23)	(4.85)

续表

	（1）	（2）	（3）	（4）	（5）	（6）
	exp	*env*	*exp*	*pem*	*env*	*pem*
N	480	480	480	480	480	480
R^2	0.903	0.345	0.896	0.850	0.345	0.863
模型选择	FE	FE	FE	FE	FE	FE
中介效应	显著			显著		
	占总比重 12%			占总比重 30%		

注：*、**、*** 表示分别在 10%、5% 和 1% 水平下显著。

三、稳健性检验

为了对环境污染的中介效应进行稳健性检验，主要采用两种方法进行检验：一是以城乡收入比代替基尼系数作为收入差距的衡量指标；二是根据我国东部、中部和西部三大区域划分，分区域检验效果。稳健性检验结果如表 7-2 和表 7-3 所示，从表中结果可以知道，环境污染的中介效应依然是成立的。

表 7-2 境污染中介稳健性检验之一：替换收入差距指标

	（1）	（2）	（3）	（4）	（5）	（6）
	exp	*env*	*exp*	*pem*	*env*	*pem*
urbi	−0.414***	0.312**	−0.407**	1.237***	0.304**	1.182***
	(−2.87)	(2.15)	(−2.23)	(3.45)	(2.13)	(3.78)
env			−0.223**			1.483***
			(−2.24)			(−5.78)
_ *cons*	66.785***	−0.046	67.357***	8.237***	−0.045	13.126***
	(53.12)	(−1.02)	(52.05)	(3.67)	(−1.03)	(5.48)
控制变量	YES	YES	YES	YES	YES	YES
N	600	600	600	600	600	600
R^2	0.902	0.33	0.894	0.809	0.29	0.839
模型选择	FE	FE	FE	FE	FE	FE
中介效应	显著			显著		
	占总比重 16%			占总比重 36%		

注：*、**、*** 表示分别在 10%、5% 和 1% 水平下显著。

表7-3 环境污染中介稳健性检验之二：分区域

	东部			中部			西部		
	exp	env	exp	exp	env	exp	exp	env	exp
gini	-1.072*	0.058*	-1.036*	-5.324**	0.195**	-5.316*	-7.842***	0.513*	-7.245**
	(-1.70)	(1.72)	(-1.87)	(-2.06)	(2.17)	(-1.92)	(-2.89)	(1.79)	(-2.19)
env			-3.705*			-2.026*			-4.233***
			(-1.93)			(1.78)			(5.37)
_cons	67.251***	-0.082	70.253***	68.168***	-0.157**	69.753***	69.673***	-0.18	65.832***
	(28.95)	(-1.32)	(28.78)	(28.75)	(-2.36)	(28.87)	(37.82)	(-1.58)	(38.24)
控制变量	YES	YES	YES	YES	YES	YES	YES	YES	YES
N	160	160	160	120	120	120	200	200	200
R^2	0.914	0.58	0.913	0.932	0.450	0.931	0.912	0.468	0.924
模型选择	FE	FE	FE	FE	FE	FE	FE	FE	FE
中介效应		显著			显著			显著	
	占总比重20%			占总比重7%			占总比重28%		

注：*、**、***表示分别在10%、5%和1%水平下显著。

第二节　收入差距扩大是否加剧居民环境健康风险——基于 CHARLS 三期数据的经验分析

上一节主要从宏观层面对环境污染的中介效应进行了检验，本节主要从微观角度出发，在考虑个体特征的基础上，验证收入差距能否通过环境污染途径对个人健康水平产生效应，或者说收入差距扩大是否存在加剧个人环境健康风险的可能。此外，针对个体的异质性，收入差距对不同个体的环境健康风险是否存在差异，也是本节需要探讨的内容。

一、数据来源与变量描述

本书所使用数据来源于中国健康与养老追踪调查（CHARLS）2015 年、2018 年和 2020 年三期混合截面数据。该数据是由北京大学国家发展研究院主持、北京大学中国社会科学调查中心与北京大学团委共同执行的大型跨学科调查项目，是一套代表中国 45 岁及以上中老年人家庭和个人的高质量微观数据。CHARLS 全国基线调查于 2011 年开展，每隔两年追踪一次，最新一期为 2020 年。这项调查覆盖了中国 28 个省（自治区、直辖市），150 个县以及 450 个社区（村），内容涉及个人基本信息、家庭结构和经济支持、健康状况、医疗服务、工作、退休、收入以及社区基本情况等，信息量丰富并且样本数量巨大，符合本书研究需求。

文中选取的主要被解释变量包括两类。一类是自评健康，对应 CHARLS 问卷中的问题："您觉得您的健康状况怎么样？是极好，很好，好，一般，还是不好？"对应回答为"1"表示极好，"2"表示很好，……，"5"表示不好。对于以上数据进行一定的逆序处理，使得"1"为不好，"2"为一般，……，"5"表示极好，便于后文的分析表述。自评健康在一定程度上对个体健康水平具有一个综合的评价，但其作为主观判断，难免会存在一定的偏差。第二类是客观健康评价，作为自评健康的补充，通过自身获得疾病与否以及数量判断个人实际健康水平。由于本书选取的环境污染指标主要是大气污染，大气污染是导致慢性心血管疾病和呼吸系统疾病发生率的重要因素（Lin et al.，2018），故选择慢性疾病数量作为个人客观健康水平的衡量。对应 CHARLS 问卷中的问题是："是否有医生曾经告诉过您有以下这些慢性病？"通过对 14 种慢性疾病的回答最终可以获得个人所患慢性疾病数量，相应地也做一定的处理，"1"表示个人没有患慢性疾病，"2"表示患有 1 到 2 种慢性疾病，"3"表示患有 3 种及以上慢性疾病。

核心解释变量包括收入差距和环境污染。对收入差距的衡量有多种，其中应用最广泛的是基尼系数，本书也将采用该指标。由于 CHARLS 问卷中所涉及的社区调查样本过少，而省级层面存在不可控因素过多（周广肃等，2014），我们将采用城市层面家庭人均收入的基尼系数表示收入差距。① 此外，为了保持结果的稳健性，同时使用家庭人均收入分位数比值 P90/P10 衡量收入差距，其中 P90/P10 表示家户所在城市第 90 百分位数与第 10 百分位数家庭人均收入之比。为了检验不同污染物的作用机制，通过 CHARLS 微观数据城市代码与城市层面宏观污染数据进行匹配，获得不同个体遭受的污染暴露水平。环境污染指标主要选取人均城市工业废水排放量、人均城市工业 SO_2 排放量，以及人均城市工业烟粉尘排放量，数据来源于《中国城市统计年鉴》（2016，2019 和 2021）。

控制变量主要借鉴前人关于健康水平影响因素的研究，主要包括年龄、性别、户口、城乡状况、婚姻状态、教育水平、医保参与情况、儿童时期健康状况、生活习惯（是否抽烟，是否喝酒）、家庭人均收入和家庭规模。此外，为了避免城市层面一些因素的干扰，同时引入城市经济发展水平（人均 GDP）以及城市医疗卫生情况（人均医院床位数）作为控制变量，数据主要来源于《中国城市统计年鉴》以及《中国卫生与计划生育统计年鉴》。相关变量具体含义及描述性统计如表 7-4 和表 7-5 所示。

表 7-4　变量含义

变量		描述
健康状况	自评健康	健康状况极好-不好依次取值：5、4、3、2、1
	客观健康	1 表示没有患慢性疾病，2 表示患有 1 种或 2 种慢性疾病，3 表示患有 3 种及以上慢性疾病
收入差距	基尼系数	家户所在城市收入差距
	P90/P10	第 90 百分位数与第 10 百分位数家庭人均收入之比

---

① CHARLS 问卷汇总信息包含 PSU 数据集，可以从中知道家户所在城市代码，通过城市代码可以汇总不同城市所有家户人均收入的信息，最后基于 Stata14.0 中的 ineqdeco 命令可以求得样本所在城市的基尼系数。

	变量	描述
环境污染	工业废水	2016 年、2019 年和 2021 年城市人均工业废水排放量（吨/人）
	工业 SO$_2$	2016 年、2019 年和 2021 年城市人均工业 SO$_2$ 排放量（吨/人）
	工业烟粉尘	2016 年、2019 年和 2021 年城市人均工业烟粉尘排放量（吨/人）
控制变量	年龄	2015 年、2018 年和 2020 年受访者年龄（年）
	性别	男性 = 1，女性 = 0
	户口	农业 = 1，非农 = 0
	城乡	城镇 = 1，农村 = 0
	婚姻	已婚、同居 = 1，分居、离异、丧偶、从未结婚 = 0
	教育	最高学历：文盲-博士依次取 1 到 11
	医保	参与医疗保险 = 1，未参与医疗保险 = 0
	儿时健康	极好-不好依次取值：5、4、3、2、1
	吸烟	一生吸烟超过 100 支 = 1，不超过 100 支 = 0
	喝酒	每月喝酒超过 1 次 = 1，等于或少于 1 次 = 0
	家庭规模	家庭总人口数（个）
	家庭人均收入	家庭总收入/家庭规模（万元/人）
	人均 GDP	城市 GDP/年末总人口数（万元/人）
	人口规模	城市年末总人口数（亿人）
	人均医院床位数	城市医院、卫生院床位数/年末总人口（张/万人）
	第二产业比重	城市第二产业增加值占 GDP 比重（%）
	要素禀赋	城市资本劳动比（万元/人）
	外商直接投资	城市当年实际使用外资金额（亿美元）

表 7-5 主要变量描述性统计

变量	样本数	平均值	标准差	最小值	最大值
自评健康	35423	4.028	1.127	1	5
客观健康	35423	1.936	1.248	1	3
基尼系数	35423	0.543	0.209	0.254	0.878
P90/P10	35423	61.209	150.276	2.623	350.752

续表

变量	样本数	平均值	标准差	最小值	最大值
人均工业废水排放量	35423	15.931	18.457	0.819	120.125
人均工业 SO_2 排放量	35423	0.012	0.117	0.001	0.078
人均工业烟粉尘排放量	35423	0.008	0.053	0.001	0.712
年龄	35423	60.682	10.279	45	102
教育	35423	3.786	2.950	1	11
儿时健康	35423	2.806	2.137	1	5
家庭人均收入	35423	1.468	4.075	0	202

二、研究方法

由于本书涉及的两种健康水平变量均是多分类有序变量，为了更好拟合回归结果，将采用 Ordered-Logit 模型研究收入差距、环境污染对健康水平的影响。在分析两者对健康水平影响之前，同时考察收入差距与环境污染的关系①，构建的基准模型分别如下：

$$Pollu_{jt} = \alpha + \gamma_1 Ineq_{jt} + \gamma_2 Ineq^2 + \gamma_3 Ineq^3 + \delta X_{jt} + \theta_j + \eta_t + \varepsilon_{jt} \quad (7-4)$$

$$Health_{ijt} = \alpha + \beta_1 Ineq_{jt} + \beta_2 Pollu_{jt} + \delta X_{ijt} + \tau X_{jt} + \theta_j + \eta_t + \varepsilon_{ijt} \quad (7-5)$$

其中，$Pollu$ 表示微观个体所在城市污染水平，$Ineq$ 代表城市的收入差距，$Health$ 表示微观个体自评健康和客观健康，X 表示微观个体特征或城市特征的一些控制变量。i 为微观个体，j 为个体所在城市，t 为调查的年份，θ 表示城市固定效应，η 为随时间变化的时间效应项，ε 为随机干扰项。

此外，收入差距和环境污染可能会以交互形式对个体健康水平产生影响，同时也为了检验收入差距是否存在加剧环境健康风险的可能，在式（7-5）基础上进行扩展得到：

$$Health_{ijt} = \alpha + \beta_1 Ineq_{jt} + \beta_2 Pollu_{jt} + \beta_3 Ineq_{jt} \times Pollu_{jt}$$
$$+ \delta X_{ijt} + \tau X_{jt} + \theta_j + \eta_t + \varepsilon_{ijt} \quad (7-6)$$

由于 Ordered-Logit 模型系数并不能像普通最小二乘回归一样解释，收入差距、环境污染对个体健康水平的影响需要进行适当转换才能得到相应的边际效

---

① 由于收入差距与环境污染之间可能并非简单的线性关系（占华，2018），将收入差距的高次项引入模型。

应解释力。收入差距与环境污染交互项的引入使得两者对健康影响的边际效应变得更加复杂。因此，通过对 Ordered-Logit 模型进行一定的说明并以此得到收入差距、环境污染对健康水平的边际影响，具体过程如下：

$$y* = x'\beta + \varepsilon \qquad (7-7)$$

其中，$y*$ 为不可观测的潜变量，在本书中表示健康水平（包括自评健康和客观健康），x 为一系列控制变量，ε 服从逻辑分布，个体选择规则为：

$$y = \begin{cases} 1, & if(y* \leqslant \mu_0) \\ 2, & if(\mu_0 \leqslant y* \leqslant \mu_1) \\ \cdots \\ J, & if(\mu_{j-1} \leqslant y*) \end{cases} \qquad (7-8)$$

其中，J 为健康水平（若为自评健康取值为 5，客观健康取值为 3），$\mu_0 < \mu_1 < \mu_2 \cdots \mu_{k-1}$ 为待估参数，称为切点，$G(\varepsilon) = \exp(\varepsilon)/[1 + \exp(\varepsilon)]$，从而个体选择的概率分布函数可以表示为：

$$\begin{aligned} P(y=1 \mid x) &= P(y* \leqslant \mu_0 \mid x) = P(x' + \varepsilon \leqslant \mu_0 \mid x) \\ &= P(\varepsilon \leqslant \mu_0 - x'\beta \mid x) = G(\mu_0 - x'\beta) \end{aligned} \qquad (7-9)$$

$$\begin{aligned} P(y=2 \mid x) &= P(\mu_0 < y* \leqslant \mu_1 \mid x) = P(\mu_0 < x'\beta + \varepsilon \leqslant \mu_1 \mid x) \\ &= P(\mu_0 - x'\beta < \varepsilon \leqslant \mu_1 - x'\beta \mid x) = G(\mu_1 - x'\beta) - G(\mu_0 - x'\beta) \end{aligned}$$

$$(7-10)$$

$$P(y=J \mid x) = 1 - P(y* \leqslant \mu_{J-1} \mid x) = 1 - G(\mu_{j-1} - x'\beta) \qquad (7-11)$$

收入差距、环境污染对健康水平影响的边际效应可以表示为：

$$\begin{aligned} \frac{\partial P_i}{\partial Ineq_{jt}} &= \{g(u_{j-1} - x'\beta) - g(\mu_j - x'\beta)\}\beta_1 + \\ &\quad \{g(\mu_{j-1} - x'\beta) - g(\mu_j - x'\beta)\beta_3 Pollu_{jt} \end{aligned} \qquad (7-12)$$

$$\begin{aligned} \frac{\partial P_i}{\partial Pollu_{jt}} &= \{g(u_{j-1} - x'\beta) - g(\mu_j - x'\beta)\}\beta_2 + \\ &\quad \{g(\mu_{j-1} - x'\beta) - g(u_j - x'\beta)\beta_3 Ineq_{jt} \end{aligned} \qquad (7-13)$$

P_i 表示个体健康等级的概率，$\{g(\mu_{j-1} - x'\beta) - g(u_j - x'\beta)\beta_i$ 是与 β_i 转换相关的偏效应，若构建的基准回归是普通最小二乘回归，则 $\{g(\mu_{j-1} - x'\beta) - g(u_j - x'\beta)\beta_i = \beta_i$。式（7-11）和式（7-12）对于分析收入差距和环境污染的健康边际效应至关重要。以客观健康水平为例，若 $\{g(\mu_{j-1} - x'\beta) - g(u_j - x'\beta)\beta_3$ 为正，表明收入差距扩大将会加剧环境污染对健康水平的风险，若 $\{g(\mu_{j-1} - x'\beta) - g(u_j - x'\beta)\beta_3$ 为负，则表示收入差距扩大

能减缓环境污染对健康水平的影响。

三、实证结果与分析

（一）收入差距对环境污染的影响

正如前文所述，在分析收入差距、环境污染对健康水平影响之前，文章基于 CHARLS 微观家庭人均收入获得城市层面收入差距，同时基于相关城市统计年鉴匹配相应的城市污染数据和相关控制变量，从城市层面对收入差距与环境污染之间的关系进行新的考察。在控制城市效应和时间效应的基础上，通过普通最小二乘方法对模型（1）进行估计，估计结果如表7-6所示。

表 7-6　收入差距对环境污染的 OLS 回归结果

变量	废水		SO_2		烟粉尘	
	（1）	（2）	（3）	（4）	（5）	（6）
基尼系数	-8.814*** (-5.89)		0.005* (1.75)		0.745 (0.81)	
基尼系数平方	15.596*** (4.15)				-1.456 (-0.86)	
基尼系数三次方	-8.861*** (-4.57)				0.859 (0.85)	
P90/P10		-28.021*** (-5.55)		0.0004** (2.04)		-0.005 (-0.07)
P90/P10 平方		8.074*** (4.15)				-0.001 (0.889)
P90/P10 三次方		-7.501*** (-4.85)				0.0002 (0.25)
控制变量	YES	YES	YES	YES	YES	YES
城市效应	YES	YES	YES	YES	YES	YES
时间效应	YES	YES	YES	YES	YES	YES
观察值	542	542	542	542	542	542
R^2	0.782	0.798	0.865	0.861	0.576	0.575

注：***、**、*分别表示在1%、5%、10%显著性水平下显著，括号内为纠正异方差后的 t 值，后面表格括号内的 t 值或 z 值也经相同处理。控制变量主要是城市人口规模、经济发展水平、产业结构、要素禀赋、外商投资水平。

表7-6中第（1）列可以看出在以基尼系数衡量城市收入差距的情形下，收入差距与工业废水排放之间的一次项、二次项和三次项系数均通过了1%显著性水平，表现为"倒N"型非线性关系。通过一定的计算可以获得两个临界值，分别为0.476和0.703，即当基尼系数小于0.476时，收入差距的扩大将降低工业废水的排放量，当基尼系数位于两者之间时，收入差距的扩大将加剧工业废水的排放量，随着收入差距的进一步扩大并超过0.703时，收入差距扩大能减缓工业废水的排放。值得注意的是，现阶段中国各地区基尼系数主要介于两者之间，由样本各地区基尼系数平均值为0.543也可见一斑，所以当前阶段中国收入差距的扩大促进了工业废水的排放。第（3）列结果显示以基尼系数衡量的收入差距对工业SO_2排放影响的二次项和三次项系数均不显著，只存在简单的线性关系，其一次项系数显著且通过10%显著性水平，表明收入差距的扩大加剧了工业SO_2的排放。第（5）列回归结果可知无论是基尼系数的一次项或高次项对工业烟粉尘排放的影响均不显著，两者之间的影响存在不确定性。

为了保持结果的稳健性，本书以所在城市家庭人均收入第90百分位数与第10百分位数的比值衡量地区收入差距，第（2）、（4）、（6）列显示了以P90/P10衡量的收入差距对四种环境污染物的回归结果，其方向与显著性基本与以基尼系数衡量的收入差距影响结果一致。此外，由于存在城市层面数据获取导致的遗漏变量（如城市环境规制水平）以及收入差距与环境污染互为因果的问题，进而导致回归模型的内生性缺陷，本书以收入差距的滞后二期作为收入差距的工具变量①，通过两阶段最小二乘回归再次探讨收入差距对四种环境污染物的影响，回归结果如表7-7所示。

表7-7　收入差距对环境污染的 2SLS 回归结果

变量	废水	SO_2	烟粉尘
	（1）	（2）	（3）
基尼系数	−66..236 * （−1.69）	0.019 *** （2.71）	−4.769 * （−1.67）
基尼系数平方	119.726 * （1.90）		9.693 * （1.69）

① 由于存在收入差距的二次项和三次项，也可能存在内生性问题，这里将收入差距滞后二期的平方和三次方分别作为高次项的工具变量进行相应的处理。

变量	废水	SO_2	烟粉尘
	（1）	（2）	（3）
基尼系数三次方	−91.290** (−2.03)		−6.177* (−1.73)
控制变量	YES	YES	YES
城市效应	YES	YES	YES
时间效应	YES	YES	YES
观察值	320	320	320
安德森检验	0.046	0.000	0.003
R^2	0.963	0.977	0.361

注：***、**、*分别表示在1%、5%、10%显著性水平下显著，括号内为相应的 z 值。

在对 2SLS 回归结果分析之前，对于工具变量的有效性进行了适当的检验。安德森检显示所有 p 值均小于 0.05，表明收入差距及其高次项与工具变量存在典型相关性，Cragg-Donald Wald F 统计量的值均大于 Stock-Yogo 检验 10% 水平上的临界值，进一步表明工具变量不存在弱识别问题，工具变量的选取存在一定合理性。表 7-7 第（1）列表明在控制内生性后收入差距与工业废水排放之间依然保持"倒 N"型非线性关系，两个临界值分别为 0.371 和 0.615，再次证明当前阶段收入差距扩大加剧工业废水排放的事实。针对收入差距与工业 SO_2 排放的关系，在控制内生性后两者依然只存在线性递增影响，收入差距的扩大促进了工业 SO_2 的排放。工业烟粉尘排放与收入差距之间的关系在处理了内生性后由不确定转变为"倒 N"型关系，并且两个临界值分别为 0.495 和 0.728，表明现阶段收入差距的扩大加剧了工业烟粉尘的排放。

综合以上稳健性及内生性处理相关实证结果，不难发现，当前中国收入差距的扩大总体不利于环境质量的改善。尽管不同环境污染物排放与收入差距存在线性与非线性区别，其影响结果最终趋于一致性。对此可以进行相应的解释：首先，基于环境质量需求角度，富人相对于穷人拥有更高的环境需求，环境质量作为一种优质公共物品，穷人比富人更容易低估环境商品相对于其他商品的价值，当收入差距扩大时，穷人数量相对占比的扩大容易导致环境的恶化。其次，从产品边际污染排放角度，低收入水平的人主要消耗高能耗高污染产品，收入差距的增大使得平均收入水平下的人数增加，并不利于清洁低耗能产品的使用，进而加剧环境的污染。最后，基于宏观政策层面，我国经历了农业向工业并向服务业逐渐转型的进程，收入差距的扩大不仅阻碍产业的高级化转型升级，同时区域之间经济差距扩大容易导致发达地区向落后地区进行污染产业转移，落后地区宁可牺牲环境促增长的局面。

（二）收入差距、环境污染及其交互机制对健康水平的影响

1. 收入差距在环境污染对居民健康水平影响中的交互效应

由于健康水平衡量存在主观自评健康和以慢性疾病数量代表的客观健康两种，在分析收入差距以及交互机制影响时主要基于两种健康水平展开。表7-8给出了收入差距对自评健康交互效应影响的 Ordered-Logit 模型回归结果。第（1）~（3）列为未引入交互项时收入差距、环境污染对自评健康水平的影响，可以看出以基尼系数衡量的收入差距显著降低了居民自评健康水平，且在1%显著性水平下都通过了检验，工业废水和工业 SO_2 两种污染物对自评健康的影响均显著为负，分别通过1%和10%显著性水平。引入收入差距和环境污染的交互项后，从第（5）列和第（6）列可以看到收入差距显著加剧了工业 SO_2 和工业烟粉尘对居民自评健康风险，分别通过了10%和5%显著性水平。从控制变量来看，年龄增长对中老年人自评健康水平具有显著的负向作用，男性自评健康水平优于女性群体，从事非农业的居民自评健康水平好于从事农业的居民，非城镇居民自评健康显著低于城镇居民。受教育程度、家庭规模数量、家庭人均收入、城市经济发展水平，以及城市医疗卫生条件对居民自评健康水平均具有显著的促进作用，个人吸烟习惯对自评健康水平具有抑制作用，而儿童时期健康状况与居民自评健康水平显著正相关。

表7-8　收入差距对自评健康交互效应影响结果

变量	自评健康					
	（1）	（2）	（3）	（4）	（5）	（6）
基尼系数	-0.631*** (-4.18)	-0.686*** (-4.56)	-0.688*** (-4.51)	-0.866*** (-3.88)	-0.603*** (-2.64)	-0.666*** (-3.45)
废水	-0.006 (-6.82)			-0.001 (-0.16)		
SO_2		-2.318* (-1.67)			11.826 (1.33)	

续表

变量	自评健康					
	（1）	（2）	（3）	（4）	（5）	（6）
烟粉尘			−0.461 （−1.26）			8.481 （1.25）
基尼系数×废水				0.012 （1.53）		
基尼系数×SO_2					−16.602* （−1.69）	
基尼系数×烟粉尘						−16.836** （−2.28）
控制变量	YES	YES	YES	YES	YES	YES
城市效应	YES	YES	YES	YES	YES	YES
时间效应	YES	YES	YES	YES	YES	YES
观察值	20145	20145	20145	20145	20145	20145
Pseudo R^2	0.030	0.034	0.036	0.038	0.032	0.031

注：***、**、*分别表示在1%、5%、10%显著性水平下显著，括号内为相应的z值。由于篇幅限制，表格并未给出具体控制变量的回归结果。

基于对自评健康水平的补充，本书进一步选用所患慢性疾病数量来度量居民客观健康水平，能更好地反映个体实际健康状况。表7-9给出了收入差距、环境污染及其交互项对居民客观健康水平影响的Ordered-Logit模型回归结果。从表中可以看出，在未引入收入差距与环境污染的交互项之前，以基尼系数衡量的收入差距对客观健康水平的影响显著为正，均通过了1%显著性水平，表明居民所在地区收入差距的扩大显著提升了个人患慢性疾病的概率。从环境污染指标来看，工业SO_2和工业烟粉尘排放量的增加显著加剧了个人患慢性疾病的风险。第（4）～（6）列给出了考虑收入差距与环境污染的交互作用后对客观健康状况的影响，不难发现，收入差距的扩大显著加剧了工业废水、工业SO_2以及工业烟粉尘对居民患慢性疾病的概率，三个交互项分别通过了10%、1%和1%显著性水平。控制变量上，其影响方向和显著性基本与自评健康保持一致。值得一提的是喝酒对客观健康水平影响显著为负，个人每月喝酒超过一次所患慢性疾病概率反而较小，这可能是由于喝酒次数衡量的偏差导致，适量饮酒不一定对个人健康水平带来危害。居民的婚姻状态对客观健康水平影响显著为正，已婚居民相对于未婚或离异居民具有更高的患慢性疾病概率，这可能是由于已婚居民生活压力更大，承担更多的家庭责任，在经营家庭的同时还需更好地努力工作，进而消耗了个人健康资本，导致健康水平低下。

表7-9 收入差距对客观健康水平交互效应影响结果

变量	客观健康（慢性疾病数量）					
	（1）	（2）	（3）	（4）	（5）	（6）
基尼系数	0.388*** （3.18）	0.457*** （3.72）	0.470*** （3.78）	0.238 （1.49）	-0.270* （-1.72）	-0.048 （-0.39）
废水	0.007 （1.42）			-0.10*** （-3.50）		
SO$_2$		0.084** （2.18）			-34.888*** （-7.90）	
烟粉尘			0.752** （2.38）			-33.378*** （-8.38）
基尼系数×废水				0.008* （1.79）		
基尼系数×SO$_2$					74.877*** （7.78）	
基尼系数×烟粉尘						75.538*** （8.56）
控制变量	YES	YES	YES	YES	YES	YES
城市效应	YES	YES	YES	YES	YES	YES
时间效应	YES	YES	YES	YES	YES	YES
观察值	31347	31347	31347	31347	31347	31347
Pseudo R^2	0.028	0.027	0.027	0.028	0.028	0.028

注：***、**、*分别表示在1%、5%、10%显著性水平下显著，括号内为相应的z值，由于篇幅限制不再具体汇报控制变量的回归结果，后同。

综合以上收入差距在环境污染对自评健康以及客观健康交互效应影响结果，

可以看出收入差距的扩大不仅不利于自评健康水平的提升，同时加大了居民患慢性疾病的概率。从收入差距与环境污染的交互作用结果进一步证实了收入差距的扩大存在加剧居民环境健康的风险。

收入差距究竟在何种区间才能发挥环境污染对健康风险的加剧作用？借助式（7-12）整体的正负性可以求得收入差距的范围。如果健康水平以自评健康度量，则式（7-12）整体为负值表示收入差距扩大可以加大环境污染对居民健康的风险。若以客观健康度量健康水平，则式（7-13）整体为正值表示收入差距扩大可以加剧环境污染对居民健康的损害。通过收入差距、环境污染及其交互项对健康水平的偏效应估计结果可以得知①：当收入差距超过 0.679 时，收入差距扩大能加剧工业 SO_2 对居民自评健康风险；当收入差距超过 0.482 时，收入差距扩大能加剧工业烟粉尘对居民自评健康损害程度。对于客观健康水平，表7-9 中已经获知收入差距扩大显著加剧了工业废水、工业 SO_2 和工业烟粉尘对居民患慢性疾病的概率，同样可以由客观健康偏效应估计结果得到当基尼系数分别超过 0.48、0.546 和 0.449 时，收入差距的扩大将加剧三者对居民患慢性疾病的风险。显然，无论是自评健康还是以慢性疾病数量度量的客观健康，工业烟粉尘的健康风险对收入差距的敏感程度强于工业 SO_2，收入差距的变化更能引起工业烟粉尘对居民健康的损害。究其原因，工业烟粉尘主要是以颗粒物形式存在于大气之中，它所影响到的人群比任何其他污染物都要多②，长期暴露会加大罹患心血管疾病、呼吸道疾病以及肺癌的风险，地区收入差距变化导致的工业烟粉尘变化使得居民健康风险感知更加敏感。

2. 异质性分析③

通过以上分析可以知道年龄、性别和受教育水平会对居民健康水平产生影响，处于生命周期中的不同阶段，个体感知污染和对收入差距的反应会存在不同，性别的差异导致个人认知以及社会经济地位存在不对等，受教育程度的高低使得个人规避环境健康风险以及自我预防行为存在不同。因此，在收入差距扩大时，不同年龄阶段、不同性别以及受教育程度的高低抵抗环境健康风险的

①　此处不再汇报收入差距、环境污染和交互项分别对自评健康和客观健康水平的偏效应估计结果，偏效应大小是自评健康=3（好）和客观健康=2（1 或 2 两种慢性疾病）的估计结果。

②　资料来源于世界卫生组织 https：//www.who.int/zh/news-room/fact-sheets/detail/ambient-（outdoor）-air-quality-and-health。

③　异质性分析主要基于慢性疾病数量度量的客观健康水平而非自评健康，相对来说，慢性疾病数量更能体现居民实际的健康水平。

能力会有所差异。为了对这种差异机制进行刻画，表 7-10 基于不同类别给出了收入差距与环境污染对健康影响的交互效应结果，即收入差距与环境污染的交互作用。此外，对于不同收入差距、不同污染程度的交互效果也进行了相应的考察。[①]

从年龄来看，本书将年龄划分为 45～60 岁的中年人组和大于 60 岁的老年人组两大类（温兴祥，2018），由收入差距与环境污染的交互项可以看出，无论是中年人群体还是老年人群体，收入差距扩大均显著加剧了工业 SO_2 和工业烟粉尘对个人的健康风险，左边交互项系数均大于右边，中年人群体对于收入差距引发的环境健康风险感知更强。不难分析，中年人群体的年龄阶段基本处于一生中正常的工作区间，相比于老年人群体退休或非工作状态，中年人有更大机会暴露于环境污染之中。而且，进入老年阶段，老年人对于自身健康的关注和预防意识高于中年人，导致收入差距扩大对于中年人群体的环境健康风险更大。从性别来看，无论男性还是女性，收入差距扩大均加剧了工业 SO_2 和工业烟粉尘对个人的健康险，对于女性群体，收入差距扩大还加剧了工业废水对个人的健康风险。女性不仅在数量上承受更多类别的环境健康风险，针对相同类别的工业 SO_2 和工业烟粉尘，收入差距扩大对女性的环境健康风险更大，右边系数大于左边系数。对此可以理解为女性群体自古以来受男尊女卑思想左右，尽管当前这种思想得到极大扭转并改观，但女性作为弱势群体依然显而易见，社会经济地位的薄弱进一步削弱了个人保护机制，其承受环境健康风险的能力较低。对于受教育水平，从收入差距与工业 SO_2 和工业烟粉尘交互项系数及显著性可以知道，收入差距对受过较低教育的人的环境健康风险高于受过更高教育的人，受过更高教育的人规避环境健康风险能力更强。从收入差距分组来看，无论是低收入差距地区还是高收入差距地区，收入差距的扩大都加剧了工业 SO_2 和工业烟粉尘对个人健康风险的影响，并且高收入差距的环境健康风险更大。地区收入差距越大，不仅存在加剧环境污染的可能（前文所证），同时过大的收入差距会使得医疗、基础设施等供求的不平衡，导致高收入差距带来更高的环境健康风险。对于工业废水，可以发现低收入差距地区收入差距扩大并未加剧其对居民的环境健康风险，反而对环境健康风险改善有利，而在高收入差距地区，收入差距显著促进了工业废水的健康风险，表明了降低收入差距对改善环境健康风险的必要性。最后，从污染的分组来看，收入差距在环境污染对健康影响的交

---

① 接受过高中及以下教育为低教育组，接受高中以上教育为高教育组，后面的收入差距和污染分组是根据其平均值以上和以下进行划分。

互效应中出现了明显分化，在低污染地区，收入差距扩大显著降低了工业 SO_2 对个人健康的风险，在污染较高的地区，收入差距扩大依然显著加剧了工业 SO_2 和工业烟粉尘对个人的健康风险，这也从侧面表明收入差距引致个人环境健康风险需要一定的环境门槛。这是因为污染程度较低时，环境健康风险相对偏弱，基础设施和医疗条件相对来说足够抵抗该类风险，适当的收入差距所产生的经济福利超过环境污染对个人健康的负效用。

表7-10　分年龄、性别、教育、收入差距和污染水平的交互效应结果

变量	年龄 44~80			年龄>80		
	废水	SO_2	烟粉尘	废水	SO_2	烟粉尘
收入差距×环境污染	0.007 (1.28)	77.481*** (8.18)	87.187*** (8.77)	0.004 (0.48)	44.134*** (2.78)	44.878*** (3.74)
变量	男性			女性		
	废水	SO_2	烟粉尘	废水	SO_2	烟粉尘
收入差距×环境污染	0.001 (0.21)	83.202*** (4.12)	47.287*** (17.43)	0.013** (2.18)	84.482*** (4.78)	88.473*** (7.07)
变量	低教育			高教育		
	废水	SO_2	烟粉尘	废水	SO_2	烟粉尘
收入差距×环境污染	-0.011 (-0.39)	182.347*** (4.26)	208.448*** (4.28)	0.007 (1.40)	80.700*** (8.07)	88.347*** (7.48)
收入差距×环境污染	-0.080*** (-4.43)	38.721** (2.02)	88.212*** (3.33)	0.032** (2.36)	108.477*** (4.47)	101.717*** (2.74)
变量	低污染			高污染		
	废水	SO_2	烟粉尘	废水	SO_2	烟粉尘
收入差距×环境污染	0.047* (1.71)	-123.447*** (-3.32)	-44.742 (-0.75)	-0.010 (-1.40)	14.738** (2.08)	83.078*** (8.39)

注：***、**、*分别表示在1%、5%、10%显著性水平下显著，括号内为相应的 z 值。

3. 稳健性检验

为了维持结论的准确性，必须从多方面考虑结果的稳健，本书主要从替换变量和内生性两方面进行综合考虑。由于环境健康经济学存在诸多潜在内生性问题，如污染物排放的内生性、多重污染的识别和针对环境污染进行的个人规避行为（Currie 等，2013），内生性必须引起足够的重视，后文稳健性检验重点

针对内生性问题进行展开。

首先，在内生性问题处理之前，依然采用家庭人均收入所在城市第90百分位数与第10百分位数的比值作为收入差距的衡量，替代上文以基尼系数作为收入差距的指标。采用 Ordered-Logit 模型回归结果表明①，在未引入收入差距与环境污染交互项之前，以 P90/P10 度量的收入差距显著降低了自评健康水平，而与客观健康的影响显著为正，收入差距扩大加剧了患慢性疾病的概率。引入交互项后，无论是自评健康还是客观健康，从交互项系数的方向及显著性都可以看出收入差距扩大加剧了工业 SO_2 和工业烟粉尘对个人的健康风险，结论依旧稳健。

其次，重点探讨可能存在的内生性问题。第一个内生性问题是遗漏变量问题，如一些地区不可观测的经济发展变量，这些遗漏的变量通过影响环境污染进而对居民健康水平产生影响，直接进行估计会造成结果的偏差。第二个内生性问题则是样本选择偏误问题，居民可以通过规避行为从污染较高的地区进行迁出而减少污染对自身的损害，人口流动所带来的样本选择偏差同样对估计结果造成偏离。针对遗漏变量问题，我们可以采用工具变量的方法进行解决，主要参照 Ebenstein（2012）以及 Wu et al.（2019）的处理方法，以五年前人均工业废水排放量、人均工业 SO_2 排放量、人均工业烟粉尘排放量、$PM_{2.5}$ 浓度作为工具变量。由于地区经济发展并不是一蹴而就的，特别是工业化进程的发展，选取五年前的各种环境污染指标显然与样本期间的环境污染存在相关性，而与遗漏的一些相关变量不相关，因此工具变量的选择是可行的，表 7-11 给出了工具变量的回归结果。②

表 7-11　工具变量回归结果

变量	自评健康			客观健康（慢性疾病数量）		
	(1)	(2)	(3)	(5)	(5)	(6)
基尼系数	-0.508 *** (-5.17)	-0.331 *** (-2.64)	0.308 (0.75)	0.170 *** (2.89)	0.008 (0.18)	-0.552 ** (-2.07)
废水	-0.003 (-0.47)			-0.002 (-0.60)		

---

① 不再汇报以 P90/P10 作为收入差距影响的 Ordered-Logit 回归结果。

② Ordered-Logit 模型并没有现存的工具变量回归方法，而 OLS 方法所估计的系数方向和显著性与其高度一致（王兵、聂欣，2016），这里将基于 OLS 进行工具变量回归。

变量	自评健康			客观健康（慢性疾病数量）		
	（1）	（2）	（3）	（5）	（5）	（6）
SO$_2$		1.013 (0.19)			-8.029*** (-3.18)	
烟粉尘			51.390 (1.47)			-38.673*** (-2.79)
基尼系数×废水	0.012 (1.08)			-0.002 (-1.04)		
基尼系数×SO$_2$		-0.750** (-2.09)			15.785*** (3.14)	
基尼系数×烟粉尘			-88.519*** (-2.70)			82.068*** (3.02)
控制变量	YES	YES	YES	YES	YES	YES
城市效应	YES	YES	YES	YES	YES	YES
时间效应	YES	YES	YES	YES	YES	YES
观察值	20752	20752	20752	20755	20755	20755
R^2	0.854	0.852	0.867	0.874	0.886	0.875

注：***、**、*分别表示在1%、5%、10%显著性水平下显著，括号内为相应的 z 值。

从表 7-11 可以看出，在以自评健康度量居民健康水平时，收入差距与工业 SO$_2$ 以及收入差距与工业烟粉尘的交互项系数显著为负，表明收入差距扩大显著加剧了这两种污染物对健康的损害。在以客观健康度量居民健康水平时，收入差距与这两种污染物的交互项系数显著为正，表明收入差距扩大显著加剧了工业 SO$_2$ 和工业烟粉尘对居民患慢性疾病的概率。结合表 7-11 工具变量回归与前文未考虑遗漏变量的回归结果，估计结果保持高度一致，研究结论保持稳健。

针对第二个样本选择偏误导致的内生性问题，通常的做法是寻找某种"准实验"来解决。由于数据的限制，在此通过控制人口流动来限制样本选择偏误问题（Wu et al.，2019），具体做法是剔除在外地居住六个月以上的样本，对应问卷中的问题是："您曾在本县/市以外的地方连续住过六个月以上吗？"虽然该方法不能完全杜绝样本选择性偏误，但通过选择完全没有人口流动的样本，能够极大限度避免居民因规避污染而进行迁移导致的内生性问题。表 7-12 给出了控制人口流动选择性偏误后的 Ordered-Logit 回归结果，无论是自评健康还是慢性疾病数量度量的客观健康，基本与未控制人口流动的回归结果一致。特别指出的是，对比控制人口流动的样本回归结果，未控制人口流动样本高估了收入差距在工业 SO₂ 和工业烟粉尘对自评健康的交互影响，但低估了两者对患慢性疾病概率的交互影响。

表 7-12　人口流动控制回归结果

变量	自评健康			客观健康（慢性疾病数量）		
	（1）	（2）	（3）	（5）	（6）	（7）
基尼系数	−0.844*** (−3.25)	−0.618* (−1.68)	−0.634** (−2.38)	−0.567*** (−2.71)	−1.253*** (−5.76)	−0.746*** (−3.95)
废水	0.003 (0.46)			−0.013*** (−4.24)		
SO₂		8.045 (0.64)			−42.251*** (−5.69)	
烟粉尘			4.305 (0.48)			−38.719*** (−6.45)
基尼系数×废水	0.007 (1.09)			0.018** (2.37)		
基尼系数×SO₂		−8.947** (−2.19)			76.192*** (5.68)	
基尼系数× 烟粉尘			−8.327*** (−4.32)			85.398*** (6.04)
控制变量	YES	YES	YES	YES	YES	YES
城市效应	YES	YES	YES	YES	YES	YES
时间效应	YES	YES	YES	YES	YES	YES
观察值	14310	14310	14310	20875	20875	20875
Pseudo R²	0.038	0.035	0.037	0.029	0.028	0.027

注：***、**、*分别表示在1%、5%、10%显著性水平下显著，括号内为相应的 z 值。

第三节 本章小结

本章首先基于我国 2003—2022 年省级宏观面板数据，通过建立中介效应模型检验环境污染在收入差距对健康水平影响中的中介效应。中介效应检验结果显示，环境污染在收入差距对地区平均预期寿命的影响中发挥了部分中介作用，收入差距每提高一个单位，会通过增加地区环境污染使得平均预期寿命下降 0.662 岁，环境污染的中介效应占总效应的比值约为 12%。同样，环境污染在收入差距对地区围产儿死亡率的影响中也发挥了部分中介作用，收入差距每提高一个单位，会通过增加地区环境污染使得围产儿死亡率上升 1.609 个百分点，环境污染的中介效应占总效应的比值约为 31%。无论是以平均预期寿命还是围产儿死亡率衡量地区健康水平，环境污染都是收入差距影响健康水平的有效路径。通过城乡收入比作为基尼系数的替代指标，以及分区域回归等稳健性方法进行检验依然支持了该结论。

其次，区别于宏观层面的研究，考虑微观个体健康的差异，基于中国健康与养老追踪调查（CHARLS）2015 年、2018 年、2020 年三期混合截面数据探讨了收入差距扩大是否存在加剧居民环境健康的风险问题，比较分析了收入差距与工业废水、工业 SO_2、工业烟粉尘三种污染物的交互作用对自评健康和以慢性疾病数量度量的客观健康的影响，对于不同年龄、性别、受教育水平、收入差距，以及污染水平的异质性影响和模型内生性问题也进行了相应的分析。此外，就收入差距与环境污染关系的争论性议题，文章通过 CHARLS 微观数据与城市层面环境污染数据进行匹配对两者关系进行了新的审视。研究发现：（1）在控制城市效应、时间效应和模型内生性后，收入差距与工业废水排放量以及工业烟粉尘排放量均呈现"倒 N"型关系，现阶段各地区收入差距水平基本处于两个拐点之间，收入差距的扩大加剧了工业废水和工业烟粉尘的排放。对于工业 SO_2，收入差距与其表现为线性递增关系。总体而言，当前阶段收入差距的扩大并不利于环境质量的改善。（2）无论是自评健康还是以慢性疾病数量度量的客观健康，地区收入差距扩大均显著降低了居民健康水平。（3）收入差距扩大存在加剧居民环境健康的风险，在控制遗漏变量和样本选择偏误导致的内生性问题后结论依然稳健。具体而言，收入差距显著增加了工业烟粉尘和工业 SO_2 对居民健康水平的影响，收入差距只要分别超过 0.679 和 0.482 时，收入差距就能够提高工业 SO_2 和工业烟粉尘对居民自评健康的风险，而收入差距分别超过 0.546

和 0.449 时，收入差距就能够提高两者对居民患慢性疾病的概率，工业烟粉尘的健康风险对收入差距的敏感程度强于工业 SO_2，收入差距的变化更能引起工业烟粉尘对居民健康的损害。（4）在异质性分析上，收入差距加剧工业 SO_2 和工业烟粉尘对居民健康风险的结论依旧成立，中年人相对于老年人承受的风险更大，男性承受的风险小于女性，而接受较低教育、处于高收入差距及高污染地区的个人，承受收入差距引致的环境健康风险更加强烈。

第八章

研究结论与对策建议

第一节　研究结论

自改革开放以来，我国经济发展水平得到了极大的提升，但不得不面对的事实是居高不下的收入差距以及严峻的环境污染问题。尽管随着人民物质生活水平的提高，一些代表居民健康水平的指标逐渐向好，但也不能忽视人口总体死亡率缓慢上升的问题。收入差距、环境污染与健康水平之间的关系究竟如何？此外，针对现有研究关于收入差距与健康水平、收入差距与环境污染结论的争议性问题，本书将基于中国现实背景，采用实证分析方法对这些问题加以佐证，并对其中的影响机制进行检验。特别是，区别于已有研究从物质资源获取、社会资本和心理三种路径解释收入差距影响健康水平的机制，本书将环境污染作为两者之间的另外一条路径，探讨环境污染在收入差距影响健康水平中的中介作用，并对收入差距扩大是否加剧居民环境健康风险的问题进一步验证。通过系统及规范的研究，本书得出的研究结论如下。

1. 我国收入差距、环境污染问题较为突出，居民健康水平表现出差异性，三者呈现显著的区域性特征。

从收入差距来看，国民收入分配格局显示了国民收入在企业、政府和居民三个部门之间的分配情况，企业部门收入份额和居民收入份额呈现典型的负向关系，现阶段国民收入份额更多地向劳动者倾斜，居民收入份额不断提升；基尼系数表明我国总体上收入差距过大的事实，尽管在 2008 年以后基尼系数呈现下降的趋势，但一直处于国际贫富差距警戒线之上。而且基尼系数表现出区域差异化特征，"东部较低、中部次之、西部最高"的局面较为明显；城乡收入差距表明我国自改革开放以来城镇和农村收入差距绝对数具有显著的提升，以相对数度量的城乡收入比则表现出先上升后下降的趋势，走势跟我国基尼系数较为一致。与此同时，城乡收入比体现的区域差异性也异常明显，西部地区城乡收入比平均水平显著高于中西部地区。

从环境污染来看，人均工业废水、人均工业 SO_2 和人均工业烟粉尘 2003—2022 年期间总体表现为下降趋势，而人均工业废气、人均工业固体废弃物和人均 CO_2 在此期间内总体表现为上升趋势。各省份环境污染综合指数显示，全国环境污染平均水平先经历了一个上升过程，之后出现下降的趋势。分区域来看，西部环境污染综合指数平均水平显著高于东部和中部。

从健康水平来看，我国人口平均预期寿命自 20 世纪 80 年代以来得到极大的提升，但表现出显著的性别差异，女性平均预期寿命高于男性，并且这种差异在逐渐扩大。围产儿死亡率变化趋势跟平均预期寿命变化趋势刚好相反，表明健康水平逐渐提升。无论是人口平均预期寿命还是围产儿死亡率，都表现出东部地区居民平均健康水平高于中西部地区的现象。但是，从人口总体死亡率来看，逐渐上升的趋势表明居民健康水平的差异性和复杂性。

2. 无论是基于宏观层面数据还是微观层面数据，收入差距对健康水平的影响均表现出显著的负向作用，并且存在"亲富人"的倾向。物质资源获取（医疗或教育）、社会资本以及心理是收入差距影响健康水平的有效机制。

首先，基于 2003—2022 年省级宏观层面数据，采用面板双向固定模型对收入差距与健康水平之间的关系进行回归分析。实证结果表明，以基尼系数度量的收入差距显著降低了地区人口平均预期寿命，对围产儿死亡率具有显著的促进作用，通过替换收入差距指标、分区域、面板分位数回归以及内生性处理等多种稳健性检验方法，结论依旧保持可靠。进一步，通过引入交互项表明地区医疗水平、受教育程度能显著削弱收入差距对健康水平的负向影响。此外，通过建立收入差距对健康水平影响的收入门槛模型，表明收入差距对健康水平的影响存在收入门槛，相对于高收入地区，低收入地区健康水平受到收入差距的负向影响更大，一定程度证实了收入差距的"弱假说"结论。

其次，基于 CFPS2018 微观调查数据，采用 Ordered-Probit 模型就收入差距对个人健康水平的影响进行检验。实证结果表明无论是以自评健康还是"身体不适"客观健康作为个人健康水平的度量，收入差距对个人健康水平均具有显著的负向作用。从家庭收入分组来看，收入差距对低收入家庭健康水平影响显著为负，对于高收入家庭健康水平影响不显著，证实了收入差距与健康之间的"弱假说"观点。进一步，借助两步法检验结果表明，收入差距能够通过社会资本和心理途径对个人健康水平产生作用。

3. 收入差距与环境污染之间存在"倒 U"型非线性关系，现阶段收入差距对环境污染影响主要表现为正向作用。环境规制政策、能源结构和环境保护需求是收入差距影响环境污染的有效途径。

　　基于 2003—2022 年我国 24 个省份面板数据，通过熵权法构建环境污染综合指数，在考虑污染的空间溢出效应及内生性基础上采用 GS2SLS 估计方法对收入差距与环境污染的关系进行了新的考察，与此同时，利用中介效用模型对收入差距影响环境污染的机制进行检验。实证分析结果表明，我国环境污染存在显著的正向空间溢出效应，一个地区的环境污染水平不仅受本地经济发展水平、产业结构以及要素禀赋等要素的影响，同时受到周围地区环境污染水平的影响；收入差距与环境污染水平在考虑污染的空间溢出效应和内生性后呈现显著的"倒 U"型关系，通过替换空间权重矩阵、变换工具变量和改变收入差距的衡量指标等稳健性检验后研究结论依旧成立；尽管收入差距与环境污染"倒 U"型结论显著成立，但是通过收入差距的拐点值和各省份的收入差距的平均水平对比发现，大部分省份的收入差距水平处于拐点值的左侧，当前阶段收入差距的扩大总体上加剧了环境污染，政府实施缩小收入差距与污染减排的政策并不存在悖逆。对于环境污染的其他影响因素，在引入收入分配因素后，地区人均收入水平与环境污染之间的 EKC 关系依然成立，并且多数省份的人均收入水平并未跨越 EKC 曲线的拐点，实现经济增长和环境污染的"脱钩"依然任重而道远；分区域样本表现出一定的异质性，具体表现为东部和高收入地区收入差距与环境污染表现为"U"型关系，而中部、西部、低收入、低要素禀赋和高要素禀赋地区两者之间的关系依然表现为"倒 U"型关系，但是两种悖逆关系的拐点进一步表明了现阶段收入差距不利于环境质量改善的事实；影响机制检验表明环境规制、能源结构和环境保护需求是收入差距影响环境污染的有效路径，而技术进步的中介效应不显著。

　　4. 我国在 2018 年实施的环境保护税对环境与国民健康水平产生了显著影响，环境污染导致的健康问题应引起足够重视。

　　《中华人民共和国环境保护税法》于 2018 年 1 月 1 日在中国实施，旨在通过经济手段激励污染减排，推进环境质量的改善。该税法的实施是我国从行政收费向税收制度转变的重要步骤，在环保领域具有划时代的意义。环境保护税的征收主要针对直接排放到环境中的大气污染物、水污染物、固体废物以及噪声，税率根据污染物的种类和排放量进行设定，旨在体现"污染者支付"的原则。该税种的实施不仅反映了政府对环境问题的重视，也是对国内外环保政策趋严背景下的一种适应和响应。通过对企业和个体的经济激励，环境保护税法促进了污染减排技术的更新和环境管理措施的改进，进而有效地控制和减少了环境污染。

基于 2014—2021 年间的城市面板数据，利用环境保护税作为一个准自然实验，以探索其对环境健康影响的政策效应。本书采用双重差分（DID）方法深入探讨了环境保护税对城市工业 SO_2 排放及居民健康状况的具体影响。研究发现，2018 年自环境保护税全国范围内实施以来，城市工业 SO_2 的排放量得到了显著的控制，同时相关的人口死亡率也表现出了明显的下降。这一结果说明，通过财政工具对污染排放进行经济激励与惩罚，能有效促进环境质量的改善，并对提高公共健康水平产生积极影响。这一结论通过多种经验检验方法得到验证，包括平行趋势分析、倾向得分匹配、政策时间窗口调整，以及随机分配实验组等，均证实了研究结果的稳健性。进一步地，通过异质性分析考察了城市不同资源禀赋和地理位置在税收政策效应中的作用。结果显示，在资源丰富和地理位置优越的特大城市中，环境保护税对环境健康的正面影响更为显著。而从地区差异来看，东部地区由于经济发展水平较高、产业结构更为先进，环保税的效应在这些区域更加突出，相比之下中西部地区的效果则相对有限。

5. 收入差距能够通过环境污染对健康水平产生影响，环境污染是除物质资源获取、社会资本以及心理途径以外的另一条有效路径，收入差距的扩大存在加剧居民环境健康风险的可能。

首先，基于省级宏观面板数据，通过建立中介效应模型检验环境污染在收入差距对健康水平影响中的中介效应。中介效应检验结果显示，环境污染在收入差距对地区平均预期寿命的影响中发挥了部分中介作用，收入差距每提高一个单位，会通过增加地区环境污染使得平均预期寿命下降 0.662 岁，环境污染的中介效应占总效应的比值约为 12%。同样，环境污染在收入差距对地区围产儿死亡率的影响中也发挥了部分中介作用，收入差距每提高一个单位，会通过增加地区环境污染使得围产儿死亡率上升 1.609 个百分点，环境污染的中介效应占总效应的比值约为 31%。无论是平均预期寿命还是围产儿死亡率衡量地区健康水平，环境污染都是收入差距影响健康水平的有效路径。通过城乡收入比作为基尼系数的替代指标，以及分区域回归等稳健性方法进行检验依然支持了该结论。

其次，区别于宏观层面的研究，考虑微观个体健康的差异，基于中国健康与养老追踪调查（CHARLS）2015 年、2018 年、2020 年三期混合截面数据，采用 Ordered-Logit 模型探讨收入差距扩大是否存在加剧居民环境健康的风险的可能。实证分析指出，在控制城市效应、时间效应和模型内生性后，收入差距与工业废水排放量，以及工业烟粉尘排放量均呈现"倒 N"型关系，现阶段各地区收入差距水平基本处于两个拐点之间，收入差距的扩大加剧了工业废水和工业烟粉尘的排放。对于工业 SO_2 污染物，收入差距与其表现为线性递增关系。总体而言，当前阶段收入差距的扩大并不利于环境质量的改善；无论是自评健康还是以慢性疾病数量度量的客观健康，地区收入差距扩大均显著降低了居民健康水平；收入差距扩大存在加剧居民环境健康的风险，在控制遗漏变量和样本选择偏误导致的内生性问题后结论依然稳健。具体而言，收入差距显著增加了工业烟粉尘和工业 SO_2 对居民健康水平的影响，收入差距只要分别超过 0.679 和 0.482 时，收入差距就能够提高工业 SO_2 和工业烟粉尘对居民自评健康的风险，而收入差距分别超过 0.546 和 0.449 时，收入差距就能够提高两者对居民患慢性疾病的概率，工业烟粉尘的健康风险对收入差距的敏感程度强于工业 SO_2，收入差距的变化更能引起工业烟粉尘对居民健康的损害；在异质性分析上，收入差距加剧工业 SO_2 和工业烟粉尘对居民健康风险的结论依旧基本成立，中年人相对于老年人承受的风险更大，男性承受的风险小于女性，而接受较低教育水平、处于高收入差距以及高污染地区的个人，承受收入差距引致的环境健康风险更加强烈。

第二节　对策建议

在当前积极推进健康中国战略的背景下，有效提升居民的健康水平显得尤为重要，这不仅是对民生改善的基本要求，也是国家发展的重要指标。在我国，由于收入差距较大以及环境污染问题严峻，这两个因素对居民的健康状况产生了深远的影响。具体来看，收入差距的存在不仅影响到资源的合理配置，还可能导致医疗服务的不平等访问，从而加剧了健康不平等现象。一方面，研究显示，收入水平的提高通常伴随着健康水平的提升，这是由于经济条件的改善能够增加个人对高质量医疗资源的可及性和可负担性。因此，缩小收入分配差距，特别是通过提高低收入群体的收入水平，不仅可以直接改善其健康状况，还可以通过增强消费能力和改善生活条件间接促进健康。另一方面，环境污染是影响公众健康的另一大因素。收入分配的公平性与环境质量之间存在复杂的互动关系。较高的经济平等度往往能够促进更有效的环境政策的实施和更广泛的公共参与，从而改善环境质量。本书的实证分析表明，通过缩小收入差距，可以间接通过改善环境质量来提升居民的健康水平，因为财富较均匀的分配有助于增强社区和政府对环境问题的关注和投入。当前，我国将污染防治定为三大攻坚任务之一，显示了政府在生态文明建设中减少环境污染的决心。从健康的角度看，降低环境污染不仅是提升生活质量的需求，更是防范环境健康风险的必要措施。因此，本书建议政府在制定相关政策时，应综合考虑收入差距和环境污染的互动效应。具体政策建议如完善收入分配机制体制、加强环境监管和污染治理、推动公众环保参与等，通过这些综合措施，可以更有效地提升居民健康水平，促进社会公平与环境可持续发展。

1. 完善收入初次分配改革

（1）提高收入初次分配中劳动报酬比重。要优化和调整企业薪酬结构，需要企业在遵循市场经济原则的同时，重视和保护劳动者的合法权益。通过改革和规范薪酬分配机制，确保按劳动投入的公正报酬，能够有效促进劳动者收入与国民经济增长的同步提升。鉴于我国劳动力大量集中在劳动密集型产业，政府在制定相关政策时需具有针对性，为这些企业提供税收优惠和政府补贴等支持措施，减轻企业经济负担，增强其盈利能力，从而提高劳动者的薪资水平。同时，加强对劳动者的人力资本投资也显得至关重要。政府和企业应共同承担起加大对劳动者教育和技能培训的责任，尤其是对于高技能人才的培养。通过提高劳动者的专业技能和文化素质，使其在激烈的市场竞争中获得更多优势。一个高素质的劳动力队伍是提升劳动生产率和劳动报酬的关键因素。此外，改进劳动者的工资谈判机制同样重要。可以借鉴国际上的成功经验，积极推动工会等劳动者权益保护组织的建立和发展。这些组织在维护劳动者合法权益方面应发挥核心作用，特别是在劳资纠纷的解决过程中，工会可以作为劳动者与企业之间的沟通桥梁和缓冲，确保双方利益的平衡与和谐。通过这些措施，不仅可以在宏观和微观层面上促进经济的平衡发展，还能在更广泛的社会层面上推动公平和公正的劳动报酬分配，从而为社会稳定和持续进步提供坚实的基础。

（2）增强政府对垄断行业收入水平的调控力度。加强政府对垄断行业收益分配的调控是十分关键的。垄断行业由于在资源访问、信息获取、技术支持等方面的固有优势，往往能够获得超常利润，这使得这些行业的劳动者相较于非垄断行业的职工享有相对更高的薪酬水平。这种现象无疑加剧了整体的收入不平等。因此，加强对这些行业的监管，平衡垄断与非垄断企业之间的机会，成为缩小收入差距的一项重要措施。具体而言，一是加强政府监管。政府机构可以通过实施明确且操作性强的规范来设定垄断行业内的工资总额上限，从而有效控制这些行业的薪酬水平。具体措施包括制定工资上限标准，这一标准可以基于行业平均工资的特定倍数或企业收益的一定百分比来确定。此举旨在避免垄断企业中出现过高的薪酬，这些过高的薪酬往往会加剧社会的收入不平等。

通过此种方式，可以有效防止资源和财富在少数高收入群体中的过度集中，从而促进更广泛的社会公平与经济健康发展。二是调整税收政策。当前，垄断性质的国企上缴的利润比例通常较低，这与国际上30%至60%的比例相比显示出较大差异。政府可以考虑提高国有垄断企业的利润上缴比例，通过这种方式既可以完善收入分配机制，也可以有效抑制垄断企业利润过高引起的收入差距扩大问题。通过提升税收比例，还能在一定程度上限制垄断企业的快速工资增长，达到更公平的收入分配效果。三是促进市场竞争。通过适度放宽市场准入条件，允许更多竞争者进入原本由垄断企业控制的行业，政府可以有效打破现有的市场结构，消除单一或少数企业的市场主导地位。这一策略的实施不仅促进了行业内的健康竞争，还为消费者提供了更多的选择和更优质的服务。放宽市场准入能够激发创新和效率提升，因为新进入者往往带来新技术和新管理方法，这对既有企业形成了挑战和动力，迫使它们进行自我革新以维持竞争力。这种增加的竞争可以防止价格固定和服务质量下降的问题，使得整个行业的服务水平得到提升。更重要的是，增强的市场竞争有助于优化资源配置。在一个竞争激烈的市场环境中，资源倾向于流向最能有效利用它们的企业，这样不仅提高了行业的整体效率，还促进了经济的整体健康发展。通过这种方式，公共事业和服务的改革得以加速，市场经济体制更加完善，最终实现社会福利的整体提升。

（3）修正市场的分配失灵。在经济体制中，市场机制虽然在资源分配中扮演着核心角色，但其功能并非无懈可击，时常会出现某些功能失调。这种市场失灵表现在收入分配中尤为明显，往往导致收入和机会的不公。在这种情况下，适当的政府干预成为必要，以矫正市场在调节过程中产生的失衡和扭曲。一是平衡机会与结果的不等性。在市场经济中，不同的经济体由于起点资源的不同，其获得的市场机会和成就也天然不同，这在没有适当调节的情况下可能导致贫富差距的加剧。政府可以采用如税收优惠、社会支出增加等手段，特别是对低收入和资源较少的群体进行支持，以减少起点不平等带来的连锁反应。这样的政策旨在不损害市场效率的前提下，缩小经济体之间因先天差异造成的机会和结果的不平等。二是加强市场信息系统的建设。在市场经济中，信息的作用至关重要，信息的透明度和可获取性直接影响到市场主体的决策效率和准确性。不完全或滞后的信息会导致市场决策的失误，增加经济运行的不确定性。因此，政府部门应加强对信息的管理和发布，确保所有市场主体能够平等地访问关键信息。这包括但不限于市场趋势、政策变动、行业标准等关键信息的及时更新和传播。

2. 完善收入再分配调节机制

（1）完善财政转移支付制度。优化财政转移支付制度对于促进区域间经济与社会的均衡发展具有重要意义。通过合理的资源配置，有效地缓解由于区域发展不均导致的"公平与效率"之间的潜在矛盾，从而推动经济的整体和谐发展。目前，我国的财政转移支付机制主要包括税收返还、一般转移支付和专项转移支付三种主要形式。税收返还通过基数法来激励财政收入较高的地区，其目的在于保持地区间财政动力的活性，但这种做法在一定程度上增加了经济发达地区和经济落后地区的收入差距，进而影响社会整体的财富平衡。一般转移支付和专项转移支付作为平衡转移支付的两大形式，尽管旨在缩减地区间的经济差异，但专项转移支付由于其资金使用的特定目标限制，使得其在促进区域间平衡方面的效果并不尽如人意。为了更有效地实现财政转移支付的目标，需要从多个层面对现行机制进行深入的分析和改进。首先，在税收返还方面，应考虑调整返还机制，以减少对高收入地区的过度激励，同时增加对低收入地区的支持，确保资金能够更多地流向需要更多公共服务和基础设施建设的地区。这不仅可以帮助缩小地区间的经济差异，还能提升全国经济的整体协调发展水平。其次，对于一般转移支付，建议增强其灵活性和针对性。政府应根据各地区实际发展需求，制订更为精细化的资金分配计划，允许地方政府根据自身特点和优势来调整资金的使用方向，这样不仅能提高资金的使用效率，也能在更大程度上满足地区发展的实际需要。再者，专项转移支付应当重点关注资金的实际效果和项目的可持续性。政府需要通过建立严格的项目评审和资金监管机制，确保每一笔资金都能够用于真正有助于缩小区域差距的项目。同时，还应加强对资金使用的透明度和公众的知情权，通过社会监督来提升专项转移支付的公正性和有效性。除此之外，财政转移支付制度的优化还需要考虑到地区间协作和资源共享的可能性。通过建立区域经济合作框架，鼓励地区间在资源利用、产业发展和环境保护等方面进行合作，可以有效地促进资源的优化配置和区域经济的整体协调发展。

总之，完善财政转移支付制度是一个复杂而多维的任务，它要求政策制定者具备前瞻性的视角和细致入微的执行力。这不仅需要政府在宏观层面上进行精心设计和周密规划，还需要在微观层面上实现精确管理和有效执行。通过这些综合措施的实施，可以更有效地促进社会公平与经济效率的和谐统一，为实现持久和平衡的社会经济发展提供坚实的基础。

（2）加强累进税制的实施。在加强累进税制的实施中，确保税制的设计和应用不仅符合财政公平的原则，还要促进经济的持续增长和社会福祉。这需要一个精细化和多维度的策略来实现税收的最优配置，以及确保这些配置随着经济环境的变化而适时调整。一是优化税级和税率的设计。设计累进税率时，应该根据经济数据和社会需求对税级进行详尽的分析和科学的设置。例如，可以通过对国民经济收入数据进行分析，识别不同收入群体在总体经济中的比例和分布，据此设计反映收入多寡的税率阶梯。这些阶梯应精确反映从低收入到高收入各阶层的经济能力，以及他们对社会贡献的相对大小。同时，税率的设置不能过高，以避免负面激励效应，如高税率可能导致高收入人群的投资和消费意愿降低，甚至出现资本外流的现象。因此，税率的顶端设置需谨慎，可能需要通过经济模型模拟其对经济活动的影响，确保税率既能实现收入再分配的目的，又不会对经济活动产生过度抑制。二是动态调整机制。政策制定者应建立一种机制，根据经济增长、通货膨胀率、就业情况等宏观经济指标动态调整税率和税基。例如，在经济衰退或高失业率时期，适当降低中低收入者的税率，以增加其可支配收入，刺激消费需求；在经济过热或高通胀时期，适当提高高收入者的边际税率，以抑制通货膨胀并调控经济过热。此外，应考虑到技术进步和社会变迁对职业结构和收入分配的长期影响，定期评估税制的适应性和公平性，确保税制与时俱进，反映当下社会的经济和社会结构变化。三是强化税收征管和透明度。加强税收征管系统的建设，确保税收的公平征收和执行。这包括利用现代信息技术提高税务管理的效率和准确性，减少逃税和避税行为。同时，提高税收政策的透明度，通过公开税率结构、税收征收和使用情况，增强公众对税制的理解和信任，从而提高税收的社会接受度和合法性。通过这些细化的措施，累进税制不仅能够作为一个有效的财政工具来重新分配收入，减少社会不平等，还能在不抑制经济增长的前提下，通过动态调整机制适应经济变化，促进经济的健康发展。这种多维度、动态调整的累进税制是实现现代社会经济公正与效率并重的关键。

（3）扩展社会保障体系。扩展社会保障体系是实现社会公平和经济稳定的关键措施，其目的是提供全面的社会保障覆盖，以支持低收入和弱势群体，减轻他们的经济负担，并促进社会整体福利。一是普及全民健康保险系统，确保所有公民，无论收入高低，都能获得必要的医疗服务，从而减少因疾病引发的贫困现象。此外，健康保险应涵盖慢性病和重大疾病的长期护理，以减轻这些疾病对家庭经济的冲击。养老保险制度的改革同样重要，必须确保养老金的充足性和公平性，特别是在应对人口老龄化问题时，养老金体系需要不断调整以适应社会发展的需求。除政府提供的基础养老金外，还应鼓励个人储蓄型和企业年金计划的发展，形成多层次的养老保障网络。二是完善失业保险制度，这不仅包括提供经济援助以帮助失业者渡过难关，还应包含职业培训和再就业服务，以帮助失业者尽快重返劳动市场。此外，对于特殊需求群体，如残疾人和单亲家庭，社会保障体系应提供额外支持，例如，残疾人生活补助和单亲家庭儿童教育资助，确保这些群体能够获得平等的社会参与机会和生活质量。三是扩展儿童福利制度。通过提供儿童补助、免费或低价的学前教育和课后照顾服务，可以减轻低收入家庭的负担，确保所有儿童在公平的起点上开始他们的教育生涯。这不仅有助于打破贫困循环，还能在长远上提高国家的人力资本质量。四是建立严格的管理和监督机制，以防止滥用和腐败，确保资金的有效利用。政策制定者应定期评估社会保障项目的效果，并根据社会经济环境的变化及时调整政策，确保社会保障体系始终符合国家和社会的发展需求。通过以上措施，扩展社会保障体系不仅能够有效支持经济较弱的社会成员，减少贫困和不平等，还能促进社会的长期稳定与和谐，最终实现包容性增长和社会福利的最大化。这需要政府、企业和民间组织的共同努力，以及全社会对公平原则的共识和支持。

（4）提升公共服务质量和可及性。提升公共服务质量和可及性是实现社会公平与经济发展的关键策略，其目标在于通过增加公共资源投入和优化资源配置，确保所有社会成员，尤其是弱势群体，能够公平地享有基本公共服务。首先，教育是社会公平的基石，通过增加对教育的公共投资，特别是在农村和贫困地区，能够有效提升教育质量和普及程度。政府应加大对基础教育设施的建设和维护，确保所有儿童在安全且设施齐全的环境中接受教育。此外，应提升教师的待遇和培训质量，通过引进高素质教师和提供持续的职业发展机会，提高整体教育水平。同时，应推广免费或低价的学前教育和课后照顾服务，以减轻低收入家庭的负担，确保儿童在公平的起点上开始他们的教育生涯。其次，医疗服务的普及和质量提升对于减少社会不平等具有重要意义。政府应进一步完善全民健康保险体系，扩大覆盖范围，确保所有公民获得基本医疗服务，尤其是在偏远和贫困地区。同时，应加大对公共卫生设施的投入，提高医院和诊所的服务能力和质量，特别是基础医疗设施和预防保健服务的改善，能够有效降低疾病传播和健康风险。此外，应推广家庭医生制度和社区医疗服务，以更好地为社区居民提供便捷的医疗服务，减轻大医院的负担，提升医疗服务的可及性。公共基础设施的建设和维护也是提升公共服务质量的重要方面。政府应增加对交通、住房和通信等基础设施的投资，特别是在农村和边远地区，以提高居民的生活质量和经济活动的效率。通过改善道路和交通网络，可以促进区域经济的发展和资源的流动，缩小城乡差距。同时，应推行经济适用房和公共住房项目，解决低收入家庭的住房问题，确保每个家庭都能有一个安全和舒适的居住环境。在通信领域，政府应推动互联网和移动通信的普及，特别是在偏远地区，缩小数字鸿沟，促进信息的广泛传播和共享。此外，社会服务体系的健全和优化也是提升公共服务质量的重要组成部分。政府应加强对社会福利机构的监管和支持，确保其能够提供高质量和可及的服务。例如，应增加对养老院、残疾人服务中心和儿童福利机构的投入，确保这些机构能够为有需要的群体提供全面和专业的服务。同时，应推进社会工作者的专业化发展，提高社会服务的专业水平和服务质量。在环境保护和可持续发展方面，政府应加强对环境基础设施的建设和管理，确保公共服务在提供便利的同时也能实现环境的可持续发展。例如，应推进城市污水处理和垃圾分类系统的建设，提高环境卫生水平，减少污染对居民健康的影响。此外，应推广绿色建筑和节能技术，促进资源的有效利用和环境的保护，实现经济和环境的协调发展。

3. 调整经济发展观念

（1）完善政绩考核指标。在传统的经济发展模式中，GDP 增长率往往被作为评价地方政府政绩的核心指标。这种评价体系促使地方政府主要集中于经济速度的提升，往往以牺牲环境质量、社会稳定和长远的可持续性为代价。然而，随着社会对环境、健康、公平和创新等方面需求的增加，单一的 GDP 增长指标已不足以全面反映一个地区的综合发展水平。因此，调整政绩考核指标，将环境保护、社会福利、公共健康和创新能力等纳入评估体系，成为推动高质量发展的重要战略。首先，环境保护作为考核指标，要求地方政府重视资源的合理利用和环境的持续改善。这不仅涉及传统的污染治理，还包括生态修复、绿色建筑和可持续城市规划等多方面。例如，政府可以通过实施碳排放交易系统、推广清洁能源使用和提高工业排放标准等措施，有效控制和减少环境污染。通过将这些指标纳入政绩考核，激励地方政府采取积极行动，实现环境质量的持续提升。其次，社会福利的考核指标，强调提升居民生活质量和社会公平性。这包括但不限于医疗保障、教育资源、社会保障和住房条件等。地方政府可以通过增加公共服务投入、优化资源配置和改革福利制度等方式，改善社会福利体系。例如，提高基本医疗和养老保险覆盖率，确保所有社区居民都能享受到基本的社会服务，从而减少社会不平等和提升居民的满意度。再者，公共健康作为评价指标，强调提高公共卫生服务水平和应对公共健康挑战的能力。这包括疾病预防、健康教育、紧急医疗响应和慢性病管理等。通过增强公共卫生系统的能力，不仅能够提高居民的健康水平，也能在面对公共卫生危机时，如流行病暴发时，展现出更强的应对和恢复能力。最后，创新能力的引入作为政绩考核的一部分，是对地方政府推动科技进步和产业升级能力的认可。这包括科研投入的比例、新技术的应用、高新技术企业的培育及其在地区经济中的比重等。创新不仅能够驱动经济增长，还能够促进产业结构的优化升级，提高地区竞争力。通过将环境保护、社会福利、公共健康及创新能力纳入地方政府的政绩考核指标，可以有效地促使地方政府在追求经济增长的同时，更加注重经济的质量和可持续性，均衡考虑经济、社会和环境三者的和谐发展。这种多维度的考核体系更符合现代社会的发展需求，有助于实现全面而持续的社会进步。

（2）推广绿色经济。鼓励和支持低碳技术和可再生能源的开发与应用，是当前环境政策与经济可持续发展战略中的核心内容。绿色经济不仅应对气候变化、减少环境污染，同时也促进经济的长期稳定增长。为实现这一战略目标，低碳技术和可再生能源领域的创新及其推广应用显得尤为关键。这包括太阳能、风能、生物质能等能源的高效利用，以及电动车、节能建筑和智能电网等低碳技术的广泛应用。这些技术的发展和推广可以显著降低对化石燃料的依赖，减少温室气体排放，并通过提高能源使用效率，优化资源配置。为有效推动这些技术和项目的实施，资金支持是关键。在这方面，绿色金融和绿色债券等金融工具发挥了至关重要的作用。绿色金融包括直接融资和项目融资等多种形式，涉及银行贷款、私人投资、公共资金以及碳交易等机制，旨在为环保和可持续项目提供必要的资金。绿色债券作为一种创新的金融工具，允许企业和政府发行债券以筹集专门用于资助环境友好项目的资金。这类债券通常享有政府的税收优惠或其他激励措施，吸引了大量寻求可持续投资的投资者。此外，推广绿色经济还需要一个支持性的政策框架，包括制定促进可再生能源和低碳技术发展的法律法规，实施税收优惠政策，提供研发资金支持，以及建立绿色标准和认证系统。政府可以通过这些措施降低绿色技术的初始成本，提高市场的接受程度，激励私人部门的参与和投资。推广绿色经济还需要公众参与和消费者行为的转变。通过教育和公共意识提升活动，可以增加公众对可持续发展的认识，促进绿色产品和技术的接受度。企业社会责任的强化也是推动绿色经济发展的一个重要方面。企业通过采用更环保的生产方式和参与可持续项目，不仅能改善企业的公共形象，还能在竞争中获得优势。总体而言，推广绿色经济的核心在于通过鼓励和支持低碳技术及可再生能源的开发和应用，结合有效的资金支持机制如绿色金融和绿色债券，以及配套的政策和公众参与，共同作用于减少环境污染并提升经济的可持续性。这种多维度的整合策略不仅能够促进环境质量的改善，也为经济发展提供了新的动力和方向，是实现经济、环境及社会三重底线可持续发展的有效途径。

（3）优化产业结构。通过政策引导和资金支持，致力于促进产业升级，特别是实现从资源密集型和高污染产业向技术密集型和环保型产业的转变，是当前全球经济发展趋势的关键部分。这种转型不仅涉及环保和可持续性目标的实现，还关乎经济结构的长期竞争力和创新能力的提升。对高科技、生物科技、信息技术等领域的投资加大，无疑是推动新经济成长、创新驱动发展的重要策略。政府通过制定优惠政策和提供研发资助，激励企业投入这些前沿技术领域，这不仅促进了技术进步和产业升级，也有助于新兴产业的快速成长和成熟。此外，这种产业优化策略也鼓励企业采用更环保的生产方式和技术，减少对环境的负面影响，提高能源使用效率，最终达到经济活动与生态环境相协调的目标。在转型过程中，政府可以采用多种机制和措施，如税收优惠、财政补贴、技术支持服务等，以降低企业面临的转型风险和初始投入成本。例如，可以为采用清洁技术的企业提供税收减免，或为研发新型环保材料的企业提供资金支持。同时，通过建立产业园区和创新中心，聚集行业资源，形成产业集群，可以进一步促进知识共享和技术协同，加速产业结构的优化升级。这种策略的实施，不仅可以增强国家的产业核心竞争力，也可以为经济持续增长提供新的动力。在全球化和数字化日益加深的背景下，对信息技术的深入投资尤为重要。信息技术不仅是提升产业自动化和智能化水平的关键，也是促进其他产业创新和效率提高的重要支撑。生物科技的发展同样关键，尤其是在全球面临人口老龄化和健康挑战的背景下，生物科技不仅可以推动医疗健康产业的发展，还能通过生物工程技术提高食品安全和农业生产效率。高科技领域如人工智能、机器人技术、纳米技术等的研究和应用，同样是推动经济结构优化升级的重要方向。这些技术的发展和应用，能够为传统产业提供创新解决方案，推动制造业向高端化、智能化发展。总之，优化产业结构通过政策引导和资金支持的方式，不仅能够减轻环境压力，还能提升经济的创新能力和竞争力，促进社会和环境的可持续发展。在此过程中，关键是确保政策的连贯性和长期性，以及保持对科技发展趋势的敏感性和响应性，这样才能在全球经济中占据有利地位，实现经济的持续健康发展。

4. 加大环境污染治理力度

（1）制定严格的排放标准。制定严格的排放标准是环境治理政策中的核心策略，通过此政策，政府能有效限制工业、交通和农业等行业的污染物排放，从而减少对大气、水体和土壤的环境负担。排放标准的严格化不仅涉及对已知污染物的控制，还包括对新识别的有害物质的排放限制。在工业方面，排放标准针对的是工厂排放的各种有害气体和颗粒物，如二氧化硫、氮氧化物和细颗粒物（PM$_{2.5}$），这些污染物被证实对人类健康和环境都有极大的危害。对于交通行业，排放标准主要关注汽车尾气中的碳氢化合物、一氧化碳、氮氧化物及其他挥发性有机化合物，这些物质对城市空气质量的影响尤为显著。农业排放标准则着重于限制农药和化肥的使用，减少这些物质通过地表水和地下水进入水体的机会，同时也减轻了对土壤质量和生物多样性的负面影响。为实现有效的环境治理，政府需配合科学研究，不断更新和完善环境标准，确保它们能够反映最新的科学知识和技术进步。同时，监管机构必须加强监测和执法活动，确保所有相关行业都能遵守这些更为严格的标准。这包括定期的环境监测、排放测试以及对违规企业的处罚，如罚款、停产整顿甚至刑事起诉。此外，政府也应激励企业采取先进的污染控制技术和改进生产工艺，从源头减少污染的产生。例如，鼓励企业使用更清洁的能源、改进工业炉窑的燃烧效率、采用先进的废气处理系统等措施。加强公众的环保意识和参与也是实施严格排放标准的重要方面。通过教育和公众信息透明，可以提高公众对环境问题的认识，促使民众支持并参与环境保护活动，同时，公众的参与也为环境政策的制定和执行提供了更广泛的监督和反馈。例如，通过社交媒体、新闻发布和公开讲座等方式，增加环境数据的公开透明度，使公众能够实时了解本地区的空气质量、水质状况和土壤状况，从而促进公众、政府和企业之间的有效沟通和合作。城镇化和工业化进程不得不面对环境健康风险问题，对于企业的无序扩张和忽视环境的污染行为，必须借助于更强制性的行政命令手段和灵活多变的市场激励机制，如环境法规的建立和排污收费的柔性变革。

（2）推行污染税和环境补贴。推行污染税和环境补贴是经济政策工具中用于应对环境问题的有效策略，目的在于内部化环境成本，促使污染企业承担其生产活动对环境造成的外部成本。通过征收环境税或污染排放费，政府不仅能够直接影响企业的成本结构，促使其减少污染排放，还可以通过税收收入支持环境保护项目和可持续发展政策。这种政策的实施使得污染成本变得具体化，企业为了减少税负，将更倾向于采用环境友好型的生产技术和流程。环保补贴和税收优惠则通过减轻企业在环保技术投资初期的财务负担，激励企业采用清洁技术和可再生能源，从而加速这些技术的市场化和普及。例如，政府可以为安装太阳能板或风力发电设施的企业提供税收抵免或直接补贴，以降低企业的初始投资成本。此外，污染税和环境补贴策略也促使企业重视生产效率的提升和资源的循环利用，以减少废物的产生和能源的消耗。这种政策工具的设计需要考虑到经济效率和社会公平，确保税收和补贴的标准公正合理，不会对某一特定行业或小微企业造成过重的经济负担。为了提高政策的接受度和效率，政府通常需要在广泛的行业咨询和公众讨论的基础上，设计和调整环境税收和补贴方案。这也意味着，这种政策的实施应该是动态的，根据环境质量的变化、技术的进步和经济条件的波动进行适时调整。环保补贴和税收优惠的设计也需确保不会产生反向激励，即避免企业为了获取补贴而增加污染排放的行为。这需要政府通过严格的审核和监控机制来进行管理和执行。通过建立绩效评估系统，政府可以确保补贴和优惠政策达到预期的环保目标，同时也能够防止财政资源的浪费。在全球化的经济环境中，这种政策还需考虑国际合作和协调，尤其是在跨国污染和全球环境治理议题上，通过国际协议和合作项目实现政策的全球一致性和效力。

推行污染税和环境补贴是一种将环境保护与经济发展相结合的策略，能够通过市场机制调整企业行为，推动环境技术的创新和应用，最终实现经济活动与生态环境的和谐共生。这种策略的成功实施，不仅依赖于政策设计的科学性和前瞻性，还依赖于公众意识的提高、企业责任的增强和国际合作的深化。

（3）加强环境监测和执法力度。建立和完善环境监测网络是确保环境保护法规得以有效执行的基础。这样的监测网络可以覆盖到空气质量、水质、土壤污染等多个领域，其目的在于及时发现和处理污染事件，从而预防和减轻环境污染的潜在危害。环境监测站点的设置需要科学规划，以确保监测数据的代表性和准确性，同时应利用现代技术如卫星遥感、物联网传感器等高效的技术手段，实现实时数据采集和快速响应。环境监测数据应公开透明，允许公众和有关利益方访问，这不仅增加了政府行为的透明度，也提升了公众对环境政策的信任和参与度。增强环保执法力度是执行环境法规不可或缺的一环。对于违反环保法规的行为，政府需要采取严厉的法律措施，这包括罚款、停产整顿甚至吊销营业执照等。有效的执法不仅仅是对个别违法行为的惩罚，更是对整个社会的一种警示，展示出政府保护环境的决心和行动力。这种执法力度的加强需基于充分的法律授权和明确的法规支持，确保执法行为公正、合法、有效。同时，执法机构应具备高效的运作能力和足够的资源，包括配备专业的环境监察人员、提供充足的培训以及确保足够的财政和技术支持。此外，环保执法的有效性还依赖于法律制度的完善和判决的严格执行。法院和环保监管机构需紧密合作，确保所有环保法律和规章能够被严格执行，并对违法者施以足够的惩罚，以体现法律的威慑力。在某些情况下，对企业的惩罚可能涉及赔偿环境损害、恢复生态系统等额外的财政负担，这些措施能进一步增强环保执法的实际效果。加强环境监测和执法力度，不仅提高了对环境违法行为的即时响应和处理能力，也是推动社会整体环保意识和行为改变的重要手段。通过这些措施，可以有效促进环境质量的改善，保护和修复自然生态系统，确保公众健康，同时推动经济向可持续发展的方向转变。

（4）发展绿色基础设施。污水处理厂、废物回收设施和绿色交通系统等的投资，是城市可持续发展战略中的关键组成部分，这些设施能够显著减少环境污染，提升整体的生活质量与经济效率。污水处理厂的升级和新建能够有效处理城市和工业区产生的废水，防止未经处理的污水直接排入河流或海洋，减少水体污染，保护水资源。同时，通过高效的水处理技术，回收的水可用于农业灌溉、工业生产或城市绿化，优化水资源的循环利用。废物回收设施的建设和优化，则直接关系到固体废物管理的效率，通过科学分类、回收再利用，减少垃圾填埋和焚烧产生的环境负担，同时回收物资可作为生产原料再次使用，降低了对新资源的需求和开采。绿色交通系统，如公共交通的扩展和电动车的推广，不仅改善城市交通状况，减少交通拥堵，还可显著降低汽车尾气排放，减少城市空气污染。投资于轨道交通、公交车及自行车道的建设，可以鼓励市民减少使用私家车，从而减少碳排放，提高能源使用效率。这些措施不仅减轻了城市的环境压力，也促进了健康生活方式的形成。此外，绿色基础设施的发展还包括建设城市绿地和公园系统，这些绿地不仅美化城市环境，还能改善城市的微气候，提供休闲娱乐场所，增强居民的幸福感和归属感。城市绿地还能吸收空气中的二氧化碳，释放氧气，净化空气质量，同时也是城市生物多样性的重要组成部分，为多种生物提供栖息地。投资绿色基础设施不仅符合环保需求，也具有经济效益，因为它能降低长期的运营成本，减少环境恢复费用，并通过创造新的就业机会促进经济增长。例如，污水处理和废物回收行业需要大量技术和服务人员，绿色交通系统的建设和维护也需要工程师、规划师和运营团队。因此，这些绿色项目本身就是经济活动的新源泉，对于经济的多元化发展具有推动作用。政府在推动绿色基础设施发展时需要提供政策和财政支持，比如，提供税收优惠、发行绿色债券或直接补贴等。同时，也需要公私合营模式的推广，鼓励私营部门参与绿色基础设施的投资和运营，通过市场机制提高项目的效率和创新性。

5. 建立有效的区域联防联控机制

环境污染的空间溢出效应表明地区污染治理并不能仅考虑局部减排效应，而需综合考虑区域整体污染的联合治理。通过加强区域之间的联合环境执法和监督力度，建立信息透明的环境污染监测平台，实现区域环境污染信息的实时共享，最终达成区域之间污染治理的高度协同，提高区域防治力度和效率。

（1）共同环境政策和标准制定。共同环境标准与政策制定是区域联防联控机制中的核心策略，旨在区域间共同制定和同意执行一套环境保护标准和政策。

这些政策包括但不限于污染物排放标准、资源管理规范及保护区域内生态系统的具体措施。通过实施统一的环境标准，可以有效消除区域间在环境保护力度上的差异，确保各参与方都能达到或超过最低的环境保护要求。这种标准化不仅涉及技术和操作层面的统一，更包括法律和政策框架的协调，以便形成一个有力的、可以互相支持的环境管理网络。环境标准的统一化，例如，在空气质量管理或水质保护方面，需要基于科学研究和最佳实践来设定。制定标准时，考虑到各区域的特定需求和条件，通过协商确保这些标准既切实可行又科学合理。例如，污染物排放标准需要根据区域内主要工业活动的性质和规模以及当地环境的承载能力来制定。同样，资源管理规范如水资源分配和森林管理，也必须考虑到各地区的地理和气候特点，确保资源的可持续使用和保护。此外，对于生态系统的保护措施，这通常需要区域间的协调合作，特别是在生物多样性热点区域和跨境生态系统管理上。这些措施可能涉及设置跨境保护区、制定共同的物种保护策略和恢复计划，以及通过技术和信息交流增强区域内的生态恢复能力。统一的环境政策和标准通过提供一个清晰的政策方向和行动框架，使得区域内的环境管理活动更加高效和协同。在实施这些统一标准和政策的过程中，监督和合规性检查是必不可少的，这包括定期的环境监测、评估和审查。区域环境机构或合作组织可以扮演关键角色，在确保各成员遵守共同标准的同时，也负责收集和分析环境数据，评估整体环境政策的有效性和持续改进的需求。

（2）跨界环境监测与数据共享。跨界环境监测与数据共享构成区域环境治理的基础架构，关键在于建立综合性的区域监测网络，以便收集、分析并共享关键环境变量如空气质量、水质和土壤污染数据。此类网络的设计与实施不仅增强了各参与国或地区在环境监测方面的能力，而且通过实时的数据共享，确保了各成员能够即时获取并响应环境信息，从而共同制定和执行有效的应对策略。在建立有效的跨界环境监测网络时，需面对多重技术和政策挑战，其中包括确保监测站点的战略布局优化、采用国际认可的监测技术标准、实现数据采集的标准化处理，以及确保监测数据的验证与分析遵循科学原则。此外，高度的网络自动化和使用先进的传感器技术是保障数据质量的关键因素，这些技术支持了数据的高精度和高频率采集，使监测结果具有实时性和可靠性。数据共享机制的设置必须处理好数据标准化和数据安全两大问题，确保从不同监测系统和不同地区收集的数据能够在一个统一平台上整合和分析，同时保护数据在传输和存储过程中的安全性和隐私性。实现这一目标通常需要开发专用的数据共享协议和建立安全的技术平台，以便各成员国在确保信息安全的基础上，实现数据的有效访问和利用。环境监测数据的应用不仅限于日常的环境管理，还扩展到紧急环境响应和政策制定的依据。因此，监测网络应与区域内的灾害预警和应急响应系统紧密集成，确保在环境或公共健康危机发生时，能够迅速启动应急措施，有效调配资源。此外，建立环境数据的透明度和提高公众访问能力，不仅促进了公众对环境政策的理解和参与，还增强了政策的社会支持基础，从而推动了基于数据的公众和社区环保行动。

（3）资源和信息共享。资源和信息共享机制是区域环境治理中不可或缺的一部分，通过这种机制，技术、设备、专业知识以及其他关键信息可以在不同地区间流动，特别是从技术和资源较为丰富的发达地区向资源较为匮乏的地区转移。这种共享不仅能提升较不发达地区的环境管理和治理能力，还能促进区域内环境保护的整体效率和效果。例如，发达地区通过提供现代环保技术的接入、实施先进的监测系统的培训，以及分享最佳的环境管理实践，可以显著提高邻近地区在处理复杂环境问题时的自主能力。此外，共享机制还包括建立区域性的信息网络平台，该平台不仅能够实时传输环境数据和管理经验，还能促进区域间的政策对话和技术研讨，从而在更广的范围内同步提升环境治理的标准与能力。这种机制通过提高信息透明度和可访问性，减少了信息不对称造成的环境管理低效问题，同时，它还鼓励了各地区在环境政策和技术应用上的创新，因为区域内的成功案例可以迅速被其他成员学习和借鉴。进一步地，资源和信息共享机制还应考虑到文化和社会结构的差异，确保所提供的技术支持和资源转移不仅技术上可行，同时也符合接受地区的社会经济条件和文化接受度。通过这样的系统化共享和合作，区域环保合作可以更加深入和持久，有助于构建一个环境友好且可持续发展的区域共同体。

6. 推动公众环保参与

（1）教育与宣传。提供环保教育和宣传是激发公众环保意识的关键步骤，通过在学校、社区、媒体和在线平台上普及环保知识，有效地讲解环境问题的严重性及其对公共健康的潜在影响。这种教育不仅仅局限于传统的课堂讲授，更包括互动研讨、工作坊、公开讲座和社交媒体活动，目的在于触及更广泛的受众并促进深入的理解和讨论。教育内容被设计成覆盖所有年龄段和社会群体，以确保无论受众的背景如何，信息都能被广泛传播且易于理解。例如，针对儿童的教育活动可能包括互动游戏和动画，这些方法能够以孩子们易于接受的方式介绍复杂的环境概念和行为改变的重要性。对于成年人，则可能通过更详细的研讨会或在线课程来深入探讨气候变化、资源循环利用和可持续生活方式等主题。此外，教育与宣传活动还应包括对当前环保政策的介绍，如何参与本地或全球的环保活动，以及采取哪些实际行动可以对环境产生积极影响。通过这些教育活动，不仅增强了公众对环境保护重要性的认识，还鼓励他们成为环保行动的倡导者和参与者。有效的环保教育和宣传策略将综合使用多种传媒和沟通策略，确保环保信息的正确传达，并激发公众采取实际行动，从而在更大范围内推动环境保护和可持续发展的目标。

（2）社区项目参与。鼓励和支持公众参与具体的环保项目，如社区绿化、回收计划、清洁行动等，是环境保护实践中的重要环节。通过这些活动，公众不仅可以直接参与到环境保护的实际操作中，还可以实质性地提高他们的环保意识和实践能力，同时增强他们的参与感和成就感。社区参与项目通常包括但不限于种植树木和花草以美化公共空间、组织定期的社区清洁活动以减少地区内的垃圾，以及推动回收利用，通过教育居民如何正确分类垃圾来减少废物。这些项目不仅改善了社区的环境质量，还有助于构建社区内的团结和协作精神，因为居民在共同的目标下工作，共同为改善他们的生活环境而努力。社区参与项目的成功实施依赖于有效的组织和管理，需要地方政府或非政府组织的支持与指导。此外，项目应设计得能够满足社区的具体需求并考虑到社区的特定环境条件，确保活动的可持续性和实际效果。例如，社区绿化项目应选择适合当地气候和土壤条件的植物种类，而回收计划则需要根据社区产生的特定类型的废物来设计。此外，提供必要的资源，如园艺工具、清洁设备或回收箱，以及定期的教育研讨会，可以增加项目的参与率和影响力。为了进一步激励社区成员的参与，可以设立奖励机制，如对表现突出的个人或团队给予表彰和奖励。这种正向激励不仅增强个人的参与动力，还通过展示成功案例来鼓励更多居民加入。通过定期评估项目的效果并收集社区成员的反馈，组织者可以调整和优化项目，确保其更加符合居民的期望和需求。

（3）提高可访问性和便利性。提高环保设施和资源的可访问性与便利性是激发公众参与环保行动的有效途径。通过增设回收站和提供公共自行车服务，可以使居民在日常生活中更容易采取环保措施，如便捷地回收可再利用的材料或选择低碳的交通方式。此外，改善城市基础设施，例如，增建公园和绿地，不仅美化城市环境，还为居民提供了进行户外活动和接触自然的空间，这些都是促进公众环保意识和行为的重要因素。公园和绿地的存在提升了居住区的生活质量，增强了社区的凝聚力，使居民更愿意参与到环境保护和社区活动中来。环境设施的优化应考虑其广泛的社会影响，包括促进健康生活方式和提供社交的场所，这些都直接或间接地促进了环境保护的社会文化基础。例如，公共自行车系统不仅减少了交通拥堵和尾气排放，也鼓励了健康的生活方式，增强了城市的可持续性。同时，回收站的便利布置可以极大地提高废物分类和回收的比例，减少垃圾填埋和焚烧的环境影响。在设计这些设施时，需要确保它们的普及和均衡分布，避免在社会经济较低区域的服务短缺，确保所有社区成员都能平等地享受到环保设施带来的好处。此外，公众对这些设施的使用体验也应当是设计的重要考虑因素，如确保回收站的清洁、维护良好，自行车服务的安全可靠等，这些都直接影响到居民的使用意愿和满意度。通过这种全面的、以人为本的设计和规划，可以有效地提升公众的环保行为的频率和质量。

第三节　研究展望

本书基于"收入差距—环境污染—健康水平"分析框架，将三者置于同一体系之中进行研究，有力地识别了收入差距与健康水平、收入差距与环境污染、环境污染与健康水平，以及环境污染作为收入差距影响健康水平的中介机制关系，对于我国收入分配制度改革、污染防治，以及实施健康中国战略具有重要的现实和理论意义。但本书仍存在继续充实和拓展的空间。

第一，文章所定义的收入差距是指地区内部的收入分配不平等程度，并没有考虑地区之间或区域之间的收入差距。在未来的研究中，可以从地区或区域之间的收入差距角度来研究这种收入差距对本地环境污染和健康水平的影响。此外，我国行业间收入差距也是比较明显的，在后续研究中也可以基于行业视角对行业收入差距、环境污染以及健康水平的关系进行深入挖掘。

第二，文章对收入差距、环境污染与健康水平之间关系的研究更多是基于单线方向，事实上，收入差距、环境污染不仅可以对健康水平产生影响，同时，健康作为一种重要的人力资本，也可以对地区收入差距、环境污染产生直接或间接的影响。即使本书通过工具变量对这种双向因素进行控制保证研究结论的科学性，但健康对于收入差距和环境污染的影响研究也需要进一步深化，这也是本书未能顾及的方面，在未来研究中可以继续对这种反向关系进行深化研究，从而对三者之间的关系有更深程度的理解。

第三，我国环境污染问题是比较突出的，环境导致的健康风险也逐渐凸显。由于不同群体对环境污染感知存在差异，环境污染对不同群体的健康水平的影响也可能存在不同。在后续研究中，可以根据不同群体进行分类，如新生儿、儿童、成人以及老年人，分别探讨环境污染对这些群体健康水平的影响大小及其差异，并对健康差异背后的原因和机制进行深入分析，以此拓展环境健康领域的研究。

参考文献

[1] 安虎森，王雷雷，吴浩波．中国环境库兹涅茨曲线的验证——基于省域数据的空间面板计量分析 [J]．南京社会科学，2014（9）：1-8.

[2] 程诚，柯希望．收入不平等与城乡居民的身心健康——基于 CFPS 追踪数据的分析 [J]．社会发展研究，2022，9（1）：135-156+245.

[3] 程诚，柯希望，齐亚强．缩小收入差距会促进人口健康吗？——基于社区追踪数据的新证据 [J]．东南大学学报（哲学社会科学版），2023，25（01）：76-87+147.

[4] 常青青，仲伟周．城市化促进了公共健康水平提高吗？ [J]．经济经纬，2018，35（6）：127-134.

[5] 陈安平．收入高会更健康吗？——来自中国的新证据 [J]．财贸经济，2011（1）：27-33.

[6] 程明梅，杨朦子．城镇化对中国居民健康状况的影响 [J]．中国人口·资源与环境，2015（7）：89-96.

[7] 陈华文，刘康兵．经济增长与环境质量：关于环境库兹涅茨曲线的经验分析 [J]．复旦学报（社会科学版），2004（2）：87-94.

[8] 陈强．高级计量经济学及 Stata 应用 [M]．北京：高等教育出版社，2015，432.

[9] 陈硕，陈婷．空气质量与公共健康：以火电厂二氧化硫排放为例 [J]．经济研究，2014（8）：158-183.

[10] 陈天祥，方敏．公共卫生支出、健康结果与卫生投入政策——基于189 个国家和地区的面板门槛分析（1995—2011 年）[J]．浙江大学学报（人文社会科学版），2016，46（1）：91-107.

[11] 常文涛，罗良文．城乡居民收入差距对空气污染治理的影响——基于链式多重中介模型视角 [J]．中南民族大学学报（人文社会科学版），2021，41（10）：139-147.

[12] 洪也, 张莹, 马雁军, 等. 沈阳大气污染物与气象因素对呼吸疾病门诊数的影响 [J]. 中国环境科学, 2020, 40 (9): 4077-4090.

[13] 董凤鸣, 莫运政, 李国星, 等. 大气颗粒物 (PM10/PM2.5) 与人群循环系统疾病死亡关系的病例交叉研究 [J]. 北京大学学报 (医学版), 2013, 45 (3): 398-404.

[14] 方时姣, 肖权. 中国区域生态福利绩效水平及其空间效应研究 [J]. 中国人口·资源与环境, 2019, 29 (3): 1-10.

[15] 邓大松, 彭浩荣, 杨晶. 外出务工对农村居民收入相对剥夺和健康的影响——基于结构方程模型的路径分析 [J]. 广西大学学报 (哲学社会科学版), 2022, 44 (2): 112-122.

[16] 封进, 余央央. 中国农村的收入差距与健康 [J]. 经济研究, 2007 (1): 27-35.

[17] 付森. 我国环境库兹涅茨曲线: 形态、拐点和影响因素 [J]. 数量经济技术经济研究, 2008, 25 (11): 40-55.

[18] 冯科, 吴婕妤. 收入差距与健康公平——基于 2018 年 CFPS 数据的实证研究 [J]. 财经科学, 2020, 391 (10): 121-132.

[19] 高静, 黄繁华. 贸易视角下经济增长和环境质量的内在机理研究——基于中国 30 个省市环境库兹涅茨曲线的面板数据分析 [J]. 上海财经大学学报, 2011, 13 (5): 67-74.

[20] 高萍. 环境保护税实施情况分析及完善建议 [J]. 税务研究, 2019 (1): 21-24.

[21] 何凌霄, 南永清, 张忠根. 老龄化、健康支出与经济增长——基于中国省级面板数据的证据 [J]. 人口研究, 2015 (4): 87-101.

[22] 黄云, 任国强, 周云波. 收入不平等对农村居民身心健康的影响——基于 CGSS2015 数据的实证分析 [J]. 农业技术经济, 2019 (3): 25-37.

[23] 胡志军, 刘宗明, 龚志民. 中国总体收入基尼系数的估计: 1985—2008 [J]. 经济学 (季刊), 2011, 10 (4): 1423-1436.

[24] 贾坤. 中国农村地区的收入不平等与健康 [J]. 经济问题, 2013 (6): 109-111.

[25] 井波, 倪子怡, 赵丽瑶, 等. 城乡收入差距加剧还是抑制了大气污染? [J]. 中国人口·资源与环境, 2021, 31 (10): 130-138.

[26] 江艇. 因果推断经验研究中的中介效应和调节效应 [J]. 中国工业经济, 2022 (5): 100-120.

　　[27] 理查德·格里格. 心理学习与生活 [M]. 北京: 人民邮电出版社, 2013.

　　[28] 李宁, 彭晓武, 张本延, 等. 广州市居民呼吸系统疾病每日死亡人数与大气污染的时间序列分析 [J]. 华中科技大学学报 (医学版), 2010, 39 (6): 863-867.

　　[29] 李婧, 谭清美, 白俊红. 中国区域创新生产的空间计量分析——基于静态与动态空间面板模型的实证研究 [J]. 管理世界, 2010 (7): 43-65.

　　[30] 李海鹏, 叶慧, 张俊彪. 中国收入差距与环境质量关系的实证检验 [J]. 中国人口·资源与环境, 2006 (2): 45-46.

　　[31] 李华, 俞卫. 政府卫生支出对中国农村居民健康的影响 [J]. 中国社会科学, 2013 (10): 41-60.

　　[32] 李梦洁, 杜威剑. 空气污染对居民健康的影响及群体差异研究——基于 CFPS2012 微观调查数据的经验分析 [J]. 经济评论, 2018 (3): 142-154.

　　[33] 李实, 罗楚亮. 中国城乡居民收入差距的重新估计 [J]. 北京大学学报 (哲学社会科学版), 2007 (2): 111-119.

　　[34] 李实, 罗楚亮. 中国收入差距究竟有多大? ——对修正样本结构偏差的尝试 [J]. 经济研究, 2011 (4): 68-79.

　　[35] 李实. 中国收入分配格局的变化与改革 [J]. 北京工商大学学报 (社会科学版), 2015 (4): 1-6.

　　[36] 李政, 杨思莹. 创业能否缩小收入分配差距? ——基于省级面板数据的分析 [J]. 经济社会体制比较, 2017 (3): 21-32.

　　[37] 李子豪. 收入差距对环境污染的收入门槛效应——理论与实证研究 [J]. 经济问题探索, 2017 (3): 63-72.

　　[38] 罗良文, 梁圣蓉. 国际研发资本技术溢出对中国绿色创新效率的空间效应 [J]. 经济管理, 2017 (3): 21-33.

　　[39] 陆旸. 从开放宏观的视角看环境污染问题: 一个综述 [J]. 经济研究, 2012 (2): 147-158.

　　[40] 卢洪友, 祁毓. 环境质量、公共服务与国民健康——基于跨国 (地区) 数据的分析 [J]. 财经研究, 2013, 39 (6): 106-118.

　　[41] 刘海龙, 谢亚林, 贾文毓, 石培基. 山西省生态安全综合评价及时空演化 [J]. 经济地理, 2018, 38 (5): 161-169.

　　[42] 刘伟明, 喻煌, 贾立江, 等. 低碳城市建设提升了国民健康素养吗 [J]. 当代财经, 2022 (11): 16-26.

［43］刘笑萍，张永正，长青．基于 EKC 模型的中国实现减排目标分析与减排对策［J］．管理世界，2009（4）：75-82.

［44］马本，张莉，郑新业．收入水平、污染密度与公众环境质量需求［J］．世界经济，2017（9）：147-173.

［45］孟凡杰，修长百．收入差距对环境质量的空间溢出效应实证检验［J］．统计与决策，2019（10）：91-94.

［46］祁毓，卢洪友．污染、健康与不平等——跨越"环境健康贫困"陷阱［J］．管理世界，2015（9）：32-51.

［47］祁毓，卢洪友．收入不平等、环境质量与国民健康［J］．经济管理，2013（9）：157-169.

［48］齐良书．收入、收入不均与健康：城乡差异和职业地位的影响［J］．经济研究，2006（11）：17-26.

［49］秦天，彭珏，邓宗兵．农业面源污染、环境规制与公民健康［J］．西南大学学报（社会科学版），2019，45（04）：91-99，198-199.

［50］曲卫华，颜志军．环境污染、经济增长与医疗卫生服务对公共健康的影响分析——基于中国省际面板数据的研究［J］．中国管理科学，2015（7）：167-174.

［51］任国强，黄云，周云波．个体收入剥夺如何影响城镇居民的健康？——基于 CFPS 城镇面板数据的实证研究［J］．经济科学，2017（4）：77-93.

［52］任国强，王福珍，罗玉辉．收入、个体收入剥夺对城乡居民健康的影响——基于 CGSS2010 数据的实证分析［J］．南开经济研究，2016（6）：3-22.

［53］沈满洪，许云华．一种新型的环境库兹涅茨曲线：浙江省工业化进程中经济增长与环境变化的关系研究［J］．浙江社会科学，2000（4）：53-57.

［54］盛鹏飞．环境污染与城乡收入差距：作用机制与基于中国经验事实的检验［J］．中国人口·资源与环境，2017，27（10）：57-63.

［55］申云，朱玉芳．社会经济地位、收入差距与健康水平——基于 CFPS 数据的经验证据［J］．软科学，2017（7）：121-125.

［56］施锦芳，吴学艳．中日经济增长与碳排放关系比较——基于 EKC 曲线理论的实证分析［J］．现代日本经济，2017（1）：81-94.

［57］宋凯艺，卞元超．金融开放是否加剧了雾霾污染［J］．山西财经大学学报，2019（3）：45-59.

［58］宋马林，王舒鸿．环境库兹涅茨曲线的中国"拐点"：基于分省数据

的实证分析 [J]. 管理世界, 2011 (10): 168-169.

[59] 孙华臣, 孙丰凯. 城乡收入差距对碳排放影响的经验证据——兼论"公平"何以提升"效率"[J]. 宏观经济研究, 2016 (1): 47-58.

[60] 孙涵, 聂飞飞, 申俊, 彭丽思, 於世为. 空气污染、空间外溢与公共健康——以中国珠江三角洲9个城市为例 [J]. 中国人口·资源与环境, 2017, 27 (9): 35-45.

[61] 田柳, 赵军. 收入分配视角下经济增长与环境质量的关系 [J]. 技术经济, 2012 (4): 114-119.

[62] 田卫民. 省域居民收入基尼系数测算及其变动趋势分析 [J]. 经济科学, 2012 (2): 48-59.

[63] 王兵, 聂欣. 经济发展的健康成本: 污水排放与农村中老年健康 [J]. 金融研究, 2016 (3): 59-73.

[64] 王曲, 刘民权. 健康的价值及若干决定因素: 文献综述 [J]. 经济学 (季刊), 2005 (1): 1-52.

[65] 王怀明, 尼楚君, 王翌秋. 农村居民收入和收入差距对健康的影响分析——基于医疗服务配置与利用视角 [J]. 农业技术经济, 2011 (6): 121-128.

[66] 王凯风, 吴超林. 收入差距对中国城市环境全要素生产率的影响——来自285个地级及以上级别城市的证据 [J]. 经济问题探索, 2018 (2): 49-57.

[67] 王一兵, 张东辉. 中国健康人力资本对收入的影响分析——来自纵贯数据的证据 [J]. 卫生经济研究, 2007 (12): 22-26.

[68] 万莎. 收入不平等、医疗保险与老年人健康 [J]. 山西财经大学学报, 2015, 37 (6): 1-11.

[69] 温兴祥. 相对剥夺对农村中老年人健康状况的影响——基于中国健康与养老追踪调查数据的分析 [J]. 中国农村观察, 2018 (6): 110-127.

[70] 吴玉萍, 董锁成, 宋键峰. 北京市经济增长与环境污染水平计量模型研究 [J]. 地理研究, 2002 (2): 239-246.

[71] 吴玉鸣, 田斌. 省域环境库兹涅茨曲线的扩展及其决定因素——空间计量经济学模型实证 [J]. 地理研究, 2012 (4): 627-640.

[72] 吴振信, 谢晓晶, 王书平. 经济增长、产业结构对碳排放的影响分析——基于中国的省际面板数据 [J]. 中国管理科学, 2012, 20 (3): 152-160.

[73] 徐昱东, 亓朋, 童临风. 中国省级地区生态福利绩效水平时空分异格局研究 [J]. 区域经济评论, 2017 (4): 123-131.

[74] 肖权，方时姣．收入差距、环境污染对居民健康影响的实证分析 [J]．统计与决策，2021，37（7）：67-71.

[75] 杨继生，徐娟，吴相俊．经济增长与环境和社会健康成本 [J]．经济研究，2014（8）：158-183.

[76] 杨默．中国农村收入、收入差距和健康 [J]．人口与经济．2011（1）：76-81.

[77] 杨树旺，肖坤，冯兵．收入分配与环境质量演化关系研究 [J]．湖北社会科学，2016（12）：93-96.

[78] 余志刚，孙子烨，崔钊达．收入及其不确定性对城乡居民膳食健康的影响研究 [J]．农业经济与管理，2023，78（2）：35-47.

[79] 杨寓涵．收入差距促进了环境污染吗？——基于省级面板数据的实证检验 [J]．云南财经大学学报，2019（5）：21-32.

[80] 尹庆双，王薇，王鹏．我国农村居民的收入与健康状况循环效应分析——基于 CHNS 数据的实证分析 [J]．经济学家，2011（11）：43-51.

[81] 占华．收入差距对环境污染的影响研究——兼对"EKC"假说的再检验 [J]．经济评论，2018（6）：100-112.

[82] 占华．收入差距扩大是否加剧了中国的环境污染？——基于省际碳排放的证据 [J]．南开经济研究，2016（6）：127-139.

[83] 张车伟．营养、健康与效率——来自中国贫困农村的证据 [J]．经济研究，2003（1）：3-12.

[84] 张乐才，刘尚希．收入差距影响环境污染的机理——基于我国省级面板数据的实证分析 [J]．兰州学刊，2015（11）：171-196.

[85] 张国兴，张振华，高杨，陈张蕾，李冰，杜焱强．环境规制政策与公共健康——基于环境污染的中介效应检验 [J]．系统工程理论与实践，2018（2）：361-373.

[86] 赵建国，陈亮．区域收入差距对居民健康的影响研究 [J]．财经问题研究，2018（11）：122-128.

[87] 赵连阁，邓新杰，王学渊．社会经济地位、环境卫生与农村居民健康 [J]．农村经济问题，2018（7）：97-107.

[88] 张雪，常玉苗．经济集聚、收入差距对水污染影响的时空分析——基于中介效应和动态空间门槛效应检验 [J]．中国环境管理，2023，15（04）：108-120.

[89] 赵忠，侯振刚．我国城镇居民的健康需求与 Grossman 模型——来自

截面数据的证据 [J]. 经济研究, 2005 (10): 79-90.

　　[90] 赵忠. 健康卫生需求的理论和经验分析方法 [J]. 世界经济, 2005 (4): 33-38.

　　[91] 周广肃, 樊纲, 马光荣. 收入不平等对中国家庭可见性支出的影响 [J]. 财贸经济, 2018 (11): 21-35.

　　[92] 周广肃, 樊纲, 申广军. 收入差距、社会资本与健康水平——基于中国家庭追踪调查 (CFPS) 的实证分析 [J]. 管理世界, 2014 (7): 12-51.

　　[93] 朱平辉, 袁加军, 曾五一. 中国工业环境库兹涅茨曲线分析——基于空间面板模型的经验研究 [J]. 中国工业经济, 2010 (6): 65-74.

　　[94] 钟茂初, 赵志勇. 城乡收入差距扩大会加剧环境破坏吗? ——基于中国省级面板数据的实证分析 [J]. 经济经纬, 2013 (3): 125-128.

　　[95] ADJAYE K, KAWACHI I. Use of the Yitzhaki index as a test of relative deprivation for health outcomes: a review of recent literature [J]. Social Science & Medicine, 2012, 75 (1): 129-137.

　　[96] ALASSANE D. Impact of income inequality on health: does environment quality matter? [J]. Environment and planning, 2011, 43: 1-23.

　　[97] APERGIS N, OZTURK I. Testing environmental Kuznets curve hypothesis in Asian countries [J]. Ecological Indicators, 2015, 52: 17-22.

　　[98] ATTANASIO O, EMMERSON C. Differential mortality in the UK [J]. Social Science Electronic Publishing, 2001, 19 (4): 361-369.

　　[99] BALAND J M, BARDHAN P K, BOWLES S. Inequality, cooperation and environmental sustainability [J]. Comparative Economic Studies, 2008, 50 (4): 725-726.

　　[100] BARON R M, KENNY D A. The moderator-mediator variable distinction in socialpsychological research: conceptual, strategic, and statistical considerations [J]. Journal of Personality and Social Psychology, 1986, 51: 1173-1182.

　　[101] BARRA C, ZOTTI R. Investigating the non-linearity between national income and environmental pollution: international evidence of Kuznets Curve. Environ. Econ. Policy Stud. 2018, 20: 179-210.

　　[102] BELL M L, EBISU K, LEADERER B P, et al. Associations of PM2.5 constituents and sources with hospital admissions: Analysis of four counties in connecticut and massachusetts (USA) for persons ≥ 65 Years of Age [J]. Environmental Health Perspectives, 2014, 122 (2): 138.

[103] BENZEVAL M, JUDGE K, SHOULS S. Understanding the Relationship between income and health: how much can be gleaned from cross-sectional data? [J]. Social Policy & Administration, 2001, 35 (4): 377-396.

[104] BERRY H L, WELSH J A. Social capital and health in Australia: an overview from the household income and labor dynamics in Australia survey [J]. Social Science & Medicine , 2010, 70: 588-596.

[105] BERTHE A, ELIE L. Mechanisms explaining the impact of economic inequality on environmental deterioration [J]. Ecological Economics, 2015, 116: 191-200.

[106] BORGHESI S. Income inequality and the Environmental Kuznets Curve [R]. FEEM Working Paper, NO. 23, 2000.

[107] BOYCE J. Inequality as a cause of environmental degradation [J]. Ecological Economics, 1994 (11): 169-178.

[108] BRANNLUND R, GHALWASH T. The income-pollution relationship and the role of income distribution: an analysis of Swedish household data [J]. Resour. Energy Econ, 2008 (30): 369-387.

[109] BROCK W, TAYLOR M. The green solow model [J]. Journal of Economic Growth, 2010, 15 (2): 127-153.

[110] BREHM J, RAHN W. Individual-level evidence for the causes and consequences of social capital [J]. American Journal of Political Science, 1997, 42 (7): 999-1023.

[111] CASE A. Does money protect health status? -evidence from South African pensions [J]. NBER Working Paper, 2001.

[112] CASE A, LE I R, MENENDEZ A. Medical compliance and income-health gradients [J]. American Economic Review, 2004, 94 (2): 331-335.

[113] CHEN H, BURNETT R T, KWONG J C, et al. Spatial associationbetween ambient fine particulate matter and incident hypertension [J]. Circulation, 2014, 129: 562-569.

[114] CLEMENT M, MEUNIE A. Is inequality harmful for the environment? an empirical analysis applied to developing and transition countries. Review of Social Economy, 2010, 68: 413-445.

[115] COLE M A. The pollution haven hypothesis and environmental kuznets curve: examing the linkages [J]. Ecological Economics, 2004, 48: 71-81.

[116] MIMEO C D, DINDA S. Carbon dioxide emission and income: a temporal analysis of cross-country distributional patterns [J]. Ecological Economics, 2000, 65: 375-385.

[117] CROPPER M, GRIFFITHS C. The interaction of population growth and environmental quality [J]. American Economic Review, 1994, 84: 250-254.

[118] TISDELL1 C. Globalization and sustainability: Environmental Kuznets Curve and the WTO [J]. Ecological Economics, 2001, 39: 185-196.

[119] CUESTA M B. Income deprivation and mental well-being: the role of non-cognitive skills [J]. Economics & Human Biology, 2015, 17: 17-28.

[120] CURRIE J, JOSHUA Z, KATHERINE M, et al. Something in the water: contaminated drinking water and infant health [J]. Canadian Journal of Economics, 2013, 46 (3): 791-810.

[121] CURRIE J, NEIDELL M, SCHMIEDER J F. Air pollution and Infant health: lessons from New Jersey [J]. Journal of Health Economics, 2009, 28 (3): 688-703.

[122] DAIGEE S, PANG A, LIN C, et al. Economic growth and air quality in China [J]. Environment Economics and Policy Studies, 2010, 6 (12): 79-96.

[123] DEATON A. Health, inequality and economic development [J]. Journal of Economic Literature, 2003, 35 (1): 113-158.

[124] STERN M, COMMON S, BARBIER E B. Economics growth and environmental degradation: the Environmental Kuznets Curve and sustainable Development [J]. World Development, 1996, 24: 1151-1160.

[125] DRABO A. Impact of income inequality on health: Does environmental quality matter? [J]. Environmental and Planning A, 2011, 43: 147-165.

[126] DRESSLER W W. Culture and blood pressure: Using consensus analysis to create a measurement [J]. Cultural Anthropology Methods, 1996 (8): 7-8.

[127] DUNN E W, AKNIN L B, NORTON M I. Spending money on others promotes happiness [J]. Science, 2008, 319 (5870): 1687-1688.

[128] EBENSTEIN A. The consequences of industrialization: evidence from water pollution and digestive cancers in China [J]. The Review of Economics and Statistics, 2012, 94 (1): 187-201.

[129] EHRLICH P R, HOLDREN J P. Impact of population growth [J]. Science, 1971, 171 (3977): 1212-1217.

[130] EIBNER C, EVANS W N. Relative deprivation, poor health habits, and mortality [J]. Journal of Human Resources, 2005, 40 (40): 591-620.

[131] EIBNER C, STURN R, GRESENZ C R. Does relative deprivation predict the need for mental health services? [J]. Journal of Mental Health Policy & Economics, 2004, 7 (4): 167-175.

[132] ETTNER S L. New evidence on the relationship between income and health [J]. Journal of Health Economics, 1996, 15 (1): 67-85.

[133] ELO I T, PRESTON S H. Educational differentials in mortality: United States, 1979-1985 [J]. Social Science & Medicine, 1996, 42 (1): 47-57.

[134] EVANS R G, STODDART G L. Producing health, consuming health care [J]. Centre for Health Services & Policy Research, 1990, 31 (12): 1347-1363.

[135] FRANZEN A, MEYER R. Environmental attitudes in cross-national perspective: a multilevel analysis of the ISSP 1993 and 2000 [J]. European Sociological Review, 2009, 26 (2): 219-234.

[136] FREDERIKSEN H. Determinants and consequences of mortality trends in Ceylon [J]. Public Health Reports (1897—1970), 1961, 76 (8): 659-663.

[137] GARDNER B, LING F, HOPKE P K, et al. Ambient fine particulate air pollution triggers ST-elevation myocardial infarction, but not non-ST elevation myocardial infarction: a case-cross over study [J]. Part Fibre Toxicol, 2014, 11: 1.

[138] GASSEBNER M, LAMLA M J. STURM J E. Determinants of pollution: what do we really know? [J]. Oxf. Econ. Pap. , 2011, 63 (3): 568-595.

[139] GERDTHAM U, JOHANNESSON M. Absolute income, relative income, income inequality and mortality [J]. Journal of Human Resources, 2004, 39 (1): 229-247.

[140] GERKING S, STANLEY L R. An economic analysis of air pollution and health: the case of St. Louis [J]. The Review of Economics and Statistics, 1986, 68 (1): 115-121.

[141] GUITTON H, LEIBENSTEIN H A. Theory of economic demographic development [J]. American Journal of Sociology, 1956, 7 (2): 103-104.

[142] GROSSMAN G M, KRUEGER A B. Environmental Impacts of the North American Free Trade Agreement [J]. NBER Working Paper, No. 3914, 1991.

[143] GRAVELLE H. How much of the relationship between population mortality and unequal distribution of income is a statistical artifact? [J]. British Medical Jour-

nal, 1998, 316: 382-385.

[144] GRAVELLE H, WILDMN J, SUTTON M. Income, income inequality and health: what can we leran from the aggregate data? [J]. Social Science & Medicine, 2002, 54: 577-589.

[145] GROSSMAN G M, Krueger A B. Economic environment and the economic growth [J]. Quarterly Journal of Economics, 1995, 110 (2): 353-377.

[146] GROSSMAN G M, KRUEGER A B. The inverted-U: what does it mean? [J]. Environment and Development Economics [J]. 1996, 1 (1): 119-122.

[147] GROSSMAN M. On the concept of health capital and the demand for health [J]. Journal of Political Economy, 1972, 80 (2): 223-255.

[148] GROSSMAN M. On theconcept of health capital and the demand for health [J]. Journal of Political Economy, 1972, 80 (2): 223-255.

[149] GRRUENBERG E M. The failures of success [J]. Milbank Quarterly, 1977, 55 (1): 3-24.

[150] GRRUENEWALD N, KLASEN S, MATTINER I, et al. The trade-off between income inequality and carbon dioxide emissions [J]. Ecol. Econ. , 2017, 142: 249-256.

[151] GUNASEKARA F I, CARTER K N, CRAMPTON P, et al. Income and individual deprivation as predictors of health over time [J]. International Journal of Public Health, 2013, 58 (4): 501-511.

[152] HAIDER M, TAREK T Y. Trade and environment nexus in saudi Arabia [J]. Journal of Economic Dynamics and Control, 2005, 29 (10): 1701-1736.

[153] HANSEN B E. Threshold effects in non-dynamic panels: estimation, testing and inference [J]. Journal of Econometrics, 1999, 93 (2): 345-368.

[154] HEERINK N, MULATU A, BULTE E. Income inequality and the environment: aggregation bias in environmental Kuznets Curves [J]. Ecological economics, 2001, 38: 359-367.

[155] HE J, MAKDISSI P, WODON Q. Corruption, inequality, and environmental regulation [R]. CEDR Working Paper, 2007.

[156] HUBLER M. The inequality-emissions nexus in the context of trade and development: a quantile regression approach [J]. Ecological economics, 2017, 134: 174-185.

[157] HEERINK N, MULATU A, BULTE E. Income inequality and the environ-

ment: aggregation bias in environmental Kuznets curves [J]. Ecological Economics, 2001, 38: 359-367.

[158] HUBLER M. The inequality-emissions nexus in the context of trade and development: a quantile regression approach. Ecological economics [J]. 2017, 134: 174-185.

[159] JAIL A, MAHMUD S F. Environment Kuznets Curve for CO_2 emissions: a cointegration analysis for China [J]. Energy Policy, 2009, 37 (12): 5167-5172.

[160] JORGENSON A, SCHOR J, HUANG X. Income inequality and carbon e-missions in the United States: a state-level analysis, 1997-2012 [J]. Ecological E-conomics, 2017, 134: 40-48.

[161] JUDGE K, PATTERSON I. Poverty, income inequality, and health [R]. Working Paper. 2001.

[162] JUN Y, ZHONG K, Y, SHENG P S. Income distribution, human capital and environmental quality: empirical study in China [J]. Energy Procedia. 2011, 5: 168 9-1696.

[163] KAHNEMAN D, KRUEGER A B, SCHKADE D, et al. Would you be happier if you were richer? a focusing illusion [J]. Science, 2006, 312 (5782): 1908-1910.

[164] KAHN R S, WISE P H, et al. State income inequality, household income, and maternal mental and physical health: cross sectional national survey [J]. Bmj, 2000, 321: 1311-1315.

[165] KARLSSON M, NILLSON T. Income inequality and health: importance of across-country perspective [J]. Social Science & Medicine, 2010, 70 (6): 875-885.

[166] KAPLAN R M, ANDERSON J P. A general health policy model: update and applications [J]. Health Services Research, 1988, 23 (2): 203-235.

[167] KAWACHI I, KENNEDY B P. Income inequality and health: Pathway and mechanism [J] Heath Services Researh, 1999 (34): 215-227.

[168] KAWACHI I, SUBRANANIAN S V, ALMEIDA N. A glossary for health in equalities [J]. Epidemiol Community Health, 2002, 56: 647-652.

[169] KEMPF H, ROSSIGNOL S. Is inequality harmful for the environment in a growing economy? [J]. Economy Policy, 2007, 19 (1): 53-71.

[170] KENDLER K S, GALLAGHER T J, ABELSON J M, et al. Lifetime

prevalence, demographic risk factors, and diagnostic validity of nonaffective psychosis as assessed in a US community sample: the National Comorbidity Survey [J]. ArchGen Psychiatry. 1996, 53 (11): 1022-1031.

[171] KESSLER R C, HEERINGA S, LAKOMA M D, et al. Individual and societal effects of mental disorders onearnings in the United States: results from the National Comorbidity Surveyreplication [J]. Am J Psychiatry, 2008 (6): 703-711.

[172] KLAUSNER J D, MCFARLAND W, BOLAN G, et al. Knock-knock: a population-based survey of risk behavior, health care access, and Chlamydia trachomatis infection among low-income women in the San Francisco Bay area [J]. Journal of Infectious Diseases, 2001, 183 (7): 1087-1092.

[173] KRAMER M. The rising pandemic of mental disorders and associated chronic diseases and disabilities [J]. Acta Psychiatrica Scandinavica, 2010, 62 (S285): 38 2-397.

[174] LANTZ V, FENG Q. Assessing income, population, and technology impacts on CO_2 emissions in Canada: where's the EKC? [J]. Ecological Economics, 2006, 57 (2): 229-238.

[175] LI H, ZHU Y. Income, income inequality, and health: evidence from China [J]. Journal of Comparative Economics, 2006, 34 (4): 668-693.

[176] LIANG R J, ZHANG B, ZHAO X Y, et al. Effect of exposure to PM2. 5 on blood pressure: a systematic review and meta-analysis [J]. Journal of Hypertension, 2014, 32: 2130-2141.

[177] LING D C. Do the Chinese "Keep up with the Jones"? implications of peer effects, growing economic disparities and relative deprivation on health outcomes among older adults in China [J]. China Economic Review, 2009, 20 (1): 65-81.

[178] LIN Y, ZOU J, YANG W, LI C. A review of recent advances in research on $PM_{2.5}$ in China [J]. International Journal of Environmental Research and Public Health, 2018, 15 (3): 438.

[179] LIU Q , WANG S, ZHANG W, LI J. Income distribution and environmental quality in China: a spatial econoitric perspective [J]. Journal of cleaner production, 2018, 205: 14-26.

[180] LOPEZ R. The environment as a factor of production: the effect of economic growht and trade liberalization [J]. Journal of environmental economics and management, 1994, 27 (2): 163-184.

[181] LORANT V, DELIEGE D, et al. Socioeconomic Inequalities in Depression: a Meta-analysis [J]. American Journal of Epidemiology, 2003, 157 (2): 98-112.

[182] LYNCH J, et al. Is income inequality a determinant of population health? [J]. The Milbank Quarterly, 2004, 82 (1): 5-99.

[183] MAGNANI E. The Environmental Kuznets Curve, environmental protection policy and income distribution [J]. Ecological Economics. 2000, 32: 431-443.

[184] MANGYO E, PARK A. Relative deprivation and health: which reference groups matter? [J]. Journal of Human Resources, 2011, 46 (3): 459-481.

[185] MARSILIANI L, RENSROM T I. Inequality, environmental protection and growth [R]. FEEM Working Paper, No. 36, 2000.

[186] MARTINEZ-ALIER J. Political ecology, distributional conflicts, and economic incommensurability [J]. New left review, 1995, 211: 70-88.

[187] MARTINEZ-ALIER J. The environmentalism of the poor: a study of ecological conflicts and valuation [M]. UK: Edward Elgar Publishing, 2002, 312p.

[188] MARTINEZ Z, BENGOCHEA M. Pooled mean group estimation of an Environmental Kuznets Curve for CO_2 [J]. Economics letters, 2004 (1): 121-126.

[189] MCEWEN L N, Kim C, HAAN M N, et al. Are health-related quality-of-life and self-rated health associated with mortality? insights from translating research into action for diabetes (TRIAD) [J]. Primary Care Diabetes, 2009, 3 (1): 37-42.

[190] MEDEIROS A P, GOUVEIA D N, MACHADO R P. Traffic-related air pollution and perinatal mortality: a case-control study [J]. Environmental Health Perspectives, 2009, 117 (1): 127-132.

[191] MELLOT J, MILYO J. Income inequality and individual health: evidence from the current population survey [J]. Journal of Human Resources, 2002, 37: 510-539.

[192] Morse S. Relating environmental performance of nation states to income and income inequality [J]. Sustainable Development, 2018, 26: 99-115.

[193] Mincer J. Investment inhuman capital and personal income distribution [J]. Journal of Political Economy, 1958, 66 (4): 281-302.

[194] MUSHKIN S J. Health as an investment [J]. Journal of Political Economy, 1962, 70 (5): 129-157.

[195] MUSTAFIC H, JABRE P, CAUSSIN C, et al. Main air pollutants and myocardial infarction a systematic review and meta-analysis [J]. The Journal of the American Medical Association, 2012, 307: 713-721.

[196] SHAFIK N. Economic development and environmental quality: an econometric analysis [J]. Oxford Economic Papers, 1991, 46: 757-773.

[197] OATES W. The theory of environmental policy (M). UK: Cambridge University Press, 1988.

[198] HOFRICHTER J, REIF K. Evolution of environmental attitudes in the European Community [J]. Scand. Polit. Stud. , 1990, 13: 119-146.

[199] OSHIO T, KOBAYASHI M. Income inequality, area-level poverty, perceived aversion to inequality, and self-rated health in Japan [J]. Social Science & Medicine, 69 (3): 317-326.

[200] PANAYOTOU T. Empirical tests and policy analysis of environmental degradation at different stages of economic development [R]. International Labour Organization, 1993.

[201] PARK S, LEE Y. Regional model of EKC for air pollution: evidence from the republic of Korea [J]. Energy Policy, 2011, 39 (10): 5840-5849.

[202] PICKETT K E, WILINSON R G. Income inequality and health: a causal review [J]. Social Science & Medicine, 2015, 128: 317-326.

[203] PIKETTY T. Capital in the twenty-first century [M]. Cambridge MA: Harvard University Press, 2014.

[204] EHRLICH P R, HOLDREN J P. Impact of population growth [J]. Science, 1971, 3977 (171): 1212-1217.

[205] POLICARDO L. Is democracy good for the environment? Quasi-experimental evidence from regime transitions [J]. Environ. Resour. Econ. , 2016, 64: 275-300.

[206] POPE C A, TURNE M C, BURRNETT R T, et al. Relationships between fine particular air pollution, cardiometabolic disorders, and cardiovascular mortality [J]. Circulation Research, 2015, 116: 108-115.

[207] PRESTON S H. The changing relation between mortality and level of economic development [J]. Population Studies, 1975, 29 (2): 231-248.

[208] RAVALLION M, HEIL M, JALAN J. Carbon emissions and income inequality [J]. Oxford Economic Papers, 2000, 52: 651-669.

［209］ RODGERS G B. Income and inequality as determinants of mortality: an international cross - section analysis ［J］. Population Studies, 1979, 33 （2）: 343-351.

［210］ ROHRSCHNEIDER R. Citizen attitudes towards environmental issues: Selfish or selfless ［J］. Comp. PoliticalStud. , 1988, 21: 347-367.

［211］ ROTHMAN D S. Environmental Kuznets Curve - real progress or passing the buck?: a case for consumption - base approaches ［J］. Ecological Economics, 1998, 25: 177-194.

［212］ RUNCIMAN W G. Relative deprivation and social justice: a study of attitudes to social inequality in twentieth century England ［J］. Berkeley: University of California Press, 1966.

［213］ SAREEN J, AFIFI T O, Mcmillan K A , et al. Relationship between household income and mental disorders: findings from a population ［J］, Archives of General Psychiatry, 2011, 68 （4）, 419-427.

［214］ SCHULTZ T W. Investment in human capital ［J］. American Economy Review, 1961, 51 （1）: 1-17.

［215］ SCRUGGS L A. Political and economic inequality and the environment ［J］. Ecological Economics, 1998, 26 （3）: 259-275.

［216］ SHIBUYA K, HASHIMOTO H, YANO E. Individual income, income distribution, and self-rated health In Japan: cross sectional analysis of nationally representative sample ［J］. Bmj, 2002, 324 （7328）: 17-19.

［217］ SHMUELI A. Income-related inequalities in health and health services use in Israel ［J］. Israel Journal of Health Policy Research, 2014, 3 （1）: 1-8.

［218］ SMITH H J, HUO Y J. Relative deprivation: how subjective experiences of inequality influence social behavior and health ［J］. Policy Insights from the Behavioral & Brain Sciences, 2014, 1 （1）: 231-238.

［219］ SMITH H J, PETTIGREW T F, PIPPIN G M, et al. Relative deprivation: a theoretical and meta - analytic review ［J］. Personality and Social Psychology Review, 2012, 16 （3）: 203-232.

［220］ SOMANNATHAN E. Effects of information on environmental quality in developing Countries ［J］. Review of Environmental Economics and Policy, 2010, 4 （2）: 275-292.

［221］ SOOBADER M J, LECLERE. Aggregation and the measurement of income inequality: effects on morbidity [J]. Social Science& Medicine, 1999, 48 (6): 733-744.

[222] SORHAGEN N S, WURSTER T J. Income within context: relative income matters for adolescent social satisfaction and mental health [J]. Journal of Child Psychology & Psychiatry & Allied Disciplines, 2017, 58 (6): 737-743.

[223] SPENCER N. The effect of income inequality and macro - level social policy on infant mortality and low birthweight in developed countries-a preliminary systematic review [J]. Blackwell Publishing Ltd, Child: Care, Health & Development, 2004, (30) 6: 699-709.

[224] STIGLITZ J E. Inequality and environmental policy [M]. US: Westview Press, 2014.

[225] STOKEY N. Are there limits to growth? [J]. International Economic Review, 1989, 39 (1): 1-31.

[226] SUBRANANIAN S, KAWACHI I. Being well and doing well: on the importance of income for health [J]. International Journal of Social Welfare, 2006, 15 (s1): s13-s22.

[227] SUBRAMANIAN S V, ICHIRO K. Income inequality and health: what have we learned so far? [J]. Epidemiologic Reviews, 2004, 26 (1): 78-91.

[228] SUBRAMANIAN S V, KAWACHI I, KENNEDY B P. Does the state you live in make a difference? Multilevel analysis of self-rated healht in the US [J]. Social Science & Medicine, 2001, 53 (1): 9-19.

[229] SURI V, CHAPMAN D. Economic growth, trade and the environment: implications for the Environmental Kuznets Curve [J]. Ecological Economics, 1998, 25: 195-208.

[230] SELDEN T M, SONG D. Environmental quality and development: is there a Kuznets Curve for air pollution emissions? [J]. Journal of Environmental Economics and Management, 1994, 27: 147-162.

[231] TORRAS M, BOYCE J K. Income, inequality, and pollution: a reassessment of the Environmental Kuznets Curve [J]. Ecological Economics, 1998, 25: 147-160.

[232] UNRUH G C, MOOMAW W R. An alternative analysis of apparent EKC type transitions [J]. Ecological Economics, 1998, 25: 221-229.

[233] UZAR U, EYUBOGLU K. The nexus between income inequality and CO_2

emissions in Turkey [J]. Journal of Cleaner Production, 2019, 227: 149-157.

[234] VAN D E, KOOLMAN X. Explaining the differences in income-related health inequalities across European countries [J]. Health Economics, 2004, 13 (7): 609-628.

[235] VEBLEN T. The theory of the leisure class: an economic study in the evolution of Institutions [M]. New York: The Macmillan Company, 1899.

[236] VEESTRA G. Social capital and health (plus wealth, income inequality and regional health governance) [J]. Social Science & Medicine, 2002, 54 (6): 849-868.

[237] VIRES R, BLANE D V. Long-term exposure to income inequality: Implications for physical functioning at older ages [J]. European Journal of Ageing, 2014, 11 (1): 19-29.

[238] VONA F, PATRIACA F. Income inequality and the development of environmental technologies [J]. Ecological Economics, 2011, 70: 2201-2213.

[239] WAGSTAFF A, DOORSLAER E. Income inequality and health: what does the literature tell us? [J]. Annual Review of Public Health, 2000, 21: 543-567.

[240] WAGSTAFF A. Measuring Equity in health care financing: reflections on (and alternatives to) the World Health Organization's fairness of financing index [J]. Policy Research Working Paper, 2001, 72 (s1-2): 49-63.

[241] WEI Y, WANG Y, Di Q, et al. Short term exposure to fine particulate matter and hospital admission risks and costs in the Medicare population: time stratified, case crossover study [J]. British Medical Journal, 2019, 367: l6258.

[242] WILDMAN J, GRAVILLE H, SUTTON M. Health and income inequality: attempting to avoid the aggregation problem [J]. Applied Economics, 2003, 35: 999-1004.

[243] WILKINSON R G, PICKETT K E. Income inequality and population health: a review and explanation of the evidence [J]. Social Science & Medicine, 2006, 62 (7): 1768-1784.

[244] WILKINSON R G. Low relative income affect mortality [J]. British Medical Journal, 1998, 316: 1611.

[245] WILKINSON R G, RICHARD G. Unhealthy societies, the afflictions of inequality. London Routledge [J]. Medical Humanities, 1996, 27 (1): 55-76.

[246] WILSON W S T, TZE W W, ANDROMEDA H S W. Association between

air pollution and daily mortality and hospital admission due to ischaemic heart diseases in Hong Kong [J]. A tmospheric Environment, 2015, 120: 360-368.

[247] WOLDE-RUFAEL Y, IDOWU S. Income distribution and CO_2 emission: a comparative analysis for China and India [J]. Renewable and Sustainable Energy Reviews, 2017, 74: 1337-1345.

[248] World Commission on Environment and Development, Our Common Future, Oxford: Oxford University Press, 1987.

[249] WU B, LI T, BALEZENTIS T, et al. Impacts of income growth on air pollution-related health risk: Exploiting objective and subjective measures [J]. Resources, Conservation & Recycling, 2019, 146: 98-105.

[250] WU Y, BENJAMIN E J, MACMAHON S. Prevention and control of cardiovascular disease in the rapidly changing economy of China [J]. Circulation. 2016, 133 (24): 2545-60.

[251] YIP W S, SUBRAMANIAN S V, MITCHELL A D, et al. Does social capital enhance health and well-being? evidence from rural China [J]. Social Science & Medicine, 2007, 64: 35-49.

[252] ZANOBETTI A, FRANKLIN M, KOUTRAKIS P, et al. Fine particulate air pollution and its components in association with cause specific emergency admissions [J]. Environmental Health, 2009, 8: 58.

[253] ZANOBETTI A, DOMINICI F, WANG Y, et al. A national case-crossover analysis of the short term effect of PM2. 5 on hospitalizations and mortality in subjects with diabetes and neurological disorders [J]. Environmental Health, 2014, 13.